W0331029

DIE KUNST DES HANDLESENS

Text und Design Copyright © 1996 by
Carlton Books Limited
Titel der englischen Originalausgabe:
The Book of Palmistry

© der deutschsprachigen Ausgabe:
Karl Müller Verlag, Danziger Str. 6,
D-91052 Erlangen, 1996

Alle Rechte vorbehalten.
Kein Teil des Werkes darf in irgendeiner Form (durch Fotokopie, Mikrofilm oder ein ähnliches Verfahren) ohne die schriftliche Genehmigung des Verlages reproduziert oder unter Verwendung elektronischer Systeme verarbeitet, vervielfältigt oder verbreitet werden.

Produktionsbetreuung:
Print Company Verlagsges.m.b.H.,
Margaretenstr. 87, 1050 Wien
Übertragung aus dem Englischen:
Irene Spreitzer, Wien
Lektorat: Silvia Idinger, Wien
Satz: Dorfinger+Kaltenbrunner, Wien
Umschlaggestaltung:

Printed and bound in Spain

Für:
Malcolms Enkelin Phoebe Heep, Sashas Enkelin Anna Sophie Fenton und Sashas junge Freundin Simone Davis, die überzeugt ist, daß Sasha selbst noch nicht erwachsen ist.

DANKSAGUNG

Wie immer danken wir besonders unseren Familien, die uns inspiriert und ermutigt haben, für unsere Verpflegung sorgten und auch ihre Handabdrücke zur Verfügung stellten. Folgenden Personen wollen wir ebenfalls unseren Dank aussprechen: Jonathan Dee und seinen Freunden in Cardiff; Martin Davis, seinen Freunden und seiner Familie in Schottland für Abdrücke und die Preisgabe ihrer Geheimnisse sowie Helen, Claire, Maria und all den anderen, die uns ihre Abdrücke und Lebensgeschichten zur Verfügung stellten. Besonders möchten wir uns bei unserer Herausgeberin, Tessa Rose, bedanken, die mit fraulicher Stärke die Unmengen an Schreib- und Gestaltungsarbeit bewältigte sowie den Umgang mit zwei „durchgedrehten“ Autoren, und das alles mit atemberaubendem Tempo und ohne jemals ihre gute Laune einzubüßen.

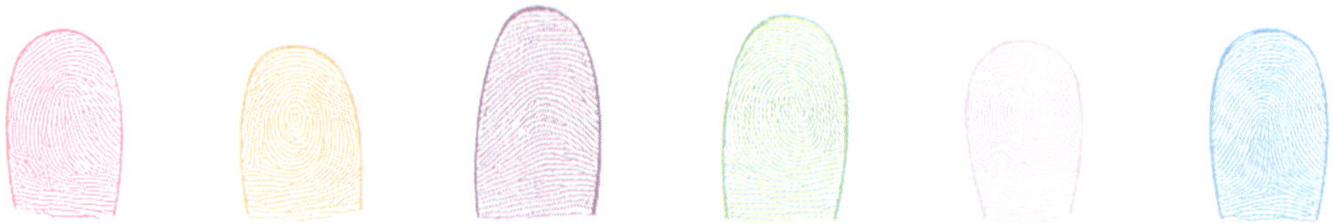

DIE KUNST DES HANDLESENS

Was Handlinien über Liebe, Glück und Erfolg aussagen

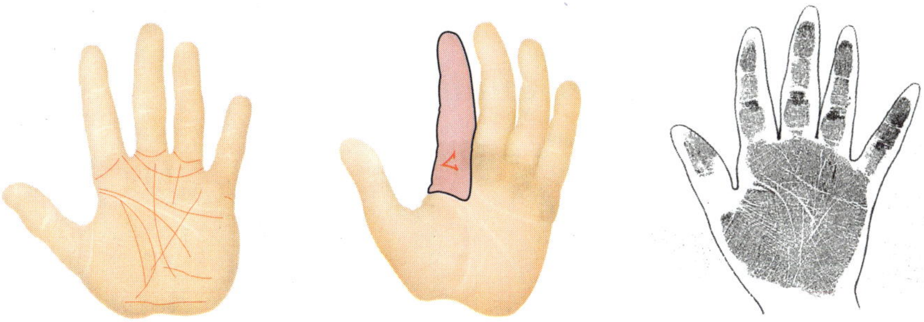

Sasha Fenton &
Malcolm Wright

KARL MÜLLER VERLAG

INHALT

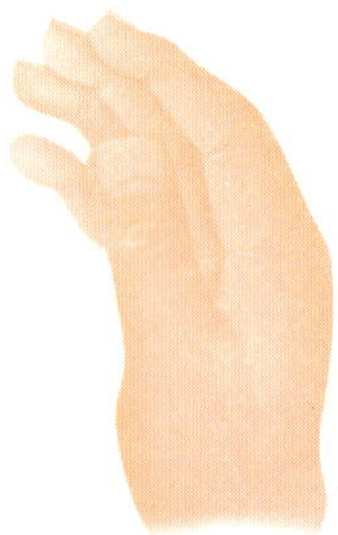

1. TEIL:
HAND- UND FINGERFORMEN

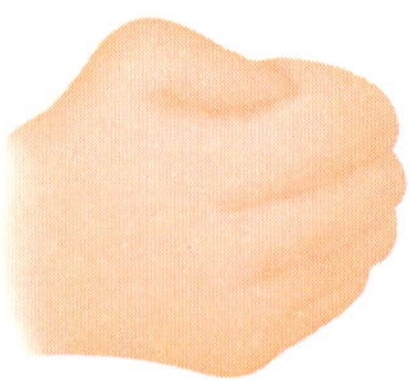

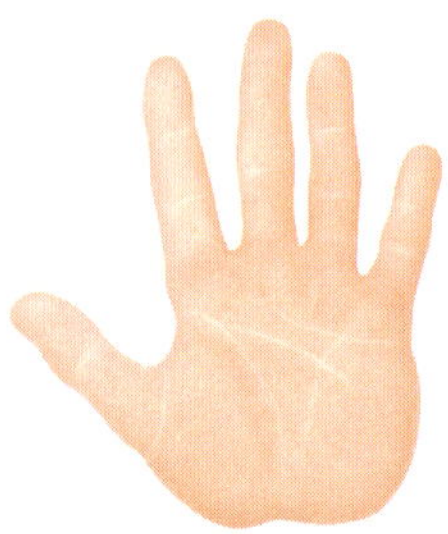

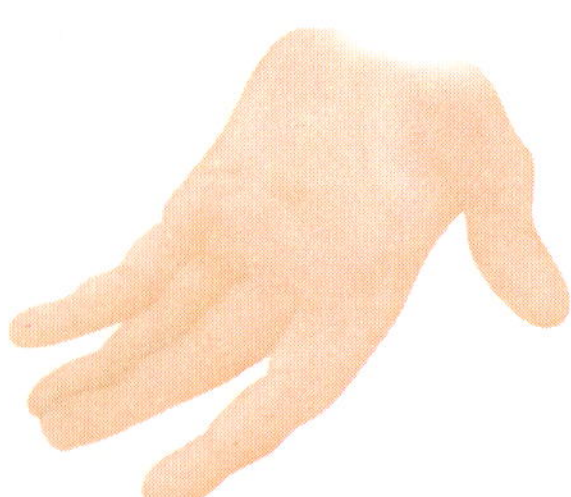

2. TEIL:
ASPEKTE UNSERES LEBENS

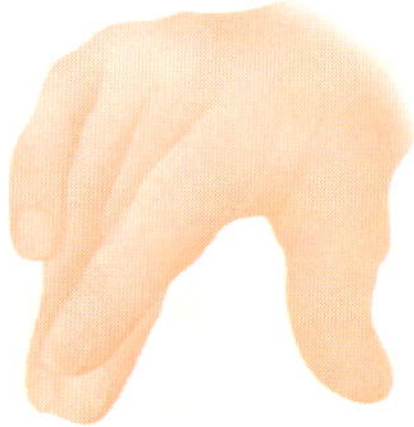

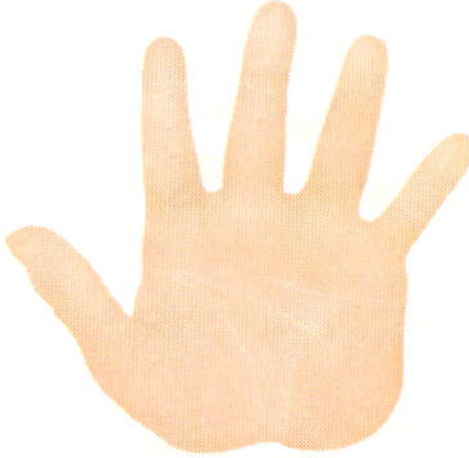

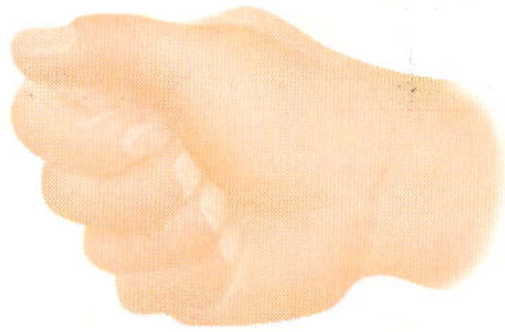

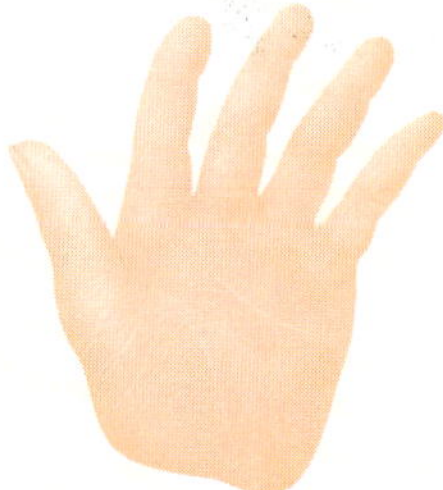

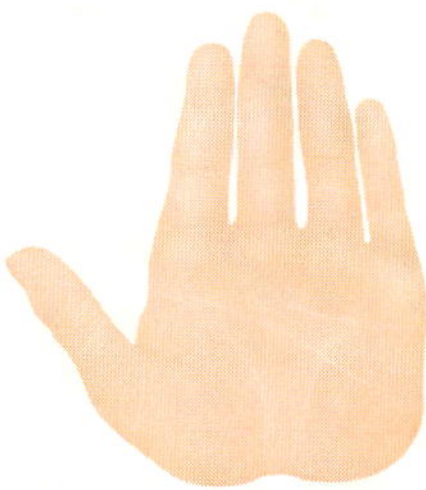

EINLEITUNG

Die Kunst des Handlesens besteht aus der Charakteranalyse und der Deutung von Ereignissen in der Vergangenheit, Gegenwart und Zukunft. Bis zu einem gewissen Grad überschneiden sich diese beiden Bereiche, da sich aus einem speziellen Charakter und speziellen Neigungen eben verschiedene Möglichkeiten ergeben, das Leben zu bewältigen. Nur wenn Sie leidenschaftlich sind, werden Sie sich leidenschaftlich verlieben, nur wenn Sie musikalisch oder sportlich sind, können Sie ein berühmter Musiker oder Sportler werden.

Die meisten Bücher über Handlesekunst konzentrieren sich auf die Charakteranalyse, da sie einfacher zu erklären und zu verstehen ist als die Zukunftsdeutung. In diesem Buch vereinen wir beide Techniken, damit Sie Ihren Charakter erkennen und die zu erwartenden Veränderungen in Ihrem Leben bestimmen können.

Alles an unseren Händen, von der Form über die Handlinien bis hin zu den Gesten, gibt Aufschluß über unseren Charakter, und das Aussehen der Fingernägel, Knöchel, ja sogar des Handtellers ist für einen erfahrenen Handleser von Bedeutung.

In vielen Religionen gilt der Baum als Symbol des Lebens, das sich aus einem Samen entfaltet. Dieses Symbol kann ein Lebensbaum oder der Baum der Weisheit sein, ja selbst der menschliche Körper wird, mit der Wirbelsäule als Stamm, manchmal als Baum dargestellt. Dasselbe gilt für die Handlesekunst. Die Lebenslinie und die Handmitte sind der Stamm, der Saft bewegt sich nach oben zu den Ästen, oder Fingern, und zu den Blättern, oder Fingerspitzen. Die obersten Fingerglieder zeigen unsere Gedanken und Anpassungsfähigkeit, daher können wir selbst entscheiden, wann wir die Äste wachsen lassen, neue Blätter bekommen oder alte abwerfen. Wenn wir wollen, können wir sogar im Winter ruhen.

Betrachten wir unsere Hand als Baumstamm und die Handlinien als unterschiedliche Energieströme – physische, mentale, emotionale, spirituelle, nervliche und sexuelle –, so erkennen wir den ganzheitlichen Ansatz der Handlesekunst, die Geist, Seele und Körper umfaßt. Wird eine dieser Linien oder Stellen blockiert, geht die Energie auf einen anderen Bereich über. Sind zum Beispiel die sexuellen und emotionalen Energien gehemmt, stürzen wir uns in die Arbeit oder eine andere Aktivität oder erleiden vielleicht einen Nervenzusammenbruch. Im Leben wie auch in der Handlesekunst ist Ausgeglichenheit das wichtigste.

Es gibt Zeiten, wo wir mit Hilfe der Handlinien erkennen können, daß wir zusätzliche Energien benötigen. Hier genügt es, wenn Sie ihre Hände locker halten, auf einen Tisch legen und feststellen, ob der kleine Finger von den anderen abgespreizt ist. Ist das der Fall, so durchlaufen Sie vermutlich eine Zeit der Ruhelosigkeit, in der Sie nach Veränderung und nach einem Richtungswechsel streben. Gibt es hektische Flecken mit vielen feinen, horizontal verlaufenden Linien auf Ihrer Hand, so ist es sehr wahrscheinlich, daß Sie zu den Zeiten, an denen sich diese Linien kreuzen, sehr beschäftigt sein werden, viel unternehmen, und hoffentlich glücklich sind, da sie die Produktivität dieser Phase genießen.

Das Handlesen ist nicht einfach zu erlernen, doch wir garantieren Ihnen, daß diese Kunst eine unendliche Faszination auf Sie ausüben wird.

Sasha Fenton & Malcolm Wright, 1996

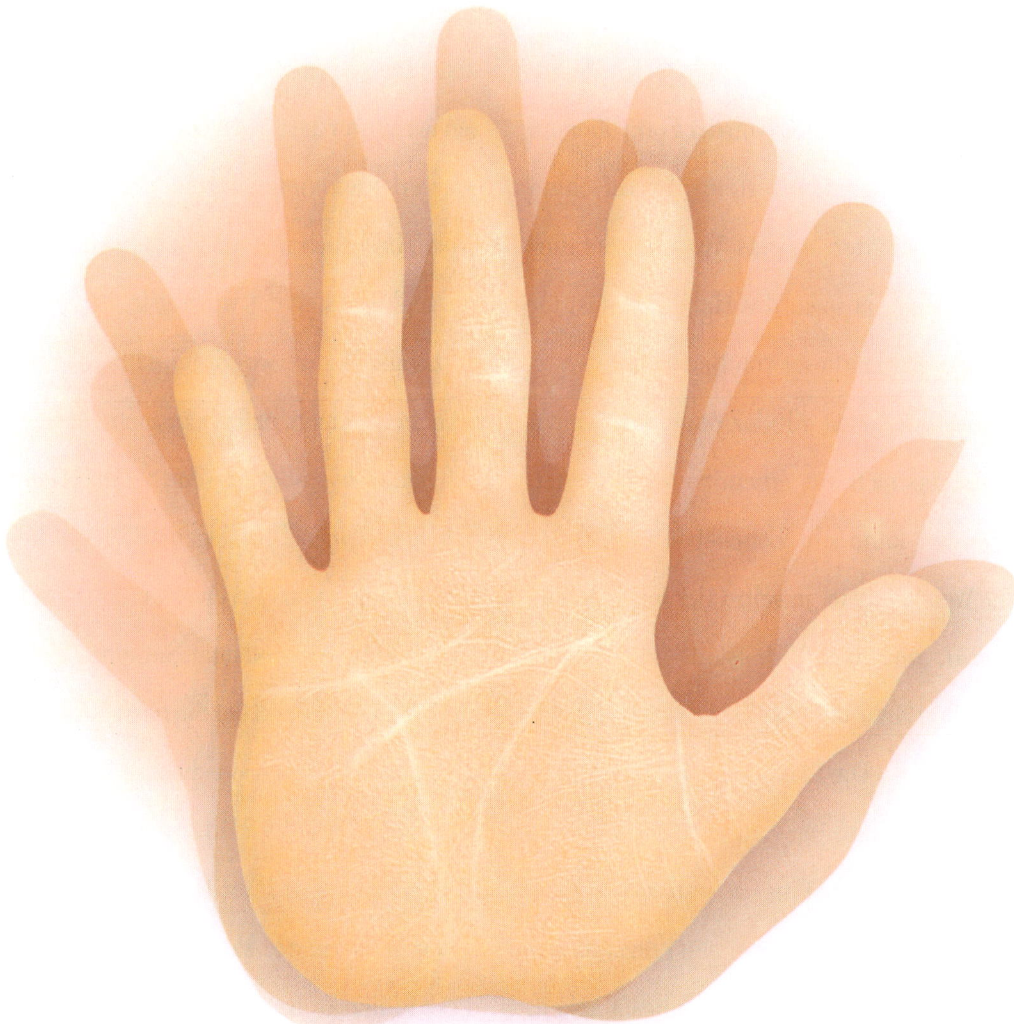

1. TEIL

HANDFORMEN UND -TYPEN

Welche Hand soll man lesen? Wir lesen aus beiden Händen. Es gibt die unterschiedlichsten Auffassungen darüber, was aus der rechten oder der linken Hand ersichtlich ist, und die meisten dieser Theorien haben etwas Wahres an sich. Zuerst müssen wir jedoch feststellen, welche Hand aktiv oder dominant ist. Es ist diejenige, die wir am häufigsten einsetzen, speziell wenn wir schreiben oder Werkzeuge verwenden. Bei 90 Prozent der Menschen ist das die rechte Hand, viele verwenden jedoch beide Hände. Besonders Linkshänder tendieren dazu, vermutlich deshalb, weil alles den Bedürfnissen der Rechtshänder angepaßt ist. Bei beidhändig begabten Menschen sollten wir fragen, mit welcher Hand sie schreiben, mit welcher einen Schraubenzieher einsetzen usw.

Aktiv und passiv

Ein erfahrener Handleser erkennt oft sofort die aktive Hand. Sie ist meist größer und weist weniger Linien und Falten auf als die passive Hand. Am besten ist es jedoch, beide Hände zu lesen, um alle Zeichen zu deuten.

Wir meinen, daß die passive Hand eher die Gefühle widerspiegelt und die aktive Aufschluß über materielle und praktische Angelegenheiten gibt. Die passive Hand ist meist verläßlicher, wenn wir persönliche Dinge erforschen wollen, wie zum Beispiel die Zahl der Kinder oder die Entwicklung einer Beziehung. Auch Gefühle, Zweifel, Unsicherheiten und Dinge, die wir vor den anderen verbergen, können wir an der passiven Hand erkennen. Die aktive Hand gibt hingegen Aufschluß über Karriere, Besitz und Reisen.

Einige Handleser meinen, die passive Hand zeigt, was wir wollen, und die aktive, was wir bekommen. Das ist teilweise richtig, da wir an der aktiven Hand ersehen, wie wir uns an Veränderungen anpassen können. Die einzige Theorie, die bestimmt nicht zutrifft, besagt, daß wir mit der passiven Hand zurückblicken und mit der aktiven vorausschauen. Beide Hände zeigen Ereignisse aus Vergangenheit und Zukunft, ein emotional bedeutsames Geschehnis der Vergangenheit läßt sich jedoch wahrscheinlich besser aus der passiven Hand ablesen.

Ehrlich gesagt erheben all diese Theorien keinen Anspruch auf Allgemeingültigkeit. Oft ist es schon schwierig genug, die Hinweise zu erkennen. Deshalb sollten wir immer einen Blick auf beide Hände werfen.

HINWEISE

Wenn es um Geld, Erfolg, Karriere und das Leben im allgemeinen geht, sehen wir uns die aktive Hand an, bei persönlichen Angelegenheiten die passive. Dieser Rat ist jedoch nicht strikt zu befolgen, da keine Hand der anderen gleicht.

Handgröße

Jeder Teil unseres Körpers läßt auf unsere Persönlichkeit schließen. Die Form des Ohrs kann Aufschluß darüber geben, ob jemand schrille oder sanfte Musik mag. Unmusikalische Ohren brechen den Ton, bevor er in die Ohrmuschel dringt. So haben auch die Hände, die wir ständig einsetzen, großen Einfluß auf unser Denken und Handeln.

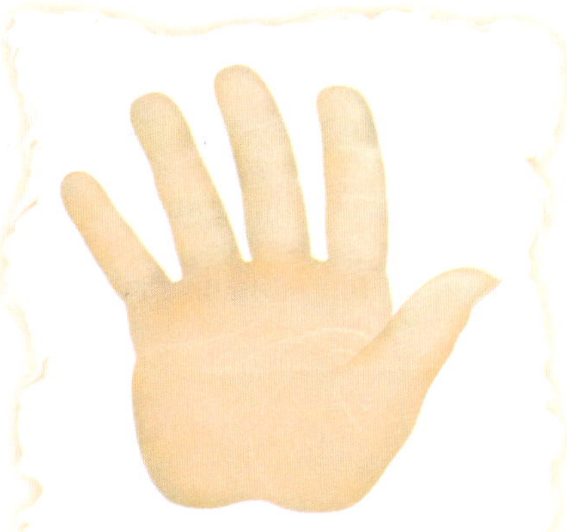

PRAKTISCHE HAND

Allgemein gilt, daß Menschen mit großen Händen Dinge langsam und bedächtig angehen. Sie können gute Handwerker sein und ein Auge für Design und Technik haben. Sie hassen Eile und können äußerst unabhängig sein. Sie sind nicht immer praktisch veranlagt und manchmal kreativ und verträumt. Menschen mit langen Händen sind oft unreifer als Menschen mit kurzen Händen und scheuen vermutlich jede Art von Risiko.

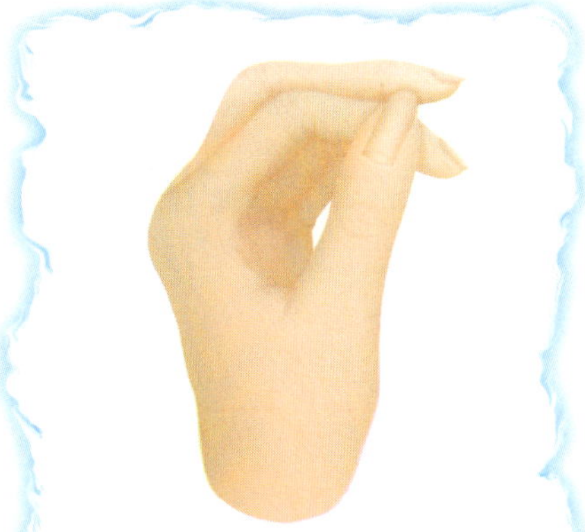

ZUPACKENDE HAND

Wenn Sie jemanden brauchen, der Ordnung in Ihr Leben bringt, suchen Sie einen Menschen mit kleinen eckigen Händen. Diese Menschen können auf der Stelle eine Party für 50 Leute organisieren, Ihren Computer neu installieren, ein widerspenstiges Kind beruhigen und gleichzeitig Ihren Küchenschrank aufräumen. Oft haben sie auch Talent für finanzielle Angelegenheiten.

Einige Menschen mit sehr kleinen Händen sind geizig, mürrisch und selbstsüchtig, obwohl die verschiedenen Handtypen auch eine Rolle spielen.

HINWEISE

Ein nützlicher Rat, falls Sie musikalisch sind: Jemand, der am Klavier vier Tasten drücken und dabei eine Oktave umfassen kann, ist von durchschnittlicher Mentalität. Jemand, der weniger als eine Oktave schafft, ist möglicherweise engstirnig, und jemand, der weiter greift, gilt als geistig aufgeschlossener.

Handform

Viele bereits überholte Bücher über Handlesekunst nennen folgende grundlegende Handformen: eckig, einfach, konisch, spatelförmig, philosophisch und psychisch. Ein Anfänger kann jedoch mit keinem dieser Begriffe etwas anfangen, und heutzutage neigen professionelle Handleser zu der Ansicht, daß bei der Bewertung einer Handform eher der gesunde Hausverstand ein-

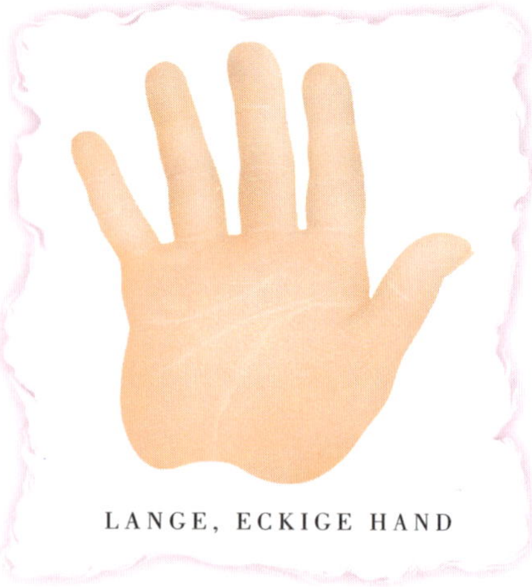

LANGE, ECKIGE HAND

gesetzt werden sollte. Zum Beispiel ist es logisch, daß eine eckige Hand eher zu einem praktisch veranlagten Menschen gehört, der mit den Händen arbeitet, als zu einem Künstler oder Träumer, der mehr Interesse an Kreativität und mystischen Dingen hat. Die Hände solcher Menschen sind vermutlich eher lang und schmal.

Daraus ergibt sich weiters, daß lange, knochige, quadratische Hände mit eckiger Handfläche auf technisches Talent und besonderer Eignung als Computertechniker, Graphiker oder Buchhalter schließen lassen (vor allem dann, wenn auch die Fingerspitzen eckig sind).

LANGE KÜNSTLERHAND

Kontaktfreudige Menschen, die die Abwechslung lieben, haben oft rundliche Hände, und lange, schmale Hände weisen auf einen nachdenklichen Menschen hin, der gerne allein ist, um seinen Gedanken ausführlich auf den Grund zu gehen.

RUNDLICHE HAND

Sind die Handflächen beim Gelenk eher schmal und bei den Fingerspitzen breiter, ist dieser Mensch einfallsreich, unabhängig und vielleicht ein wenig exzentrisch. Menschen mit spatelförmigen Fingerspitzen glauben, daß das Beste gerade gut genug für sie ist – doch sie sind auch durchaus bereit, sich alles zu beschaffen, was sie wollen. Ist der Handballen breiter als das äußere Ende, weist das darauf hin, daß der Handeigner am Geschäftsleben, am Unter-

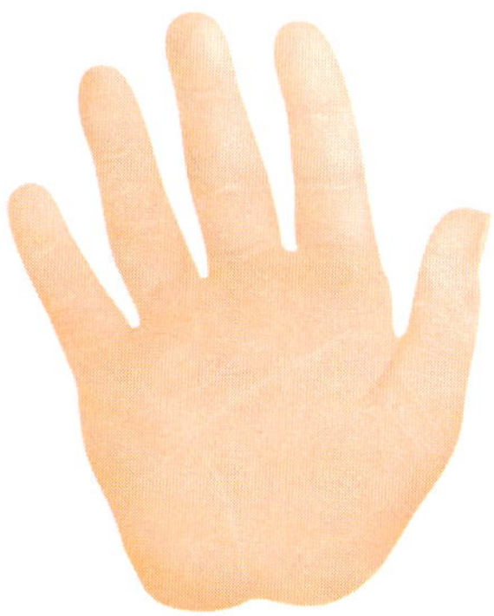
SPATEL- ODER A-FÖRMIGE HAND

richten und an allem Interesse hat, was intellektuelle oder materielle Verdienste bringt.

Kleine, verkrampfte und klauenähnliche Hände weisen auf einen kalten und materialistischen Charakter hin. Diese Menschen können es nicht erwarten, bis die Erbtante „verschieden" ist, denn es könnte da etwas geben, das man erben kann. Ein solcher Mensch hat oft gekrümmte, klauenähnliche Fingernägel, die so aussehen, als könnten sie sofort zupacken oder kratzen, sobald man in ihre Nähe kommt (siehe Seite 11).

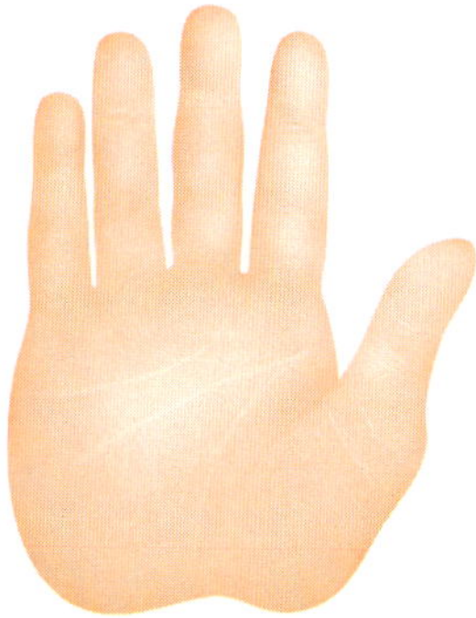
V-FÖRMIGE HAND

Kleine, unflexible Hände zeugen von Gier und Selbstsucht, während große, fleischige zu einem langsamen und trägen Menschen gehören können.

Weiche Hände weisen möglicherweise auf eine Krankheit hin; auch Vegetarier haben oft weichere Hände. Hände, die sich schwammig anfühlen, lassen auf Faulheit schließen und auf einen Menschen, der darauf wartet, daß ihm die anderen nachlaufen. Menschen mit harten oder festen Händen arbeiten meist hart – die Handform gibt Aufschluß, ob es sich dabei um geistige oder körperliche Arbeit handelt.

Knotige oder knochige Hände haben diejenigen, die viel nachdenken und nichts überstürzen. Diese Menschen arbeiten oft viel und sind große Denker. Ihr Charakter ist ernsthaft und oft sorgen sie sich insgeheim. Sie benötigen ein Ventil für ihre Kreativität und die Möglichkeit, sich an Dingen zu beteiligen, die ihnen wichtig erscheinen. Einige Menschen mit kleinen, knotigen Händen scheinen ihr Leben niemals ordnen zu können und streben immer nach dem Unerreichbaren. Doch finden wir diese Knoten oft bei Menschen, die alles mit Methode angehen. Manchmal tritt diese Handform bei Menschen auf, die nicht die nötige Energie für die Anforderungen des Lebens zu haben scheinen.

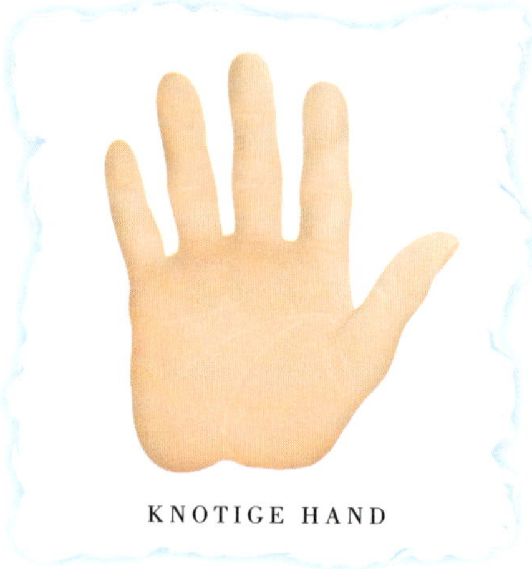

KNOTIGE HAND

Volle und leere Hände

Die Hände mancher Menschen haben unzählige Linien, während andere wiederum nur die drei wichtigsten – die Kopf-, Herz- und Lebenslinie – aufweisen. Die Hände einfacher Menschen, die ein geradliniges, unkompliziertes Leben führen, sind ebenso eher leer wie die Hände unbekümmerter Naturen oder von jenen, die nicht viel mit ihrem Leben anzufangen wissen. Sie haben vermutlich einen ruhigen und friedlichen Charakter und sind oft nicht gewillt, mehr zu tun als unbedingt nötig ist.

Menschen mit vielen Handlinien sind ihre eigenen Feinde, da sie sich oft grundlos zu viele Sorgen machen. Sie konzentrieren sich auf ihre Gefühle und analysieren sich oft mit übertriebener Sorgfalt. Krankheiten, Unsicherheiten und äußere Ereignisse hinterlassen Spuren auf ihren Händen. Wenn man sich von anderen herumstoßen läßt und nicht das Leben führen kann, das man gerne möchte, zeigen sich Linien der Frustration und Einmischung ebenso wie äußere Einflüsse. Ein Mensch mit wenigen Handlinien nimmt seine Mitmenschen und Geschehnisse, die keine direkten Auswirkungen auf sein Leben haben, einfach nicht wahr.

Speziell im Netz der feinen Handlinien kommen oft neue hinzu und andere verschwinden, daher zeigen die Hände stets den aktuellen Zustand. Anzeichen einer Krankheit oder gar eines frühen Todes können oft nur darauf hindeuten, daß man zum Zeitpunkt der Deutung das Leben satt hat. Hat man alles wieder im Griff, ändert sich auch das Aussehen der Hände.

Handfarbe und allgemeiner Zustand

Früher las man in Büchern über Handlesekunst, daß behaarte Hände auf einen groben Charakter schließen ließen. Heutzutage kann man immer noch hören, daß stark strukturierte Hände auf einen rauhen Charakter hinweisen und fein strukturierte auf einen edleren Menschen. Keine dieser Vorstellungen hält einer genaueren Prüfung stand. Schwarze und Indianer haben oft ziemlich strukturierte Hände, und viele Männer aus den Mittelmeerländern sind auch auf den Händen behaart. Zu meinen, daß sie deshalb alle grob oder rauh wären, ist lächerlich.

Die Handfarbe hängt zum Großteil vom Gesundheitszustand ab. Bei einem Europäer können gelbliche Hände Anzeichen für Gelbsucht sein, und blau, grau oder lila kann auf Herz- und Lungenprobleme oder Kreislaufstörungen hinweisen. Bei Blutarmut werden die Hände blaß und kalt. Werden sonst warme Hände plötzlich kalt (oder umgekehrt), kann eine Krankheit die Ursache sein. Probleme mit der Schilddrüse oder der Lunge sowie starkes Rauchen kann die Hände rot erscheinen lassen. Die Handfarbe ist relativ unwichtig, solange sie sich nicht plötzlich verändert. (Weitere Hinweise zu diesem Thema im Kapitel „Gesundheit“, Seite 125–131.)

HINWEISE

- *Lesen Sie stets aus beiden Händen. Finden Sie eine Information nicht auf der einen Hand, betrachten Sie die andere.*
- *Mißachten Sie nicht Ihren gesunden Hausverstand.*
- *Linien erscheinen und verschwinden, speziell die feinen Linien auf vollen Händen.*
- *Die Handfarbe ist von Mensch zu Mensch verschieden und normalerweise nur bedeutsam, wenn sie sich ändert.*

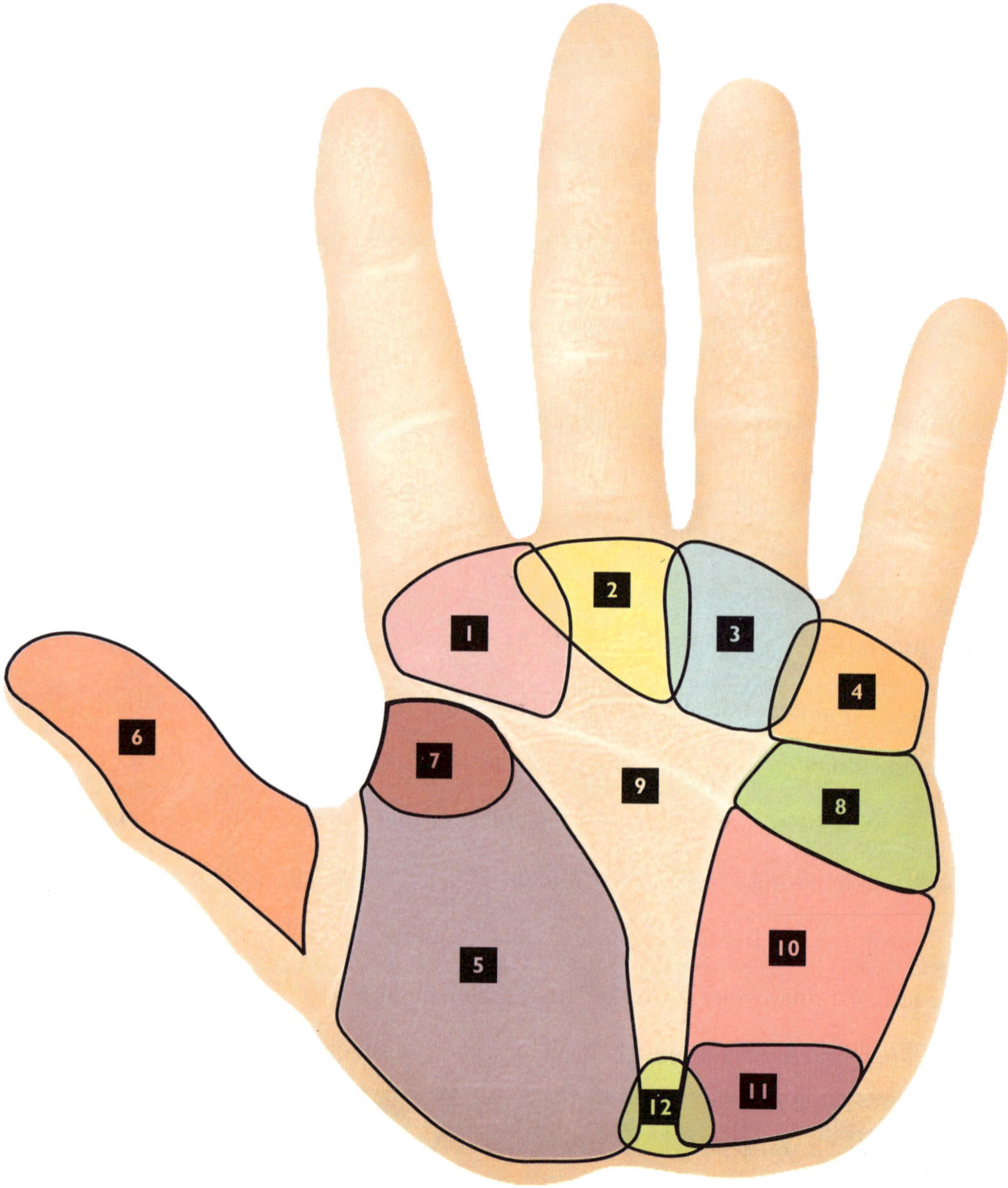

1	*Jupiterberg*	5	*Venusberg*	9	*Marsebene*
2	*Saturnberg*	6	*Der Daumen*	10	*Mondberg*
3	*Apolloberg*	7	*Kl. Marsberg*	11	*Plutoberg*
4	*Merkurberg*	8	*Gr. Marsberg*	12	*Neptunberg*

1. TEIL

TOPOGRAPHIE DER HAND

Für einen Handleser ist die Hand wie eine Landkarte. Er geht logisch vor, beschäftigt sich mit jedem Bereich der Hand und verbindet danach die verschiedenen Linien und Zeichen miteinander. Das ist die Kunst des Handlesens – die Fähigkeit, die diversen Hinweise, die aus verschiedenen Bereichen der Hand kommen, miteinander zu verknüpfen. Als Anfänger hat man damit einige Schwierigkeiten. Um das Verständnis zu erleichtern, haben wir die Hand in verschiedene Bereiche unterteilt. Innerhalb dieser Bereiche haben wir verschiedene Themen kombiniert, damit Sie den Charakter eines Menschen deuten können.

Die Berge

Der Begriff „Berg“ wird von Handlesern auf der ganzen Welt verstanden. Gemeint sind damit die verschiedenen Bereiche der Hand. Die ersten Handleser, die diesen Begriff prägten, gaben jedem dieser Bereiche einen römischen Planetennamen. Damals stand die Handlesekunst in enger Verbindung zur Astrologie. Die Bezeichnung ist allerdings nicht ganz exakt, da viele Berge genau genommen Täler sind.

An dieser Stelle ist es wichtig zu betonen, daß die in alten Büchern über Handlesekunst und leider auch in einigen neueren vertretene Auffassung nicht zutreffend ist, daß diese Bereiche groß, erhaben und ziemlich frei von Linien und Zeichen sein sollten, mit Ausnahme einiger besonders erwünschter, die Glück, Gesundheit und Erfolg in den entsprechenden Bereichen des Lebens verheißen. Erstens können einige dieser Bereiche aufgrund der durchschnittlichen Anatomie der Hand nicht groß oder erhaben sein. Zweitens deuten fehlende Linien und Zeichnungen eher auf ein schlechtes als auf ein gutes Zeichen hin.

Die Handseiten

Zur Beschreibung der beiden Handseiten verwenden Handleser die medizinischen Begriffe „radial“ und „ulnar“. Die Radialseite oder Außenhand lesen wir, um Angelegenheiten zu deuten, die sich aus unserem Leben, unserer Arbeit und unserer Funktion in der Gesellschaft ergeben. Die Ulnarseite oder Innenhand ziehen wir dann zu Rate, wenn es um Phantasie, Gefühle, Emotionen und auch Reisen (speziell bei privaten Reisen) geht.

Jupiterberg und -finger

Dieser Berg und der entsprechende Finger stehen für Ehrgeiz, Dynamik, Führungsqualitäten und das Bestreben, die Umwelt zu beeinflussen. Ein starkes Ego, Ehrgeiz, Führungsqualitäten und Idealismus werden durch einen langen, geraden Jupiterfinger verkörpert, der in einen festen und stärker ausgeprägten Jupiterberg übergeht. Viele dieser Menschen erheben oft belehrend ihren Jupiterfinger. Ein spitzer Jupiterfinger steht für strenge Moralvorstellungen und möglicherweise für Religiosität und Spiritualismus, speziell wenn der Saturnfinger ebenfalls lang und eher spitz ist.

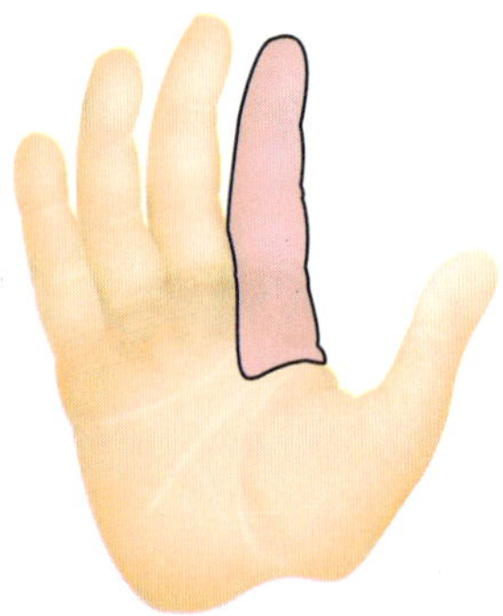

JUPITERBERG UND -FINGER

Hier kann ein stärker ausgeprägter Berg zusammen mit einem langen, starken Jupiterfinger für den Lehrberuf stehen, entscheidend dafür ist ein Viereck auf dem Berg. Wenn man sorgfältig die Linien betrachtet, die dieses Viereck formen, kann man vielleicht sogar feststellen, welche Unterrichtsfächer der Handeigner unterrichtet.

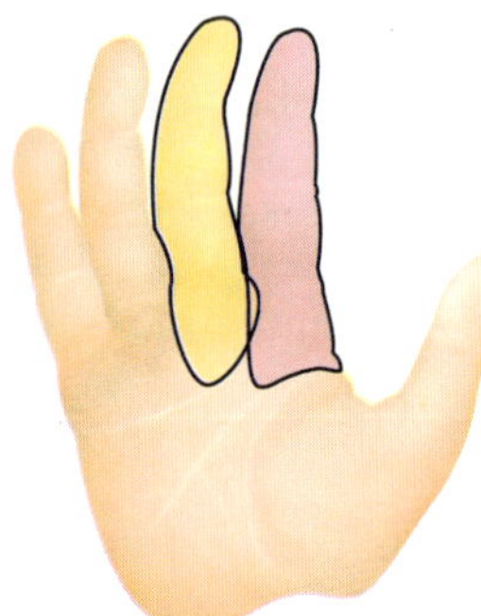

SPITZER JUPITER- UND SATURNFINGER

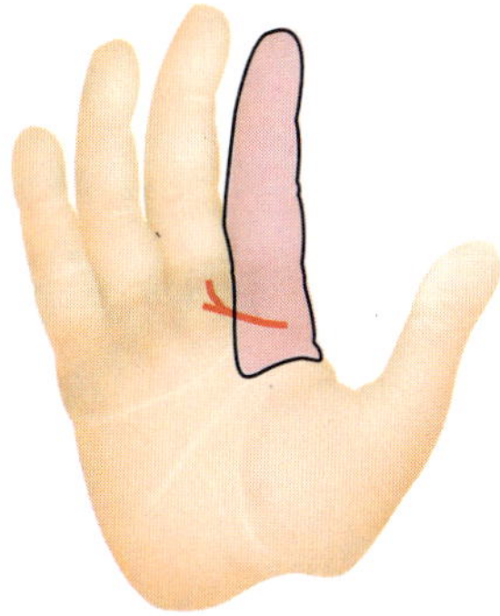

SALOMONRING

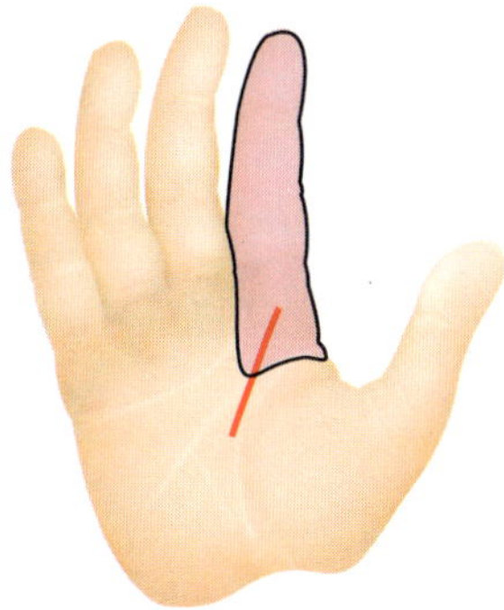

LINIE VON DER LEBENS-
LINIE ZUM JUPITERBERG

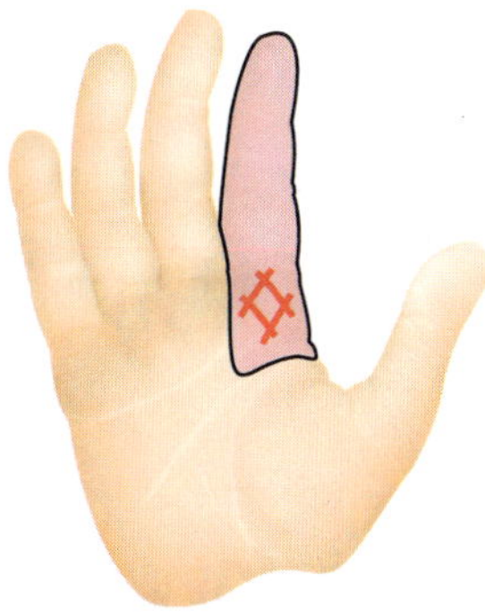

VIERECK AUF DEM
JUPITERBERG

Linien und Zeichen am Jupiter

Verläuft von der Lebenslinie eine Linie zum Jupiterberg, bedeutet dies, daß der Betroffene ein Idealist ist. Der „Salomonring“ steht für die Fähigkeit zu beraten. Manchmal gibt es gleich mehrere dieser Ringe. Hat die Herzlinie ein oder zwei Ausläufer auf den Jupiterberg, hat der Handeigner die Fähigkeit, zuzuhören und andere auch in privaten Beziehungen zu beraten.

Ein Viereck auf dem Jupiterberg kann darauf hinweisen, daß der Betroffene vor Verlusten aufgrund von übermäßigem Ehrgeiz bewahrt wird, während ein Kreuz an dieser Stelle besagt, daß er seine Ziele erreichen wird, speziell wenn es nach oben zum Jupiterfinger zeigt.

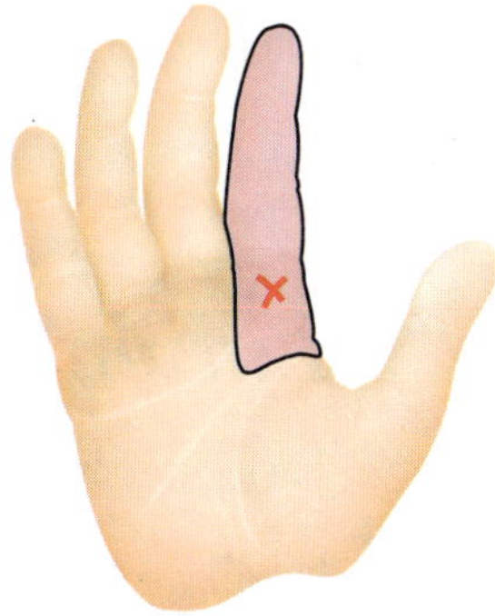

KREUZ AUF JUPITER

HINWEISE

Die verschiedenen Fingerabdrücke finden Sie auf Seite 46–47.

Ein wirbelförmiger Abdruck auf dem Jupiterfinger zeugt von einer schwer beeinflußbaren Persönlichkeit, die nicht auf andere hören oder dem Urteil anderer vertrauen will.

Ein Pfauenauge oder ein gemischter Abdruck auf diesem Finger stehen für Talent und Anpassungsfähigkeit. Eine Doppelschleife oder ein Doppelwirbel weist auf die ungewöhnliche Fähigkeit hin, sich geistig von allem abzukapseln, so als würde man gänzlich unbeteiligt sein.

Saturnberg und -finger

Der Ausdruck „Berg" ist unpassend, da dieser Bereich normalerweise flach oder sogar leicht eingedrückt ist. Der Saturnfinger steht für die moralischen und religiösen Ansichten sowie wissenschaftliches Talent und einen etwas eigensinnigen Charakter. Ist der Finger besonders lang, könnte sich der Betroffene zu Religion, Wissenschaft oder Forschung hingezogen fühlen. Eine eckige Fingerspitze bedeutet zusätzlich Talent für Buchhaltung, ein großer, eckiger Fingernagel die zusätzliche Fähigkeit, sich auf genaue, möglicherweise kreative Arbeiten konzentrieren zu können.

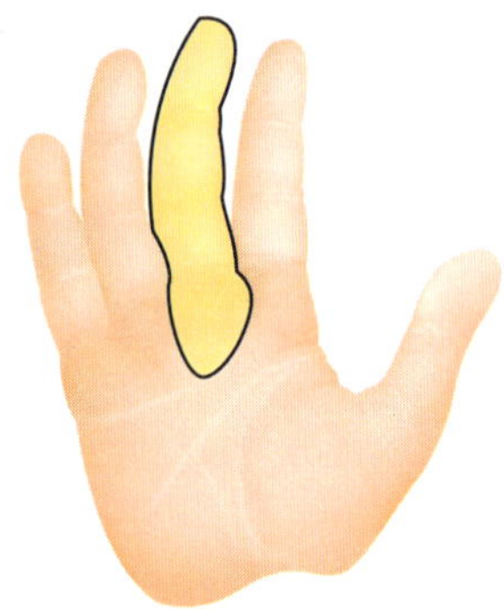

SATURNBERG UND -FINGER

Linien und Zeichen am Saturn

Fast jede Hand weist Linien auf, die zum Saturnfinger hinauf laufen, und bei all diesen Linien gelten verschiedene Bedeutungen als wahrscheinlich. Eine davon besagt, daß der Handeigner wahrscheinlich sein Leben lang hart

H I N W E I S E

Ein wirbelförmiger Fingerabdruck bedeutet, daß der Handeigner von einem Extrem ins andere fallen kann.

Ein Pfauenauge oder gemischter Fingerabdruck zeigt, daß der Handeigner sehr unentschlossen ist. Ein Pfauenauge steht auch für handwerkliches Geschick oder praktisches und kreatives Talent.

arbeiten und genug verdienen wird. Diese Linien können jedoch auch als ein Erbe gedeutet werden, vor allem wenn es eine Linie gibt, die sich von der Innenseite der Lebenslinie zum Saturnfinger erstreckt. Zum Saturnfinger hinauflaufende Linien bedeuten, daß man für den Rest seines Lebens gut versorgt sein wird. Viele Linien stehen für unterschiedliche Einkommensquellen.

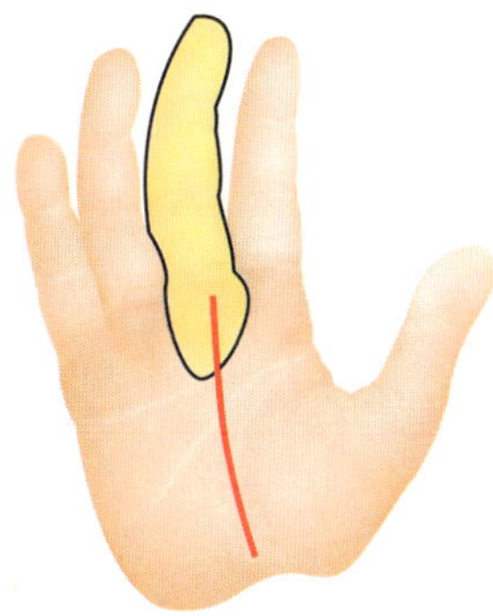

SCHICKSALSLINIE BIS ZUM SATURN

Ein Kreuz kann darauf hinweisen, daß vorübergehende finanzielle Schwierigkeiten bevorstehen. Vor langer Zeit waren französische Handleser der Meinung, daß der Betroffene sein Leben auf der Guillotine oder am Galgen beenden würde, doch keiner von uns konnte das bestätigen!

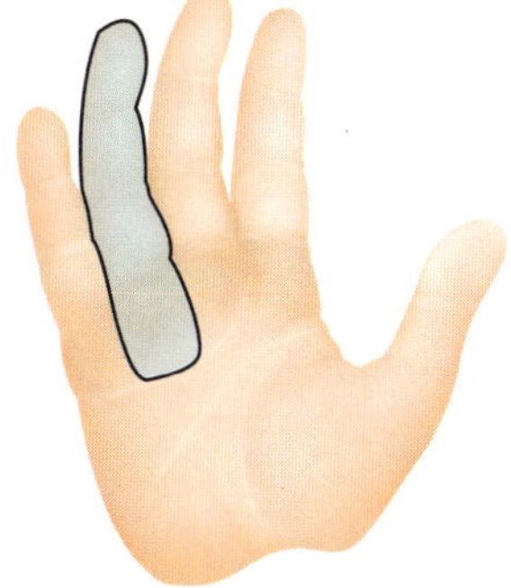

APOLLOBERG UND -FINGER

Der Apolloberg

Irgendwo unter dem Apollofinger könnte es möglicherweise einen Berg geben, doch dieser ist oft versetzt, und an seiner Längsseite verlaufen feine Linien. Betrachten Sie ihn einfach als Apollobereich. Er wird mit einer Reihe angenehmer Dinge in Verbindung gebracht, darunter häusliches Leben und Familie, Kreativität, künstlerisches Talent, Vergnügen und Spaß.

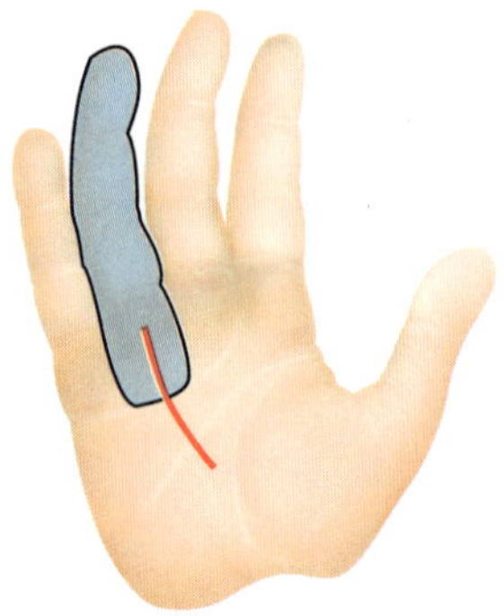

LINIE AM APOLLO

Linien auf Apollo

Eine Apollolinie (oder Liniengruppe) verheißt angeblich Berühmtheit und Reichtum, wir konnten das jedoch nicht feststellen. Viele Durchschnittsmenschen haben sie, während berühmte Menschen nicht immer eine haben. Sie weist jedoch auf eine kreative Persönlichkeit hin, für die es im Leben nicht nur Arbeit und Geldverdienen gibt. Ist die Linie eher am oberen Ende der Handfläche ausgeprägt, macht sich der Betroffene durch sein Talent verdient, besonders im Bereich der Künste.

Der Beginn der Apollolinie kann Aufschluß darüber geben, wann der Handeigner in ein Eigenheim einziehen wird.

Gibt es eine oder mehrere Linien, die über den Apolloberg zum Apollofinger führen, so ist das immer ein gutes Zeichen. Diese Linien lassen darauf schließen, daß der Betroffene im späteren Leben glücklich sein wird, wobei Stärke und Form der Linien über das Maß an Glück Aufschluß geben. Werden diese Linien schwächer oder verschwinden, bevor sie auf den Finger treffen, sollte man den Betroffenen davor warnen, sein Haus nicht als Sicherheit für ein Geschäft einzusetzen, da die Wahrscheinlichkeit eher groß ist, daß ein Verlust bevorsteht.

Inseln (siehe Seite 91) auf dieser Linie bedeuten ebenso wie auf den anderen Linien Zweifel, Unsicherheit und Verlust. Ist die Linie stark ausgeprägt und erstreckt sich von der Herzlinie zum Finger hinauf, so wird die häusliche Situation des Betroffenen im Alter glücklich und sicher sein.

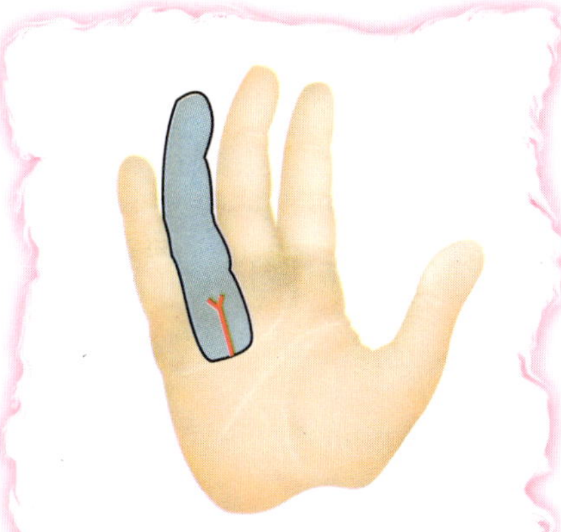

V-LINIE AM APOLLO

Eine Linie, die sich in ein „V“ gabelt, zeigt an, daß der Handeigner vermutlich später im Leben für seine Eltern sorgen wird. Er wird entweder mit ihnen zusammenleben oder sich um ihr Wohlergehen kümmern.

Eine Linie, die nahe am Ursprung der Lebens- und Kopflinie beginnt, sich über die Hand erstreckt und sich am Apolloberg vielfältig verzweigt, ist immer interessant. Sie zeigt, daß man Grundbesitz oder Geld erben wird. Betrachten sie dazu auch die Familien- und Schicksalslinie, wie im Kapitel „Grundbesitz“ (siehe Seite 150–152) erläutert wird. Eine starke, weitere Linie in diesem Bereich kann auf eine zweite Immobilie hinweisen, möglicherweise eine Ferienwohnung, eine Ferienwohnung, die geteilt wird, oder sogar ein Wohnmobil. Hier muß jedoch auch die Familien- und Schicksalslinie zu Rate gezogen werden. Eine Laufänderung der Apollolinie weist auf Umzug, häusliche Umstellungen und ähnliches hin.

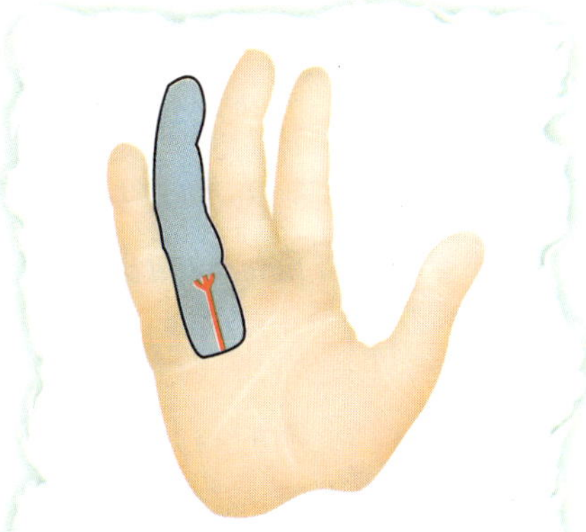

DREIZACK AM APOLLO

Ein Dreizack am Apollo ist ein relativ sicheres Zeichen dafür, daß der Betroffene niemals ohne Geld oder Heim sein wird.

Der Apollofinger

Ist der Apollofinger länger als der Jupiterfinger, so hat der Betroffene großes künstlerisches oder kreatives Talent. Eine nach außen gebogene Fingerspitze steht für Liebe zur Musik. Eine ausgeprägte Fingerbeere läßt auf praktische Fähigkeiten und handwerkliches Geschick schließen, dazu gehören Kochen und Gartenarbeit ebenso wie Schneidern und Töpfern.

Sind Apollo- und Saturnfinger fast gleich lang, kann der Betroffene mit einer künstlerischen oder kreativen Tätigkeit Karriere machen.

Ist dieser Finger lang und ist auch eine Apollolinie vorhanden, so ist das Herz leichter verwundbar (kann Krankheit oder Schwäche bedeuten; siehe auch Seite 125–131). Diese Merkmale und eine lange, geschwungene Herzlinie weisen auf einen romantischen Menschen hin, der schwer verletzt werden kann.

HINWEISE

- *Ein starker Apollofinger und -hügel mit wirbelförmigem Fingerabdruck zeigen, daß der Betroffene sich alles, was er besitzt, selbst geschaffen hat. Es handelt sich um eine Persönlichkeit, die sich selbst motiviert und dadurch viel erreicht. In einer Beziehung bestimmt sie die Gefühle, legt die Regeln fest und verändert danach die Richtlinien wieder, ohne es jemandem mitzuteilen. (Wenn sie einen solchen Menschen kennenlernen, sollten Sie feststellen, ob er einen starken Skorpion-Einfluß in seinem Horoskop hat.)*
- *Ein Pfauenauge oder gemischter Abdruck des Apollofingers zeugt von einer kreativen Persönlichkeit, besonders im Bereich der Künste und des Handwerks, vielleicht jemand, der sich alles selbst beigebracht hat. Diese Menschen motivieren sich selbst und erreichen viel. Sie sind sich selbst genug und verfügen über ein enormes inneres Potential, so daß sie nach der Pensionierung bald ebenso geschäftig sind wie während ihres Berufslebens.*
- *Viele Bereiche der Hand geben Aufschluß über Beziehungen (siehe auch Seite 102–112). Erkennt man auf dem Apolloberg jedoch eine Doppellinie, geht man davon aus, daß der Handeigner und sein Partner stets glücklich sein werden, solange jeder die eigenen Interessen verfolgt.*

Merkurberg und -finger

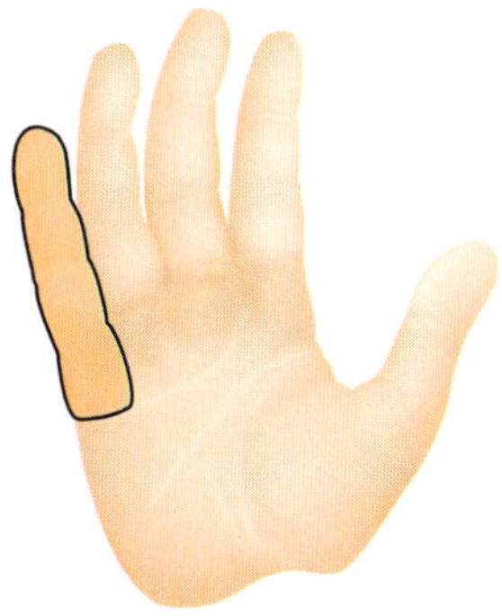

MERKURBERG UND -FINGER

Dieser Handbereich bezieht sich auf Kommunikation und zwischenmenschliche Beziehungen und bietet zahlreiche Hinweise, von denen ein Großteil im Kapitel „Liebe und Beziehungen" (siehe Seite 102–112) behandelt wird.

Die Länge und Stärke des Merkurfingers geben Aufschluß über die Kommunikationsfähigkeit des Handeigners. Mit etwas Erfahrung werden Sie bald feststellen können, wie ein durchschnittlicher Merkurfinger aussieht. Im Prinzip sollte der Finger den Proportionen der Hand entsprechen; das heißt, der Betroffene kann an seinem Arbeitsplatz oder im täglichen Leben mit seinen Mitmenschen normal kommunizieren. Ist der Finger außergewöhnlich kurz oder dick oder ungewöhnlich lang könnten mentale Schwierigkeiten bestehen.

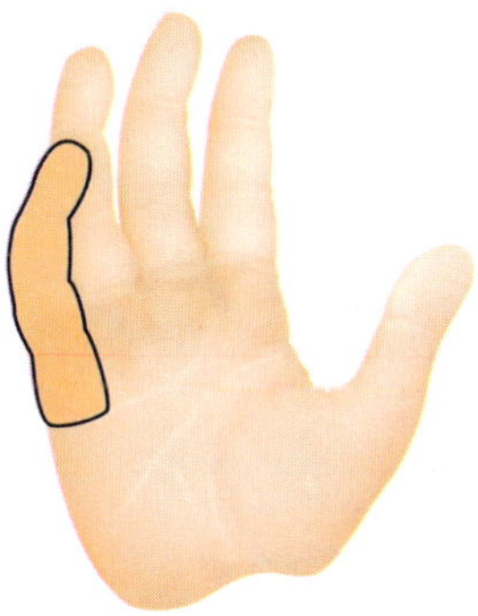

GEKRÜMMTER MERKURFINGER

Ein gekrümmter oder seltsam geformter Merkurfinger kann ein unwesentliches Merkmal sein, das vererbt wurde. Wir haben aber auch festgestellt, daß Menschen mit einem solchen Merkurfinger im späteren Leben oft taub werden oder so stur sind, daß sie nicht auf ihre Mitmenschen „hören wollen".

Zeichen am Merkur

Ein Kreuz am Merkur bedeutet, daß der Handeigner gut mit Maschinen umgehen kann, die er für seine Arbeit benötigt. Am häufigsten sieht man dieses Zeichen bei Menschen, die mit Kommunikationseinrichtungen oder Computern arbeiten, oder bei Technikern, Buchhaltern und Telefonisten.

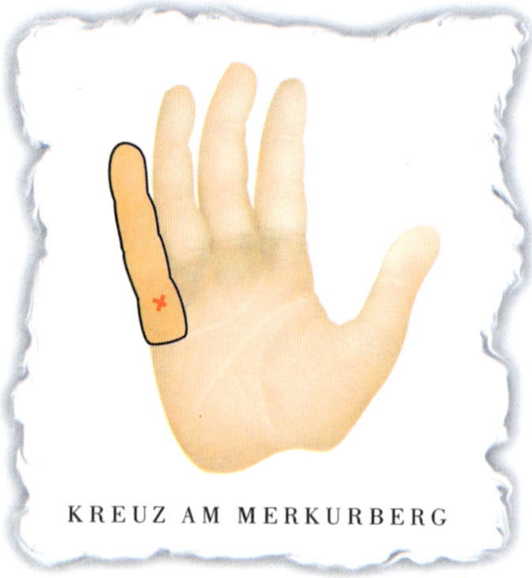

KREUZ AM MERKURBERG

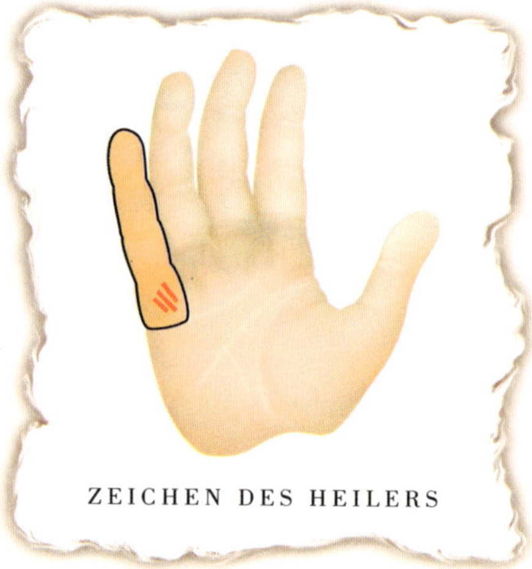

ZEICHEN DES HEILERS

Auch bei Angestellten in Restaurantbetrieben, bei Ingenieuren und Mechanikern ist es zu finden.

In der römischen Mythologie war Merkur der Gott der Medizin. Sein Symbol war der Äskulapstab mit der sich herumwindenden Schlange, ein Symbol, das auch heute noch für Medizin steht. Jeder Mensch, der mit der Heilkunde in Verbindung steht, besitzt das Zeichen des Heilers. Ungewöhnlich in der Handlesekunst ist, daß dieses Zeichen nicht als etwas anderes interpretiert werden kann. Noch außergewöhnlicher ist, daß das Zeichen des Heilers ein wenig an den Äskulapstab erinnert.

Ein weiteres Anzeichen für einen Heiler, einen guten Zuhörer oder Familienmenschen ist eine Gesundheits- oder Merkurlinie, die aufwärts zu dem Bereich führt, wo sich das Zeichen des Heilers befindet, oder sogar in diesen mündet. Diese Linie zeigt auch eine geistige Berufung oder einen solchen Lebenszweck (siehe Seite 121–124).

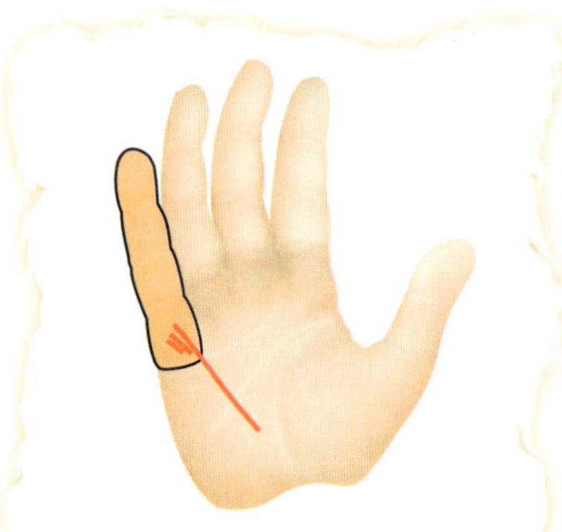

ZUM ZEICHEN DES HEILERS FÜHRENDE GESUNDHEITS- ODER MERKURLINIE

Ein kleines fächerförmiges Zeichen direkt über der Herzlinie und am Beginn des Merkurberges findet man oft bei Menschen, die gerne anderen helfen oder als Berater fungieren, jedoch nicht direkt eine heilende Tätigkeit ausüben. Das gilt für Verkäufer, Angestellte in Informationsstellen, Beratungsbüros, Polizisten oder sogar für Menschen, die bei der Kassa im Supermarkt sitzen. Sie alle verstehen es gut, auf die Bedürfnisse der Mitmenschen einzugehen.

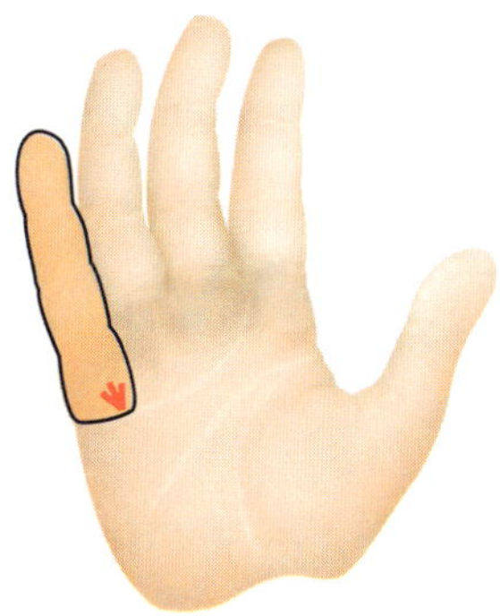

ZEICHEN DES HELFERS

HINWEISE

Eine stark ausgeprägte Linie, die von der Schicksalslinie abzweigt und im Bereich zwischen dem Merkur- und Apolloberg endet, bedeutet, daß der Handeigner seine Werke vermutlich veröffentlichen wird.

Befindet sich am Merkurfinger ein Wirbel, haben wir es mit einem Menschen zu tun, der sich mit anderen rasch langweilt und eventuell im Journalismus oder Verkauf Erfolg hat.

Großer Marsberg

Kann erhöht oder flach sein. Der Bereich wird mit verschiedenen Energien in Verbindung gebracht. Er kann zum Beispiel anzeigen, ob wir dazu neigen, vor einem Problem zu flüchten oder sich ihm zu stellen, einen Standpunkt zu vertreten oder eine Sache zu erledigen.

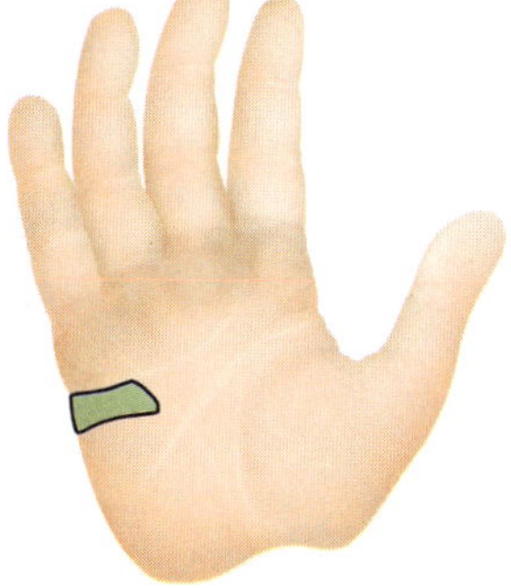

GROSSER MARSBERG

Ertasten Sie mit den Fingern diesen Bereich auf der Hand des Betroffenen. Ist er bis zum Handrücken durchgehend dick, so ist der Handeigner eine Kämpfernatur. Die Kampflust könnte aus ihm einen Boxer, Ringer oder Soldaten machen, oder er tendiert einfach nur dazu, um die Wahrheit oder um Dinge zu kämpfen, die er besitzen möchte. Ein sehr hoher Berg weist auf eine aufbrausende Persönlichkeit hin.

Menschen, die nicht schreckhaft sind und mit den Händen arbeiten, besitzen einen Marsberg durchschnittlicher Stärke. Ein Handeigner mit dünnem Marsberg arbeitet hingegen mit dem Kopf und schreckt sich leicht.

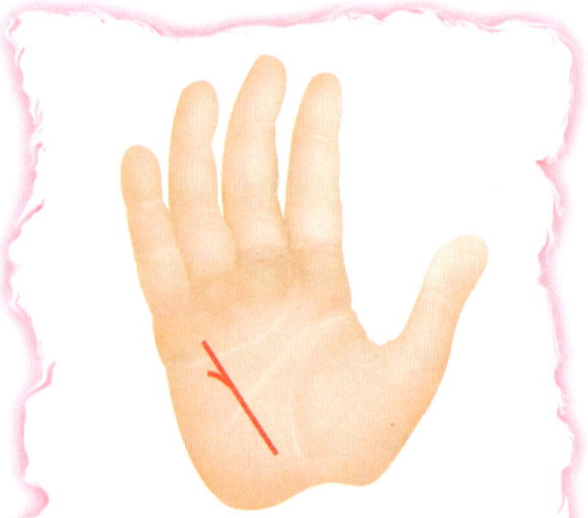

MERKUR-/GESUNDHEITSLINIE UND INTUITIONSLINIE

Linien auf Mars

Verlaufen eine Gesundheitslinie, eine Merkurlinie oder eine gebogene Intuitionslinie über diesen Berg, setzt sich der Betroffene eventuell für die Rechte und Bedürfnisse anderer ein, oder er kämpft sogar um das Wohlergehen und die Gesundheit eines Mitmenschen. Eine solche Linie schwächt den Marsberg ab und weist auf ein Interesse an geistigen Fragen und gesundheitlichen Angelegenheiten hin.

Häufig findet man auch eine Linie, die an der Handkante am Marsberg beginnt und sich am Ende mit den Apollolinien vereinigt. Das bedeutet harte Arbeit oder daß Ausländer und ausländische Orte das Leben stark beeinflussen.

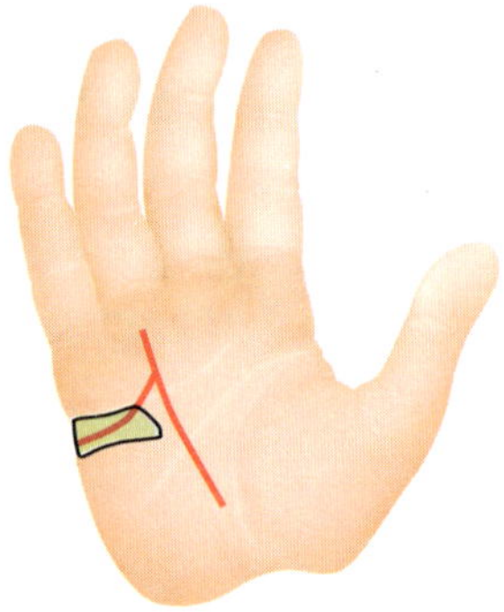

AUF MARS VERLAUFENDE LINIE

(Die Reiselinien befinden sich am Marsberg auf der Handkante – siehe Seite 30 sowie 153–155.)

Mondberg

Der Mondberg liegt dem Venusberg genau gegenüber. Diese Gegenüberstellung hat folgende Bedeutung: Wenn man sich vor Augen hält, daß Venus

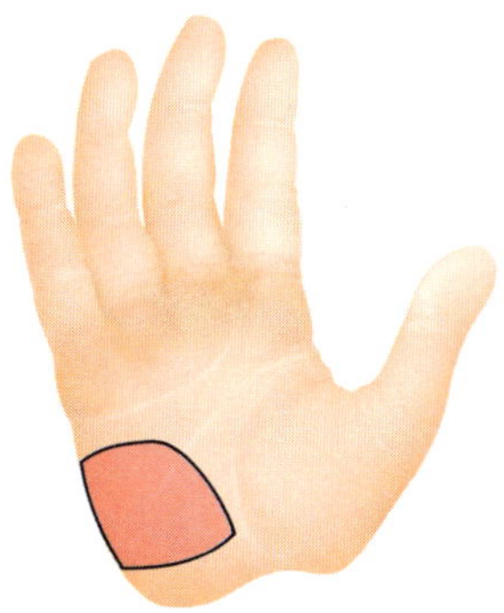

MONDBERG

mit Gütern, Besitz, Geld und allen sinnlichen Dingen in Verbindung gebracht wird, merkt man sich auch rasch, daß der Mondberg für die nicht materiellen Aspekte des Lebens steht, für Dinge, die man nicht sehen, fühlen oder angreifen kann, wie Phantasie, Erfahrungen, Gefühle und Kreativität. Der Mondberg gibt auch Aufschluß über geistige und intellektuelle Dinge.

Ist der Berg groß, breit, voll oder hoch, sind der Phantasie keine Grenzen gesetzt. Der Handeigner ist vielleicht Reisender, Intellektueller, Dichter oder Künstler. Ein hoher Berg steht möglicherweise für übersinnliche Fähigkeiten (siehe Seite 121–124). Es besteht vermutlich kein Interesse an Materiellem. Liegt ein stark ausgeprägter Mondberg einem ebenso ausgeprägten Venusberg gegenüber, so will der Betroffene Spaß, Erfahrungen und Geld! Ein deutlich ausgebildeter Mondberg weist auf eine Persönlichkeit hin, die sich um ihre Mitmenschen sorgt und sich für diese auch Zeit nimmt.

Linien am Mondberg

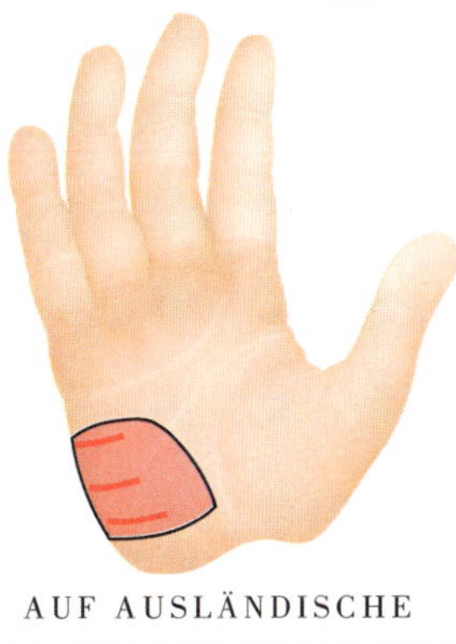

AUF AUSLÄNDISCHE VERBINDUNGEN HINWEISENDE LINIEN AM MONDBERG

Verlaufen Linien von der Handkante über den Mondberg bis zur Lebenslinie, dem Venusberg oder einem anderen Bereich des unteren Handtellers, so bestehen starke Bindungen an andere Länder. Das kann für einen Auslandsaufenthalt stehen, jedoch muß man hier auch die Lebens-, Schicksals- und Apollolinie zu Rate ziehen (siehe Seite 153–155 für weitere Hinweise zum Thema Reisen).

Eine Kopflinie, die sich zum Mondberg hinunterzieht, steht für eine kreative oder phantasievolle Person. Gabelungen der Kopflinie weisen auf

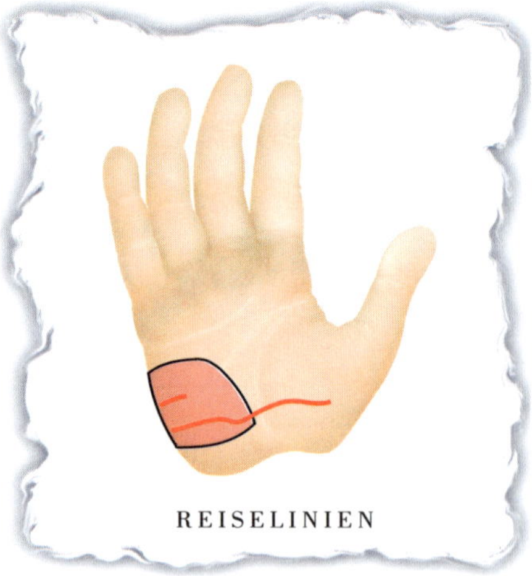

REISELINIEN

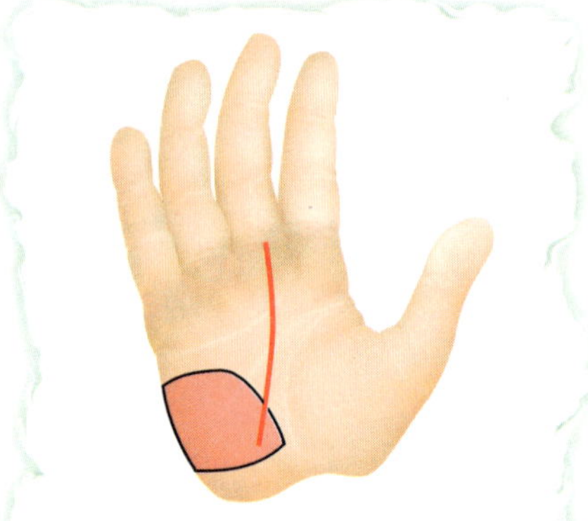

VOM MONDBERG AUSGEHENDE SCHICKSALSLINIE

schriftstellerische oder kommunikative Fähigkeiten hin, und wenn eine Gabelung nach unten zum Mondberg gerichtet ist, so ist der Betroffene ein einfallsreicher Erzähler (oder er schwindelt ein bißchen).

Eine Kopflinie, die zu weit nach unten auf den Mondberg gerichtet ist, kann für eine Neigung zum Selbstmord stehen, da ein solcher Mensch zu Extremen neigen kann. Eine Gabelung der Kopflinie, die nach unten auf den Mondberg weist, kann für Kreativität stehen. Eine aufwärts gerichtete obere Gabelung hilft, die allzu große Phantasie auszugleichen.

Beginnt die Schicksalslinie am Mondberg, erhält der Betroffene am Beginn seiner Laufbahn Hilfe durch Außenstehende. Es besteht auch die Möglichkeit, daß dieser Handeigner von Außenstehenden mehr geschätzt wird als von seiner Familie.

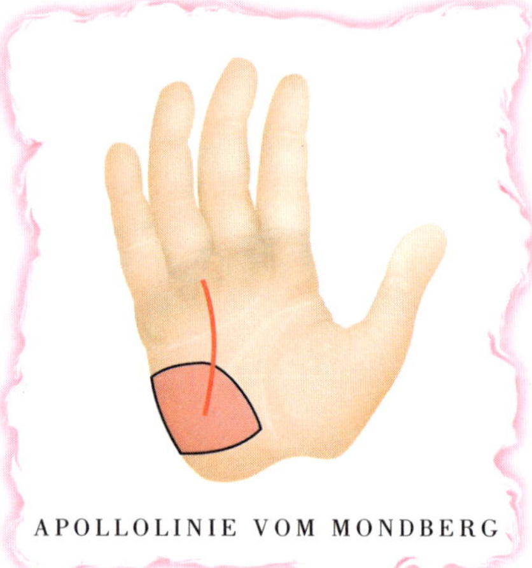

APOLLOLINIE VOM MONDBERG

Geht die Apollolinie vom Mondberg aus, bedeutet das, daß der Handeigner bereits von früher Jugend an ein Eigenheim besitzt, in jungen Jahren Berühmtheit erlangt oder infolge seiner Kreativität zu großem Reichtum kommt.

ÜBER DAS REISEN

In Büchern über Handlesekunst kann man häufig lesen, daß eine Neigung zu Reisen auf dem Mondberg ersichtlich ist. Diese Vorstellung hat ihren Ursprung in der Astrologie, da man der Meinung war, der Mond würde sich weitaus schneller bewegen als die anderen Planeten. Man nahm weiters an, daß der Mond zu der Zeit, zu der er unsichtbar ist, im Meer versinken würde.

Für die Handleser ist es oft schwierig festzustellen, wo Mars endet und Mond beginnt. Reiselinien können entlang der ganzen Handkante auftreten, von der Herzlinie bis zum Handgelenk. Weitere Hinweise zu diesem Thema finden Sie auf Seite 153–155.

Der Plutoberg

Dieser am Handballen liegende Berg befindet sich unterhalb des Mondberges und steht für Ruhelosigkeit und Reiselust. Er läßt auf die inneren Gefühle des Betroffenen schließen. Neigt sich der Berg nach unten, also in Richtung Gelenk, kann der Handeigner sich nach Schicksalsschlägen leicht erholen und sein Leben wieder aufbauen.

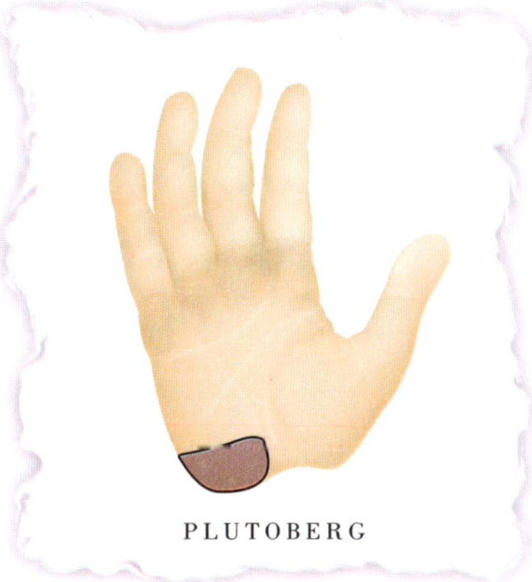

PLUTOBERG

NEPTUNBERG

Der Neptunberg

Der Neptunberg dient als Brücke zwischen der materialistischen Venus und dem phantasievollen Mond. Ist eher ein Einschnitt als eine Brücke

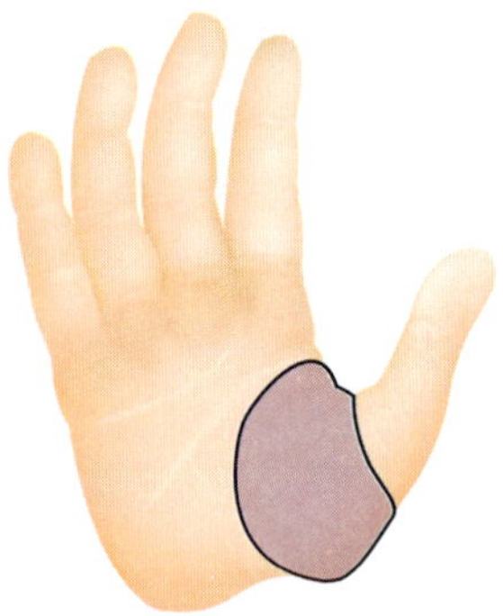

VENUSBERG

zu sehen, so deutet das darauf hin, daß ein Aspekt übermäßig betont wird. Verbindet dieser Berg die beiden benachbarten, so entsteht eine Mischung aus Kreativität, Hilfsbereitschaft, Umsichtigkeit, Abenteuerlust, hellseherischen Fähigkeiten und materialistischer Einstellung.

Der Venusberg

Seltsamerweise können wir diesem großen Bereich nicht allzu viele Hinweise entnehmen. Wir glauben, daß er hauptsächlich für materiellen Besitz und/oder den Wunsch danach steht und die Güter, Mittel, den Besitz und Luxus zeigt, den der Handeigner schätzt, so zum Beispiel eine neue Küche, die man allen zeigen kann. Auch Hinweise auf Urlaube sind ersichtlich, für Reiseerfahrungen müssen wir jedoch den Mondberg genauer betrachten.

Großer, hoher Venusberg

Ein hoher Venusberg steht für den Wunsch nach materiellem Besitz, garantiert jedoch nicht, daß der Betroffene diesen auch erhält! Die Wahrscheinlichkeit wird größer, wenn auch der Jupiterberg erhöht ist, da dieses Zeichen bei sehr willensstarken Personen zu finden ist.

Ein großer, hoher Venusberg weist auf besonders starke Sexualität hin – behaupten viele Bücher über Handlesen. So einfach kann man es jedoch nicht ausdrücken. Der Handeigner eines großen, vollen Venusberges ist meist energiegeladen und äußerst lebenslustig. Vermutlich arbeitet er hart, liebt Sport sowie seine Hobbys, seine Interessen und speziell seine Familie. Ein voller Venusberg zeugt von einem Menschen, der Essen, Trinken, Kunst, Musik, Gärten, Komfort, Wärme, Lachen, schöne Kleider und vieles mehr liebt. Er findet zudem Freude an der Gesellschaft attraktiver Menschen sowie an allen Dingen, die gut riechen und ein gutes Gefühl vermitteln – und in den meisten Fällen hat er ein starkes Interesse an Sex.

Ist der Berg hoch, eignet sich der Betroffene für praktische, technische oder landwirtschaftliche Tätigkeiten. Ein flacherer Berg weist eher auf intellektuelle Arbeit hin.

Kleiner, flacher Venusberg

In dieser Form zeugt der Berg von Armut. Erhebt sich der Bereich in Richtung Handgelenk ein wenig, könnte sich die Situation im Alter verbessern. Ist der Bereich klein und flach, so schätzt der Betroffene eher geistige als materielle Werte. Wenn der gesamte Bereich flach ist, fehlt es dem Handeigner möglicherweise immer an finanziellen Mitteln, und wenn er diese erhält, könnte er sie später wieder verlieren; andere bekommen sie nie oder wollen auch gar keine.

Es stimmt nicht, daß ein Mensch mit schwach ausgeprägtem Venusberg kein Interesse an Sex hat. Er kann ebenso sinnlich sein, hat seine Sexualität jedoch besser unter Kontrolle als ein Mensch mit starkem Venusberg. Ein schmaler Berg zeugt von einem faulen Liebhaber, der im Bett alles dem Partner überläßt und selbst kaum aktiv wird. Auch Menschen, die beim Sex ihre Gefühle aus dem Spiel lassen, weisen diese Ausprägung auf. Der Betroffene denkt und fühlt nicht so, wie er handelt. Ein Berg normaler Größe, der jedoch eher flach ist, weist auf einen Genießer hin, der ebenso gerne Lust vermittelt, wie er sie selbst empfängt.

Ein schwach ausgeprägter Berg kann auch bedeuten, daß es sich um einen sehr ästhetischen Menschen handelt oder um einen eher anspruchslosen Menschen, der seine Mitmenschen mit seinen Schwächen und Klagen schikaniert, wenn nicht alles nach seinem Kopf geht. Auch bei sanften, geduldigen Menschen finden wir in vielen Fällen einen flachen Venusberg.

Linien am Venusberg

Um die Daumenwurzel verläuft die Familienlinie. Zwei Linien weisen auf zwei Immobilien in der Familie hin. Bei blauer oder roter Verfärbung kann man schließen, daß der Betroffene sich Sorgen um seine Familie macht.

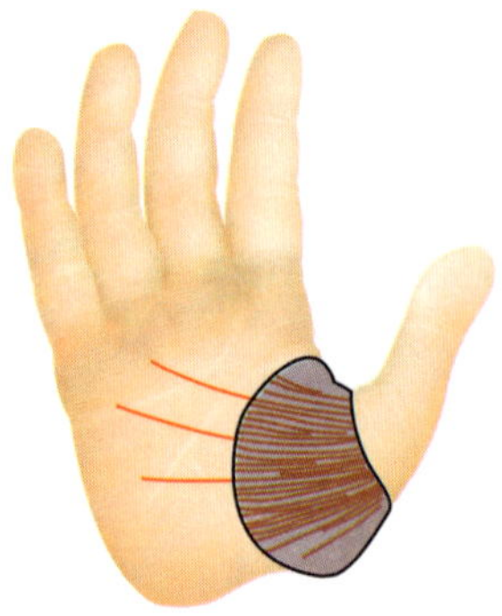

EINFLUSSLINIEN VOM VENUSBERG

Von diesem Bereich ausgehende Linien zeigen Einmischung durch andere Familienmitglieder oder Sorge um diese. Am Schnittpunkt dieser Linie mit der Lebenslinie kann man erkennen, wann die Probleme auftauchen (siehe Seite 53), und an ihrer Endposition, welchen Bereich sie betreffen. So weisen Linien, welche die Herzlinie berühren, darauf hin, daß sich die Familie in das Liebesleben des Betroffenen einmischt. Manche Handleser erkennen an den Linien, welche neuen Beziehungen sich für den Handeigner ergeben könnten, und datieren sie anhand des Schnittpunkts mit der Lebenslinie. Diese Deutung wird jedoch von uns angezweifelt.

Zusätzliche Lebenslinien oder Linien auf der Venus, die hinter der Lebenslinie liegen, lassen auf Unterstützung durch die Familie schließen, manchmal kann das auch spirituelle Hilfe von bereits verstorbenen Familienmitgliedern sein. Linien, die vom Daumenballen ausgehen, könnten auf Hilfe von Freunden hinweisen.

Wer blickt nach vorne, wer zurück?

Oft verläuft eine tiefe Rille vom Daumen über den Venusberg. Verläuft sie nach oben, lebt der Betroffene eher in der Vergangenheit; verläuft diese Rille nach unten, lebt er eher in der Zukunft.

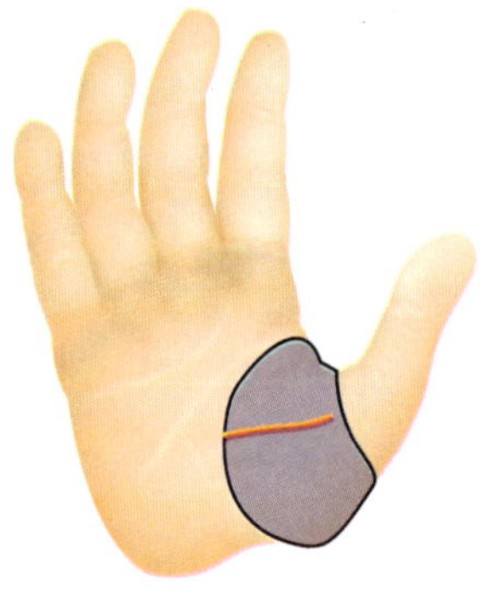

RILLE

KLEINER MARSBERG

Kleiner Marsberg

Ist der kleine Marsberg stark ausgeprägt, arbeitet der Betroffene gerne im Team und ist kooperativ, speziell wenn die Fingerabdrücke schleifenförmig sind. Eine Linie auf diesem Berg ist ein deutliches Anzeichen für einen Menschen, der als Kind gerne Pfadfinder oder Mitglied einer ähnlichen Jugendgruppe war oder der ganz allgemein Dienste für die Gemeinschaft geleistet hat.

Der Daumen

Der Daumen zeigt, ob der Betroffene logisch denkt und willensstark ist. Der Knöchel an der Daumenwurzel gibt über die organisatorischen Fähigkeiten Auskunft. Der Winkel zwischen Handballen und Gelenk gibt Aufschluß darüber, ob der Handeigner Rhythmusgefühl hat. (Mehr darüber finden Sie im Kapitel über die Finger auf Seite 49–51.)

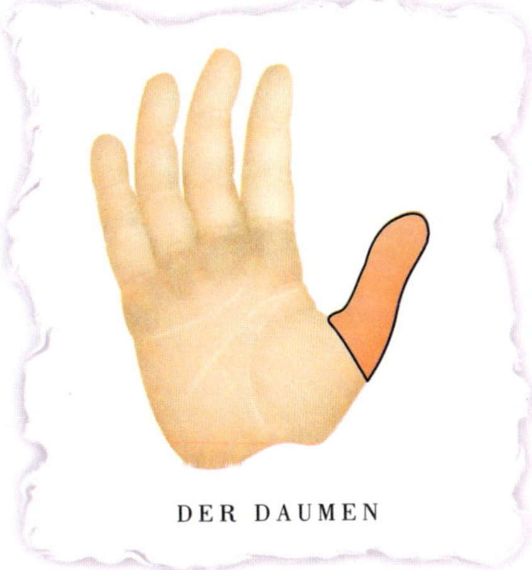

DER DAUMEN

Die Marsebene

Dieser Bereich liegt in der Handmitte, wo sich viele Linien treffen, und scheint keine wesentliche Bedeutung zu haben. Die vielen Linien und Zeichen, die hier durchlaufen oder sich hier befinden, werden detailliert auf Seite 57 bis 91 behandelt. Ist der Handteller hier „hohl“, kann man daraus schließen, daß der Betroffene das Geld liebt.

1. TEIL

DIE FINGER

Jeder Finger steht für einen anderen Persönlichkeitsaspekt. Es gibt verschiedene Möglichkeiten, um zu messen, ob ein Finger lang oder kurz ist. Die meisten Bücher meinen, die Finger sollten ebenso lang sein wie die Handfläche, doch ist das nicht immer zweckmäßig. Daher empfehlen wir, selbst zu entscheiden, ob die Finger lang, mittel oder kurz sind. Es gehört zur Kunst des Handlesens, zu wissen, was dem Durchschnitt entspricht, um Abweichungen davon feststellen zu können.

Fingerlänge und -dicke

Künstler und Menschen, die viel nachdenken, haben lange Finger. Sie lassen sich nicht gerne hetzen, bevorzugen ihr eigenes Tempo und hegen Liebe zum Detail. Menschen mit kurzen Fingern sehen die Dinge im Überblick und wollen sich nicht mit Kleinigkeiten aufhalten. Wenn Sie eine Party haben und Hilfe in der Küche brauchen, springen vermutlich eher diejenigen ein, die kurze Finger haben, da sie schnell und praktisch veranlagt sind. Bei Menschen mit kurzen und dicken Fingern herrscht oft große Unordnung, da sie meistens zu ungeduldig zum Aufräumen sind.

KURZE UND LANGE FINGER

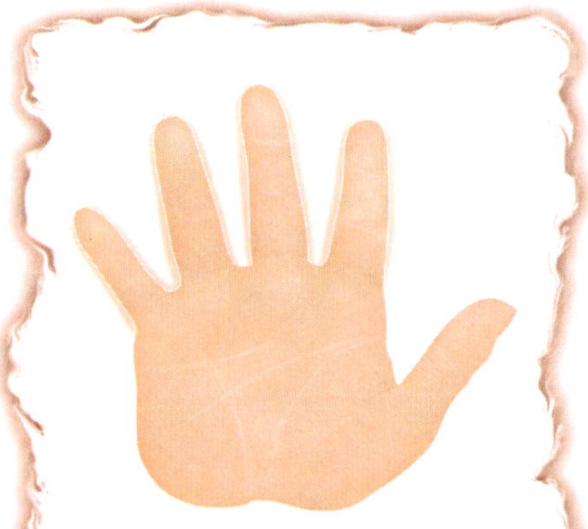

DICKE UND DÜNNE FINGER

Menschen mit dicken Fingern halten sich nicht lange auf, sondern erledigen alles sofort. Sie haben keine Geduld mit denjenigen, die sie für dumm halten, und können ziemlich taktlos sein, doch sind sie direkt und ehrlich. Diskrete, diplomatische Menschen, die Wert auf das Urteil anderer legen, haben dünne Finger. Sie gehen genau und logisch vor, sind umsichtig und geduldig, können jedoch sarkastisch werden, wenn sie unter Druck stehen.

Knotige Finger

Menschen mit knotigen Knöcheln bevorzugen Sicherheit. Meist treten Knoten bei den Mittelgliedern auf. Sie stehen für Materielles und weisen auf die Fähigkeit hin, das Leben gut zu organisieren. Die Nagelglieder verkörpern Mentales, darauf befindliche Knoten lassen auf geistige Umsicht schließen. Jemand mit langen, knotigen Fingern arbeitet gerne an Forschungsprojekten und kann verschiedene Elemente zu einem Ganzen zusammenfügen.

Bradley hat lange, knotige Finger. Der Daumen ist hoch angesetzt und von der Handfläche nicht stark abgespreizt.

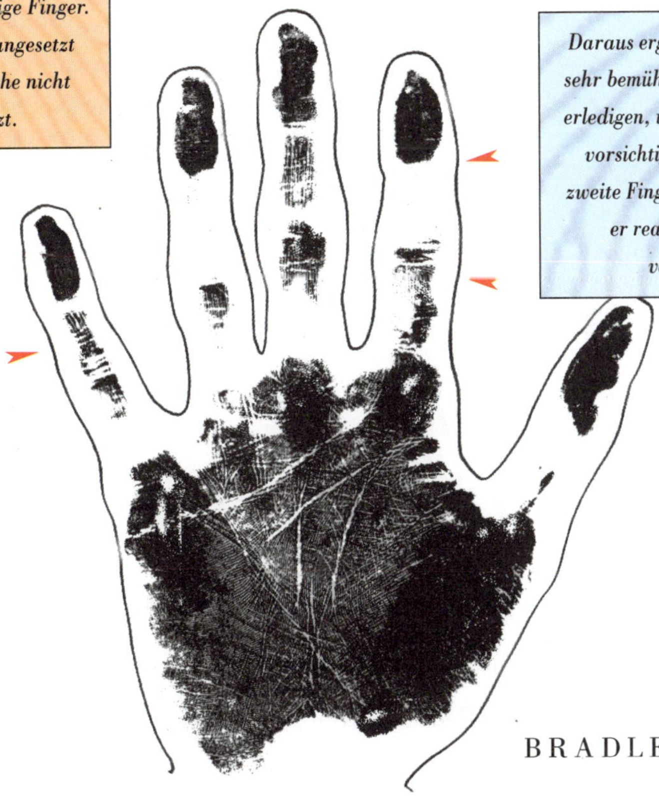

Daraus ergibt sich, daß Bradley sich sehr bemüht, alles ordnungsgemäß zu erledigen, und mit Geld und Gefühlen vorsichtig umgeht. Das erste und zweite Fingerglied ist lang, das heißt, er realisiert seine Ideen auf vernünftige Weise.

BRADLEY

Fingerstellung

Es gibt unterschiedliche Fingerstellungen – gerade gerichtet, vom Zeigefinger zum kleinen Finger abfallend oder bogenförmig. Dadurch wird die Messung der relativen Fingerlänge erschwert. Wenn Sie ganz genau sein möchten, können Sie jeden Finger abmessen, ansonsten empfehlen wir aber, für die Beurteilung einfach den gesunden Hausverstand einzusetzen.

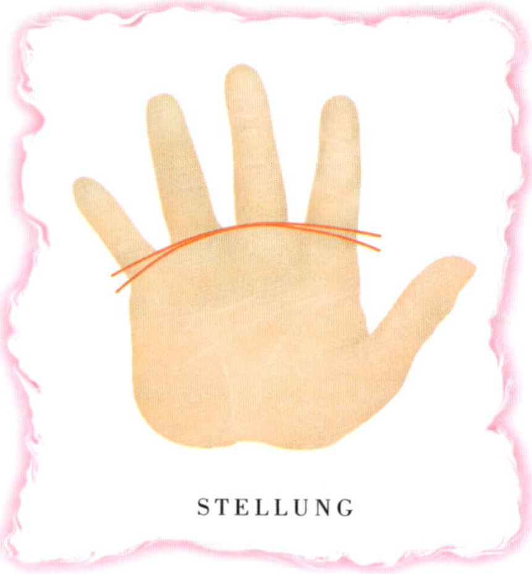

STELLUNG

OFFENE UND GESCHLOSSENE HÄNDE

Neigung der Finger

Die Finger können auseinandergespreizt sein, dicht beieinander liegen oder sich zueinander neigen. Gespreizte Finger weisen auf einen offenen, ehrlichen Menschen hin, der auch gerne Geld ausgibt. Oft findet er das Familienleben erdrückend. Kleine Spalten zwischen den Fingern zeugen von Vernunft und Offenheit; eng beieinanderliegende Finger von Geiz und der Unfähigkeit, auf andere zu hören. Menschen, bei denen alle Finger nach innen und zueinander geneigt sind, brauchen stets ihre Familie um sich.

Die Merkmale der Finger

Im vorangegangenen Kapitel haben wir die Finger bereits in Verbindung mit den gleichnamigen Bergen behandelt. In diesem Kapitel werden wir auf ihre Hauptmerkmale sowie auf die Bedeutung der verschiedenen Fingerkrümmungen eingehen.

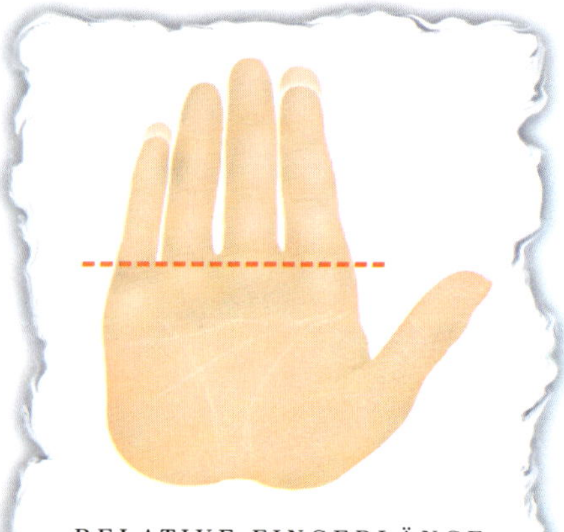

RELATIVE FINGERLÄNGE

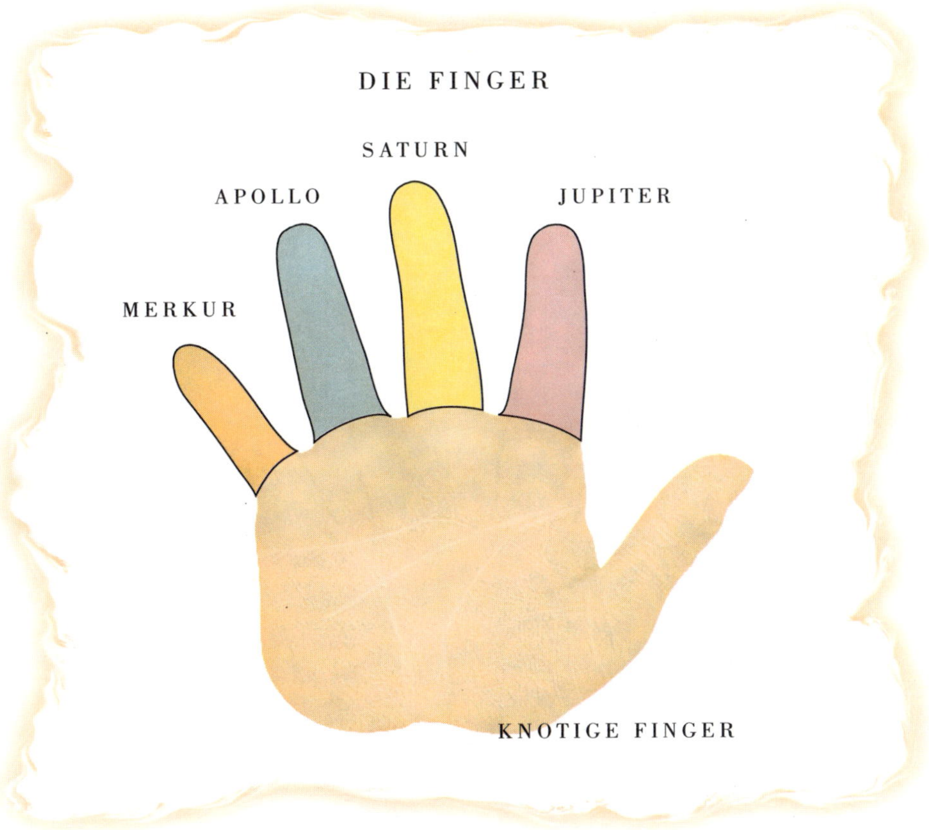

Der Jupiterfinger

Dieser Finger verkörpert das Ego, die Führungsqualitäten, persönliche, religiöse und moralische Ansichten sowie Idealismus. Er zeigt, woran der Betroffene glaubt, und verdeutlicht, ob er seine Ansichten für sich behält oder andere beeinflußt. Wenn wir die relative Länge der Finger messen, müssen wir berücksichtigen, daß sie aufgrund ihrer Stellung länger oder kürzer erscheinen können. Man sollte die Finger eventuell abmessen und vergleichen. Ein langer Jupiterfinger ist länger als der Apollofinger und nicht viel kürzer als der Saturnfinger.

Der Saturnfinger

An diesem Finger erkennt man die praktischen Aspekte des täglichen Lebens, finanzielle Mittel und Sicherheit. Er steht auch in Zusammenhang mit

Grundbesitz, Landwirtschaft und Verdienstmöglichkeiten. Ein durchschnittlich langer Saturnfinger weist auf Lernfähigkeit, technisches und wissenschaftliches Verständnis sowie auf Religiosität hin.

Auseinanderstehende Finger und ein eher kurzer Saturnfinger zeigen, daß Jan großzügig und in puncto Geld auch risikofreudig ist.

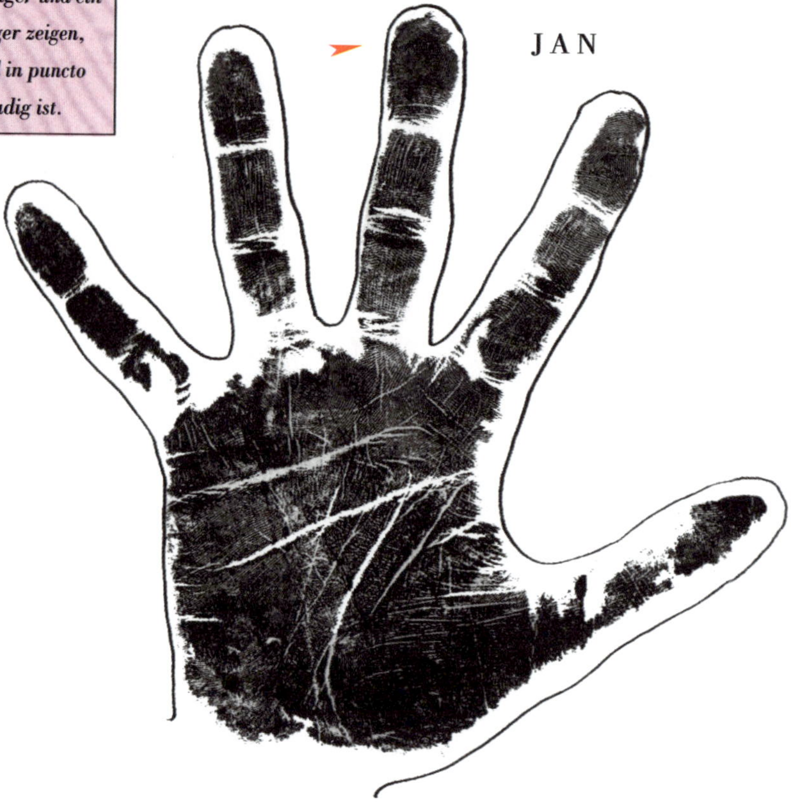

Der Apollofinger

Der Finger steht für besondere Liebesfähigkeit und Freude an Heim und Familie. Weiters verkörpert dieser Finger Träume, Hobbys, Liebe zu Kunst und Kreativität, Glücksspiel, Urlaub und alle weiteren Annehmlichkeiten des Lebens. In vielen Ländern bringt man diesen Finger (auf beiden Händen) in Verbindung mit Ehe, Verlobung oder einer Liebesbeziehung.

Der Merkurfinger

Der Finger steht für Kommunikationsfähigkeit, speziell für Talent zum Schreiben und Sprechen. Auch sexuelle Angelegenheiten werden mit ihm in Verbindung gebracht. Seine Länge ist am schwierigsten zu beurteilen, da er eher tiefer angesetzt ist. Reicht er jedoch bis zum oberen Glied des Apollofingers kann er als lang angesehen werden.

Krümmung

Die Krümmung der Finger zueinander sagt sehr viel über den Charakter eines Menschen aus. Unten stehende Tabelle gibt einen kurzen Überblick, wie sich verschiedene Krümmungen deuten lassen. Stellen Sie bei jedem Finger fest, wie er zu den beiden benachbarten Fingern gekrümmt ist.

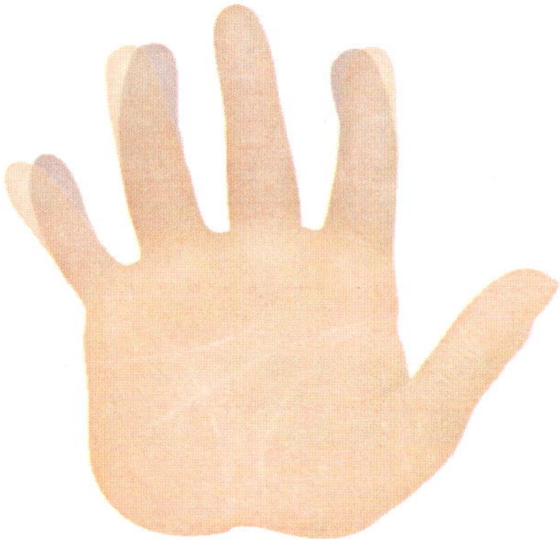

NEIGUNG DER FINGER

JUPITERFINGER	
NACH AUSSEN – VOM SATURN WEG	**ZUM SATURN**
unabhängig	*ausdauernd*
materialistisch	*ehrgeizig*
dynamisch	*emotionell verletzbar*
ehrgeizig	*Angst vor Schmerz und Ablehnung*

SATURNFINGER	
ZUM JUPITER	**ZUM APOLLO**
ruhelos	*Talent zum Schreiben*
konkurriert mit anderen	*durch familiären Druck gezwungen, hart zu arbeiten*
emotionell beherrscht oder verklemmt	

APOLLOFINGER

ZUM SATURN	ZUM MERKUR
eventuell übersinnlich	*rebellisch*
zieht Arbeit dem Haushalt vor	*ungewöhnlich*
klug	*literarisches oder künstlerisches Talent*
logisch denkend	*Talent zum Komponieren von Liedern*
vernunftbetont	

MERKURFINGER

ZUM APOLLO	NACH AUSSEN GENEIGT
mitfühlend	*mangelndes Selbstbewußtsein*
Talent zum Berater	*handelt ungern alleine*
kaufmännisches Talent	*braucht Aufmunterung*
prinzipiell optimistisch, unter Druck auch gereizt	*bleibt gefühlsmäßig auf Distanz oder ist unglücklich verliebt*

Länge und Stellung

Es gibt eigene Eigenschaften, die für lange und kurze Finger gelten, und die Stellung jedes Fingers ist ebenfalls von Bedeutung.

LÄNGE UND STELLUNG

FINGER	LANG	KURZ	HOCH ANGESETZT	TIEF ANGESETZT
JUPITER	*ehrgeizig*	*schüchtern*	*selbstbewußt*	*mutlos*
	egozentrisch	*liebevoll*	*extrovertiert*	*unentschlossen*
	Führernatur	*warmherzig*	*eigensinnig*	*Märtyrer*
	geldgierig	*unsicher*		

LÄNGE UND STELLUNG (Forts.)

FINGER	LANG	KURZ	HOCH ANGESETZT	TIEF ANGESETZT
SATURN	*strebsam*	*Spielernatur*	*sollte immer hoch angesetzt sein*	*geistig abnormal*
	wissenschaftlich	*hat Glück oder ist verschwenderisch*		
	religiös			
	pessimistisch			
APOLLO	*gute Manieren*	*praktisch*	*künstlerisches Talent*	*kein Interesse an Kunst und Musik*
	unpraktisch	*realistisch*	*extravagant*	
	künstlerisches Talent			
MERKUR	*redegewandt*	*schüchtern*	*Verkaufstalent*	*schüchtern*
	Schreibtalent	*wortkarg*	*extrovertiert*	*wortkarg*
	freundlich	*sexuelle Anomalien/ verklemmt*	*geschickt*	*ungeschickt*
	sexy			

DIE FINGERFORMEN

Die Fingerglieder

Die Fingerglieder sind die drei Teile des Fingers, die manchmal auch als Phalangen bezeichnet werden. Verfügt der Betroffene über dicke Fingerglieder, so kann man davon ausgehen, daß er energiegeladen und unternehmungslustig ist, eventuell hat er aber auch ein etwas rauheres Naturell. Dünne Fingerglieder weisen hingegen auf einen zart besaiteten Charakter hin oder zeugen von größerer Nervosität und Schwäche.

ÜBERSICHT DER FINGERGLIEDER

	ERSTES	ZWEITES	DRITTES
LANG	*geistig aktiv*	*setzt Ideen um – Gärtner, Koch etc.*	*Talent zum Bauen*
	mag Mathematik, Kreuzworträtsel, Computer	*geschickt mit den Händen – Künstler, Lehrer etc. je nach Finger*	*gesunder Appetit nach Essen, Sex, Leben*
	eher spirituell als materialistisch		*Vielfraß, wenn dick*
KURZ	*geistig träge*	*faul*	*körperlich schwach*
	schwerfällig gegenüber neuen Ideen	*Ignorant*	*scheut jede Anstrengung*
	materialistisch	*scheut jede Anstrengung*	*gierig, wenn dick*
	mißtrauisch		

HINWEISE

Das oberste Fingerglied, zu dem auch die Fingerspitze gehört, verkörpert die mentale Ebene; das zweite Fingerglied (das Mittelglied) kann auf die praktische Umsetzung von Ideen schließen lassen; das dritte und unterste Fingerglied gibt Aufschluß über die materiellen Bedürfnisse.

Die Fingerspitzen

Verschiedene Formen weisen auf unterschiedliche Eigenschaften hin.

FINGERSPITZEN

RUND	SPITZ	ECKIG	SPATELFÖRMIG
haßt Auseinandersetzungen	*rasche Auffassungsgabe*	*ordnungsliebend*	*aktiv, Sportler, Schauspieler, Naturliebhaber*
gesellig	*dogmatisch*	*praktisch veranlagt*	*Harmonie von Geist und Körper*
liebt die Abwechslung	*wenige, gute Freunde*	*Talent für Statistik*	*guter Wissenschaftler, Jurist, Darsteller*
	Organisationstalent		
	Träumer, wenn sehr spitz		
	besorgt um sein Ansehen		

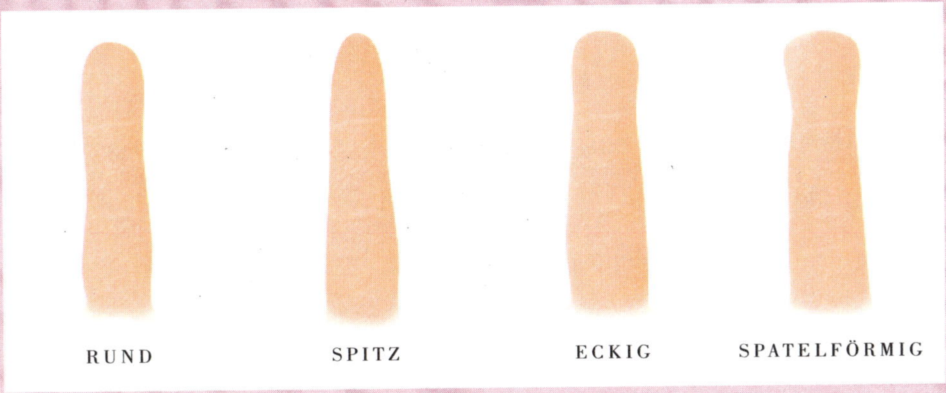

Die Finger von der Seite

Von der Seite erkennt man, ob die Fingerspitzen rund, abgeflacht oder prall sind oder eine Fingerbeere aufweisen. Menschen, die praktisch veranlagt und materialistisch sind sowie manchmal träge, sinnlich und ohne Selbst-

disziplin, haben pralle Fingerspitzen. Eine abgeflachte Spitze zeugt von scharfem Verstand und geistiger Umsicht, jedoch mangelt es dem Betroffenen an Stärke und Ausdauer. Finger mit Fingerbeeren sind äußerst feinfühlig und verleihen der Hand Geschicklichkeit. Der Handeigner kann gut mit den Händen umgehen und läßt nur selten etwas Zerbrechliches fallen. Eine Fingerbeere am Apollofinger und eine abfallende Kopflinie bedeuten, daß der Betroffene kreativ ist.

Die Fingerabdrücke

Die Hautmuster der Fingerspitzen werden auch von der Polizei verwendet. Diese Muster entwickeln sich schon beim Embryo und ändern sich im Gegensatz zu den Handlinien nie. Die häufigsten Muster sind die Schleife, der Wirbel, der Bogen und das Pfauenauge. Es gibt viele Mischformen und Variationen dieser Grundmuster. (Hinweise dazu finden Sie auf Seite 92.)

FINGERABDRÜCKE

SCHLEIFE	BOGEN	PFAUENAUGE	WIRBEL	DOPPELSCHLEIFE/ -WIRBEL	ZELT-BOGEN
freundlich	*angespannt*	*kreativ*	*starke Persönlichkeit*	*unentschlossen*	*schüchtern*
anpassungsfähig	*introvertiert*	*eventuell Künstler, Handwerker, Schriftsteller, Lehrer*	*egozentrisch*	*übersinnlich, wenn auf Jupiter oder Daumen*	*angespannt*
teamfähig	*schüchtern*		*müheloser Erfolg*	*kann sich geistig abheben*	*besessen (der entsprechende Finger zeigt, wovon)*
geht nicht gern Verpflichtungen ein	*macht sich Sorgen*		*arbeitet hart*		*starre Ansichten*
	unsicher		*unabhängig*		
	besessen, wenn Bogen spitz		*eigensinnig*		

SCHLEIFE

BOGEN

PFAUEN-AUGE

WIRBEL

DOPPEL-SCHLEIFE

ZELT-BOGEN

Die Fingernägel

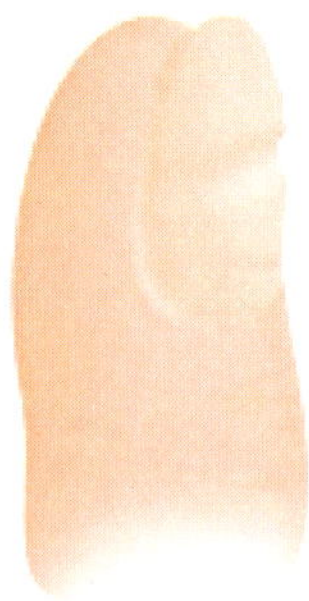

NAGELDELLE

An den Nägeln können wir den Gesundheitszustand eines Menschen ersehen (siehe Seite 126–128). Fingernägel benötigen rund sechs bis acht Monate, bis sie vollständig nachgewachsen sind. Der Zeitpunkt eines Schocks oder einer Krankheit läßt sich an den Nägeln ablesen, da der Körper dann alle Nährstoffe verbraucht, bevor sie zu den Nägeln gelangen. Daher wachsen während dieser Zeit Haare und Nägel nur sehr langsam oder überhaupt nicht. In diesem Kapitel befassen wir uns jedoch nur mit den an den Nägeln zu erkennenden Eigenschaften. Ein nervöser Mensch mit wachem Verstand, der hart zu sich selbst und zu seiner Umwelt ist, hat oft kleine Nägel. Große Nägel zeigen ein langsameres Naturell, vielleicht einen guten Handwerker. Menschen mit großen, langen Nägeln können besonders verletzend sein. Gekrümmte Nägel zeugen von Sicherheitsbedürfnis, manchmal auch von Gier und Geiz. Fächerförmige Nägel weisen auf Ehrgeiz hin.

NAGELFORM

RUND	SCHMAL	ECKIG	SPATELFÖRMIG
freundlich	*angespannt*	*wissenschaftliches oder mathematisches Verständnis*	*aktiv*
anpassungsfähig	*kindisch*	*bei kurzen, breiten Nägeln witzig und amüsant*	*genau*
bei breiten Nägeln mangelnde Vitalität	*charmant*	*flatterhaft*	*ehrgeizig*
	fordernd		*sportlich*

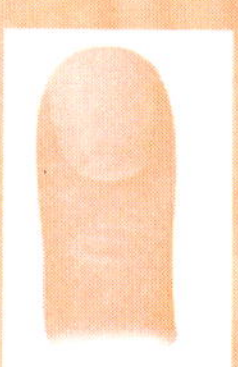
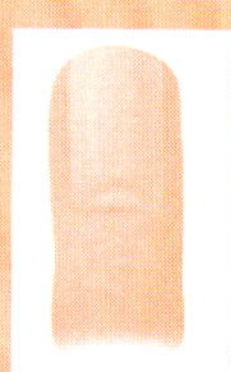
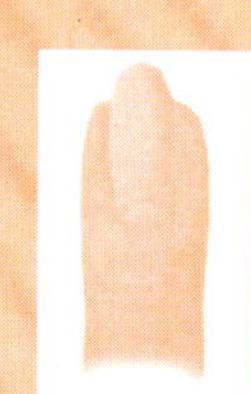

DAUMEN	
STARKER DAUMEN	*Arbeitsam, vital, extrovertiert, erholungsfähig.*
SCHWACHER DAUMEN	*Kränkelnd, vermeidet Herausforderungen.*
EINGEZOGENER DAUMEN	*Unsicher, ängstlich, angespannt.*
LANGER, DÜNNER DAUMEN	*Philosophisch, verträumt, kann wenig arbeiten.*
LANGER, DICKER DAUMEN	*Äußerst willensstark.*
KURZER, DÜNNER DAUMEN	*Passiv, unterwürfig.*
KURZER, DICKER DAUMEN	*Aggressiv, tyrannisch.*
HOCH ANGESETZTER DAUMEN	*Gefühle werden zurückgehalten, unergründlich.*
TIEF ANGESETZTER DAUMEN	*Heißblütig, offenherzig.*
STEIFER/BIEGSAMER DAUMEN	*Steifer Daumen, eigensinnig. Biegsamer Daumen, anpassungsfähig.*

Der Daumen

Der Daumen sollte ungefähr gleich lang sein wie der Merkurfinger. Er befindet sich auf der Radialseite der Hand, welche den nach außen gerichteten und energetischen Aspekt des Charakters verkörpert. Der Daumen kann einiges über unsere innere Antriebskraft aussagen. Hier müssen wir folgendes beachten. Ist der Daumen an der Spitze abgebogen, ist der Betrof-

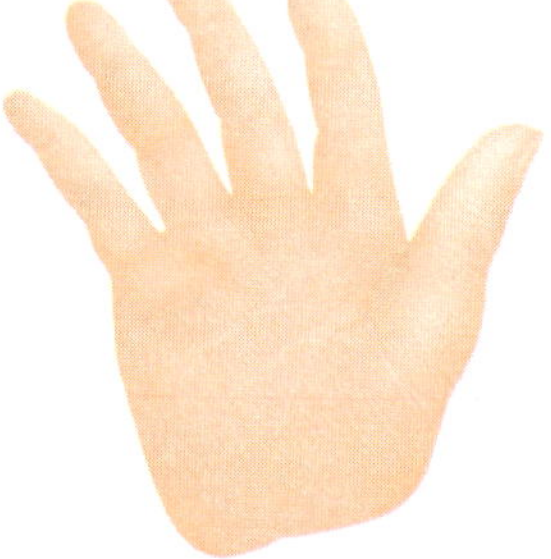

HOCH ANGESETZTER DAUMEN

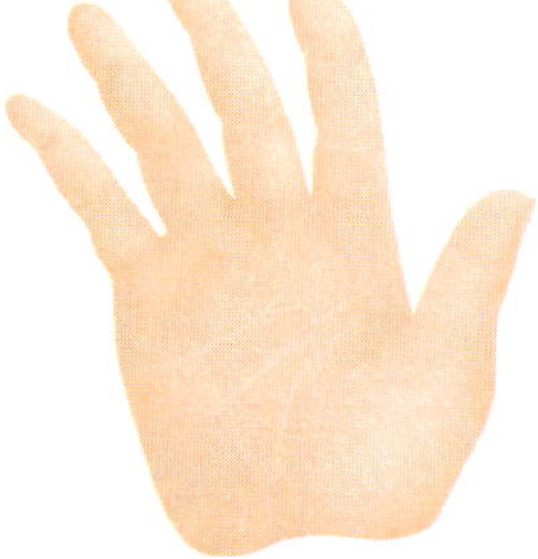

TIEF ANGESETZTER DAUMEN

fene möglicherweise verschwenderisch – er geht zum Beispiel mit der Absicht aus dem Haus, etwas zu kaufen, und kehrt mit etwas ganz anderem zurück. Eine eckige Daumenspitze weist auf einen praktisch veranlagten Menschen hin; ist die Spitze rund, setzt sich der Handeigner für Schwächere ein; ist sie spatelförmig, hat er handwerkliches Geschick, und ist der Daumen zusätzlich nicht zu dick, kann er kreativ sein.

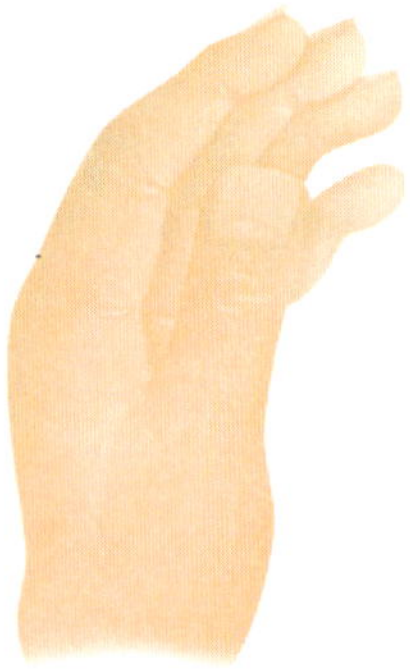

RÖHRENFÖRMIG

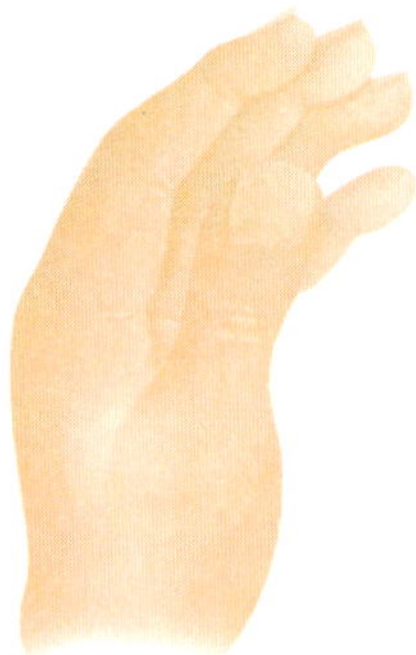

WELLIG

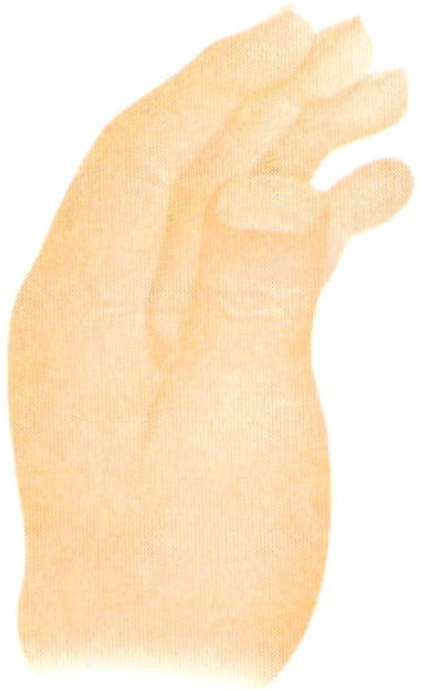

KEULENFÖRMIG

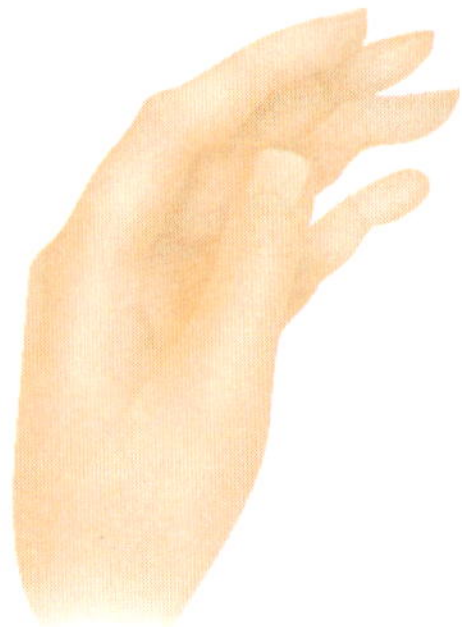

ECKIG

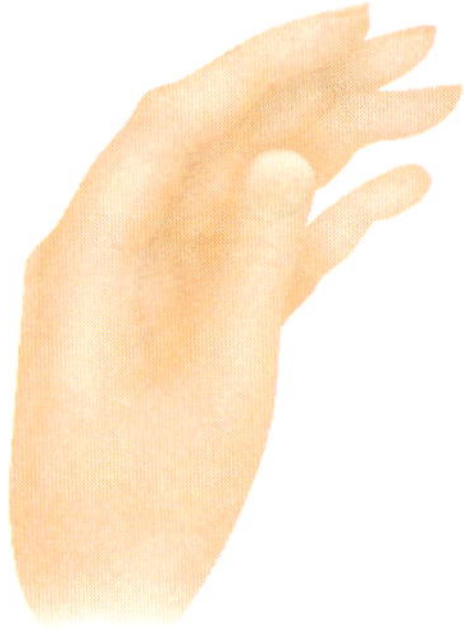

RUND

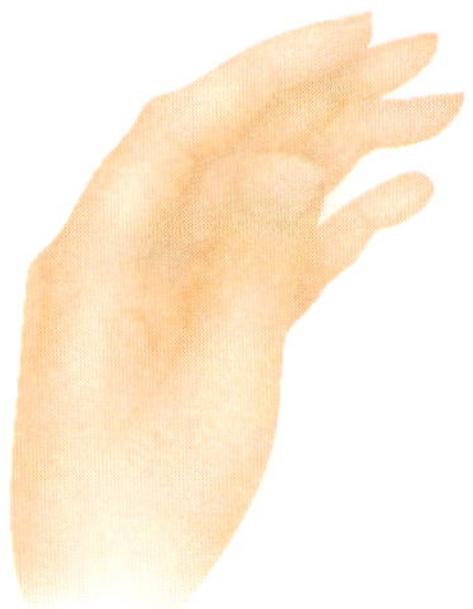

SPATELFÖRMIG

Die Winkel

Ein stark ausgeprägter Knöchel am Winkel der Geschicklichkeit spricht für Organisationstalent und sportliche oder praktische Veranlagung. Man liebt rhythmische Tätigkeiten, wie zum Beispiel Tennis spielen.

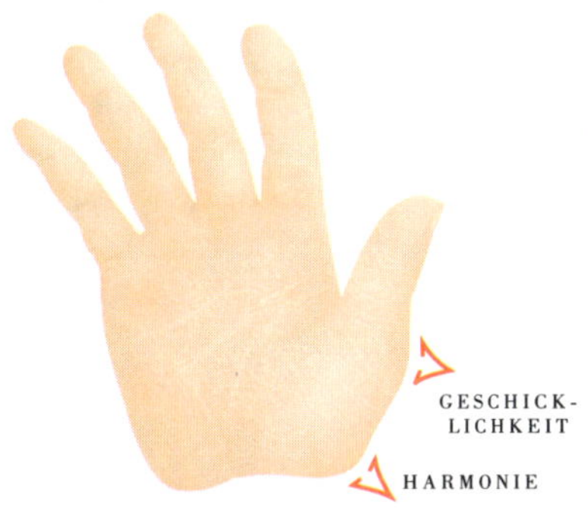

WINKEL DER GESCHICKLICHKEIT UND HARMONIE

Bei einem schön geformten Knöchel liebt man sein gemütliches und geschmackvolles Heim, hübsche Gegenstände und qualitativ hochwertige Kleidung. Je größer der Abstand zwischen den beiden Winkeln ist, desto warmherziger ist der Betroffene.

OBERSTES FINGERGLIED

KEILFÖRMIG	*Verfolgt sein Ziel, bis er es erreicht. Guter Anwalt oder Verhandler.*
RUND	*Gute Beziehungen zu Mitmenschen. Kann auch Autorität ausüben.*
FLACH	*Zart, sanft, geringe Energien. Erreicht seine Ziele durch Nörgeln.*
STIFTFÖRMIG	*Zart, nett, braucht Bestätigung. Gibt anderen nach.*

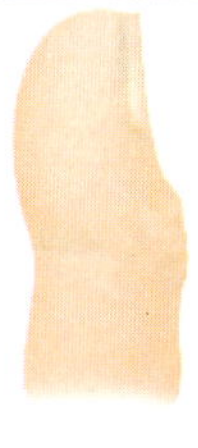

KEIL-FÖRMIG

RUND

FLACH

STIFT-FÖRMIG

Das zweite Fingerglied

Ist es dick und gerade, sieht der Handeigner alles in Schwarzweiß. Ist es „tailliert", hat er eine flexiblere Einstellung.

DAUMENABDRÜCKE

SCHLEIFE	BOGEN	PFAUENAUGE	WIRBEL	DOPPEL-SCHLEIFE
teamfähig	*schüchtern*	*sehr selten, zeigt Kreativität*	*ehrgeizig*	*gespaltene Persönlichkeit*
anpassungsfähig	*verklemmt*		*selbstsüchtig*	*möchte jedem gefallen*
vernünftig			*unabhängig*	

SCHLEIFE BOGEN PFAUEN-AUGE WIRBEL DOPPEL-SCHLEIFE

Die Maus

Die Rückseite des Venusberges steht für Gesundheit, Kraft und Vitalität. Der Druck in der Maus variiert entsprechend der körperlichen und geistigen Gesundheit. Ist er zum Zeitpunkt der Deutung fest, ist der Betroffene gesund und zufrieden. Ist er schlaff, ist der Betroffene vielleicht niedergeschlagen oder krank.

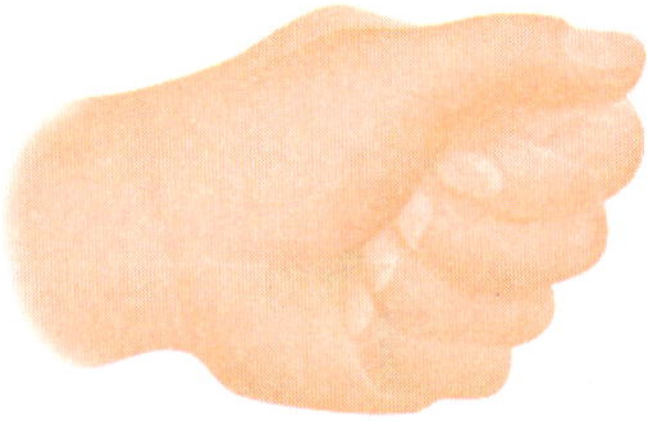

MAUS

1. TEIL DER ZEITSCHLÜSSEL

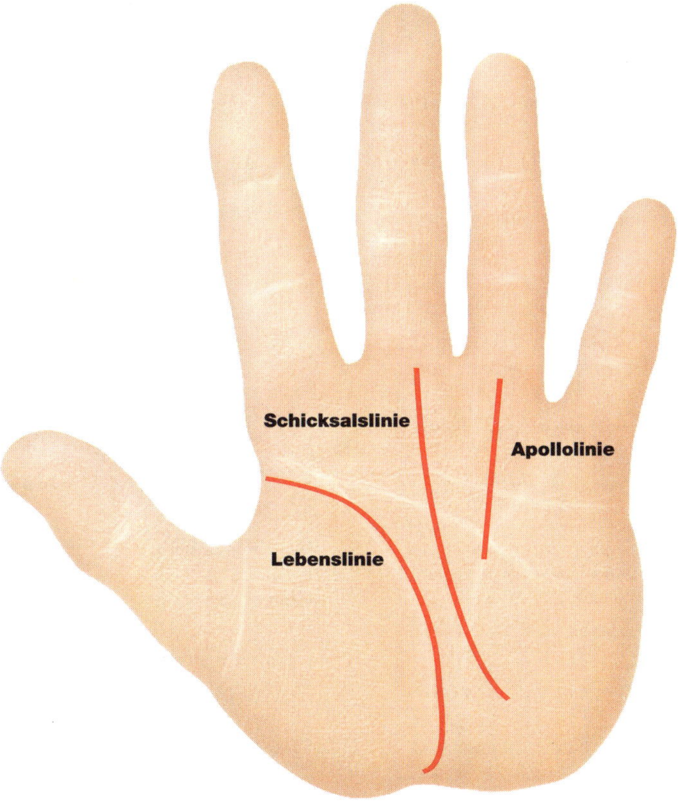

ZEITSCHLÜSSEL: DIE HAUPTLINIEN

Auf der Lebenslinie

Ereignisse können vom oberen Teil der Lebenslinie ausgehend zeitlich festgelegt werden, oder am unteren Teil in Verbindung mit der Schicksalslinie. Oben lassen sich Ereignisse in der Kindheit und frühen Jugend ablesen. Eine glückliche Kindheit erkennt man an einer einheitlich verlaufenden Linie. Den Verlust eines geliebten Menschen sieht man anhand einer kleinen Linie, die von der Lebenslinie abzweigt. Ereignisse, die von der späteren Jugend an auftreten, lassen sich am unteren Teil der Lebenslinie und an der Schicksalslinie ablesen. Linien, die vom Venusberg ausgehend auf die Schicksalslinie treffen, zeugen von anstrengenden und aktiven Perioden. Zukünftige Ereignisse lassen sich am besten auf der Schicksalslinie und um diese herum deuten.

DEUTUNG DES ZEITLICHEN ABLAUFS

Beginnen Sie an der Handwurzel und achten Sie auf die verschiedenen Linien, wenn Sie den weiteren Lebensablauf nach oben hin deuten. Jede Linie, die auf die Schicksalslinie trifft, verheißt einen wichtigen, neuen Einfluß im Leben des Handeigners. Inseln und Brüche lassen auf Probleme schließen. Verläuft die Linie einheitlich, ist im entsprechenden Alter das Leben ausgewogen. Vergleichen Sie die verschiedenen Abschnitte mit der Abbildung auf der nächsten Seite.

18/20 Jahre *Linien, die auf die Lebens- oder Schicksalslinie treffen oder sich am Neptunberg befinden, zeigen äußere Einflüsse.*

20/25 Jahre *Eine von der Lebenslinie weit entfernte Schicksalslinie steht für Unabhängigkeit, die umso größer, je breiter der Abstand ist.*

23/25 Jahre *Beginnt die Schicksalslinie nahe am Plutoberg, arbeitet der Betroffene anderswo. Eine Insel an der Innenseite der unteren Lebenslinie bedeutet, daß der Betroffene zu dieser Zeit nicht gut mit seinen Eltern ausgekommen ist.*

25/30 Jahre *Verläßt die Lebenslinie die Schicksalslinie an diesem Punkt, strebt der Betroffene nach Unabhängigkeit.*

30/40 Jahre *Schnittlinien und „Y"-Zeichen auf der Schicksalslinie bedeuten Veränderung. Der Betroffene muß um seinen Partner hart kämpfen oder einen Jobwechsel verkraften. Eine Ausrichtung zum Apollo weist auf einen kreativeren Job oder einen Umzug hin.*

30/32 Jahre *Eine Anhäufung von Linien um die Schicksalslinie verheißt dem Handeigner eine ruhelose Periode. Inseln bedeuten hier finanzielle Notlagen oder Streß.*

40/42 Jahre *Eine unterbrochene Schicksalslinie verheißt einen Jobwechsel. Verläuft sich die Linie, bedeutet dies Unsicherheit. Ist die Linie klar und einheitlich, bleibt das Leben unverändert. Für Frauen bedeuten zwei nahe liegende Linien Beruf und Kinder.*

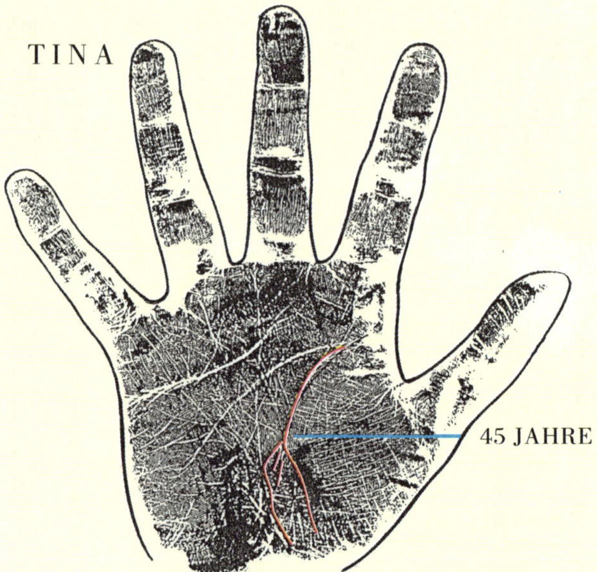

Tinas Lebenslinie verheißt eine Veränderung des Lebens im Alter von 45 Jahren. Vielleicht zieht sie um, wechselt den Job, oder sie wird mit Veränderungen innerhalb der Familie konfrontiert, die positiv oder negativ sein können.

42/55 Jahre *Verlaufen hier viele feine Linien um die Schicksalslinie, überdenkt der Handeigner sein Leben neu.*

55/60 Jahre *Hier sollte die Apolloline hinzukommen, die gemeinsam mit der Schicksalslinie Aufschluß über den Einsatz der Kräfte gibt. Verdoppelt sich die Schicksalslinie, macht sich der Handeigner selbständig. Verdoppelt sich die Apollolinie, bedeutet das ein geschäftiges Familienleben und Kinder, die noch zu Hause wohnen, oder eine Pflegetätigkeit. Liegen Apollo- und Schicksalslinie am Anfang eng zusammen, setzt sich der Betroffene zur Ruhe oder gestaltet sein Leben angenehmer.*

Im Alter *Verlaufen am oberen Teil der Hand viele feine Linien, verausgabt sich der Betroffene. Verläuft eine tiefe Linie vom Apollobereich zum Merkurfinger, setzt sich der Handeigner zusammen mit Freunden zur Ruhe. Bei zwei kurzen Linien zwischen Saturn- und Apollofinger wird er in der Pension nahe bei seinen Kindern sein. Linien, die sich aufwärts bis in die Finger ziehen, verheißen Energie bis ins hohe Alter.*

Hier wurden nur einige Lebensabschnitte angeführt, damit die Abbildung nicht zu verwirrend ist. Der Inhalt der Tabelle bezieht sich auf die hier abgebildeten Abschnitte und darauf, was dazwischen passieren könnte.

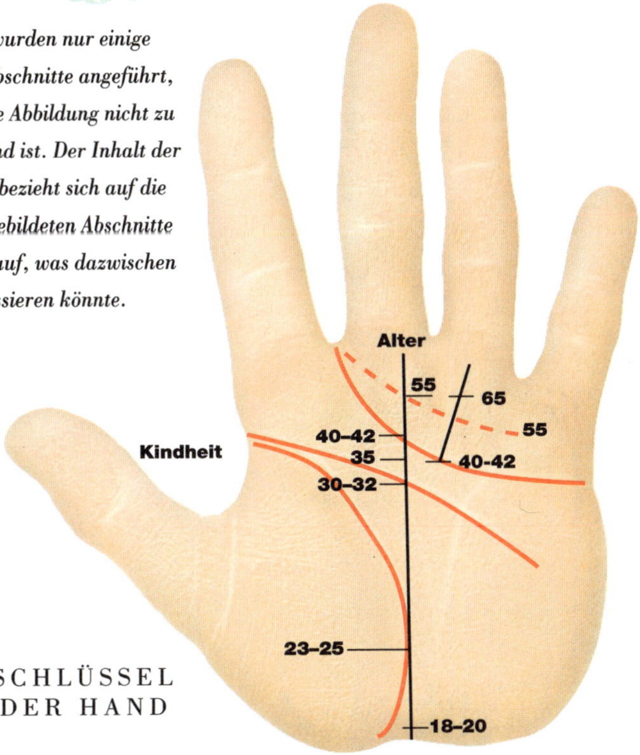

ZEITSCHLÜSSEL AUF DER HAND

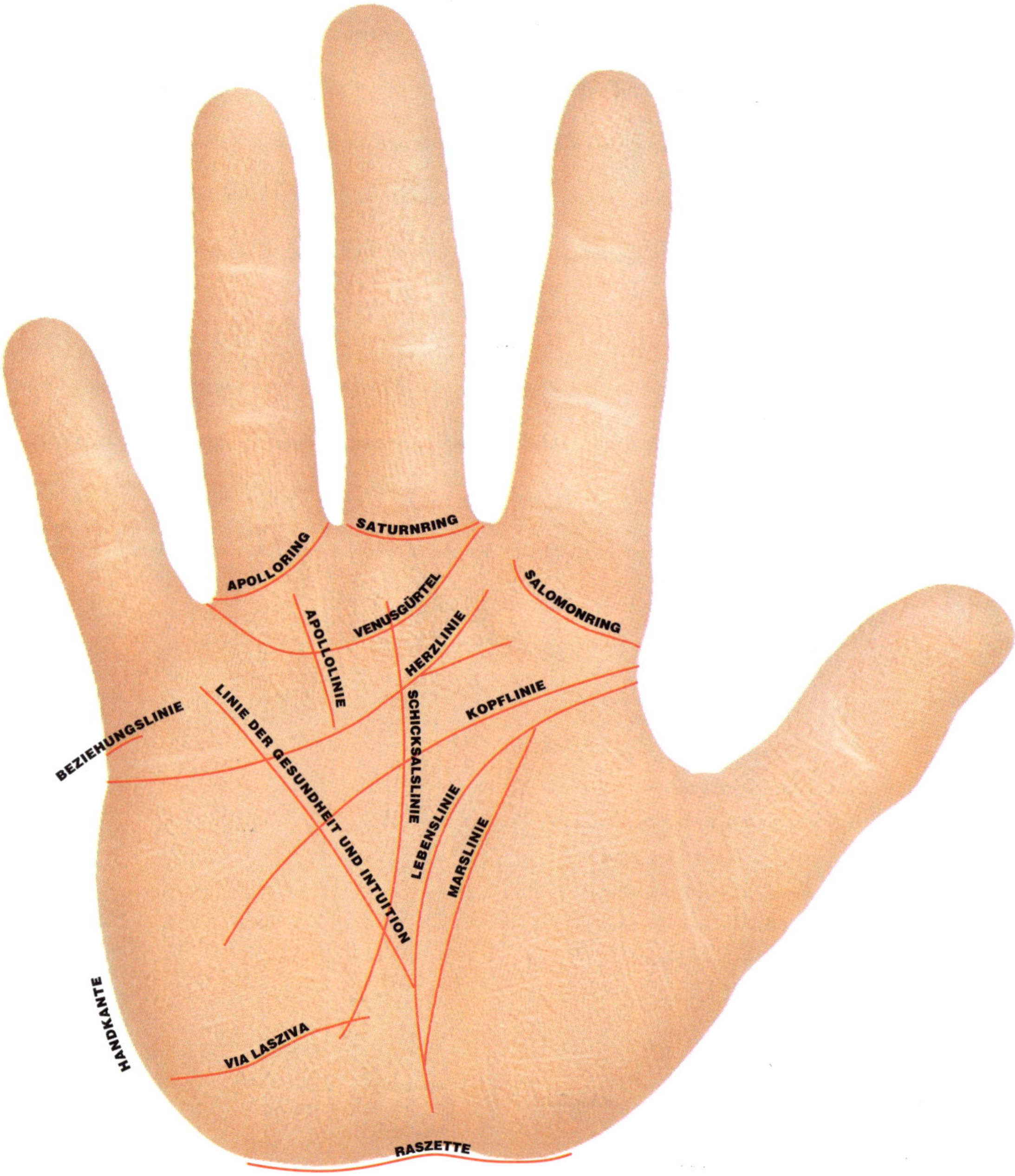
SATURNRING
APOLLORING
VENUSGÜRTEL
SALOMONRING
APOLLOLINIE
HERZLINIE
LINIE DER GESUNDHEIT UND INTUITION
SCHICKSALSLINIE
KOPFLINIE
BEZIEHUNGSLINIE
LEBENSLINIE
MARSLINIE
HANDKANTE
VIA LASZIVA
RASZETTE

1. TEIL

DIE HAUPTLINIEN

Hautmuster wie die Fingerabdrücke bleiben immer gleich; die Handlinien, die Hauptlinien, verändern sich stetig. Auf der Hand eines Jugendlichen findet man weniger Linien als auf der eines Erwachsenen. Die Linien entwickeln sich im Laufe des Lebens und geben unsere Geheimnisse preis.

Die Lebenslinie

Achten sie darauf, daß die aktive Hand zeigt, wie wir uns nach außen hin geben, während die passive unsere Gefühle und unser Inneres enthüllt. Die Lebenslinie zeigt die allgemeine Lebensform, die Gesundheit (speziell zum Zeitpunkt der Deutung) und wichtige Ereignisse. Zudem liefert sie auch Hinweise auf den Wohnort des Handeigners und ob er für seine Mitmenschen Opfer bringt – oder umgekehrt. Diese Linie sollte klar und dunkler sein als die restliche Hand.

Sie beginnt am oder unterhalb des Jupiterberges. Beschreibt sie einen Bogen um den Venusberg, ist ein glückliches Familienleben von Bedeutung. Verläuft sie hingegen über den Handteller, könnten Karriere, Reisen und Abenteuer für den Handeigner interessanter sein als Heim und Familie. Gabelt sich die Linie, will der Betroffene beides, Familienleben und eine interessante Tätigkeit außerhalb der Familie, und erhält es vermutlich auch. Ist die Linie gut ausgeprägt und verläuft um den Venusberg, so spricht das für besondere Lebenslust, große Energie und Vita-

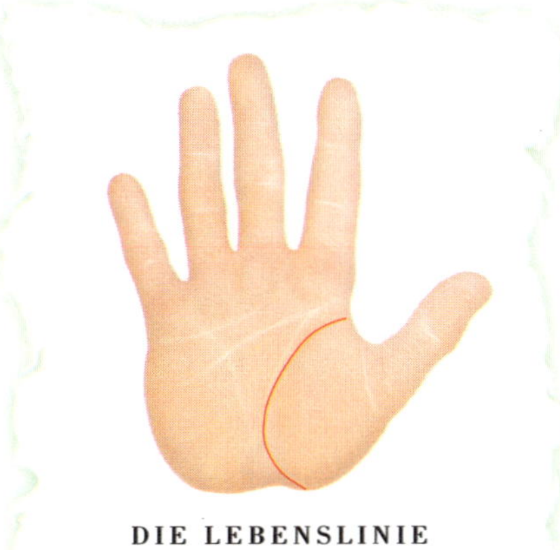

DIE LEBENSLINIE

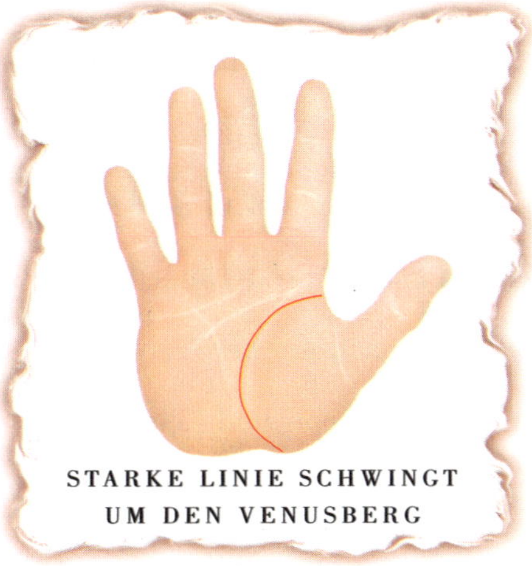

STARKE LINIE SCHWINGT UM DEN VENUSBERG

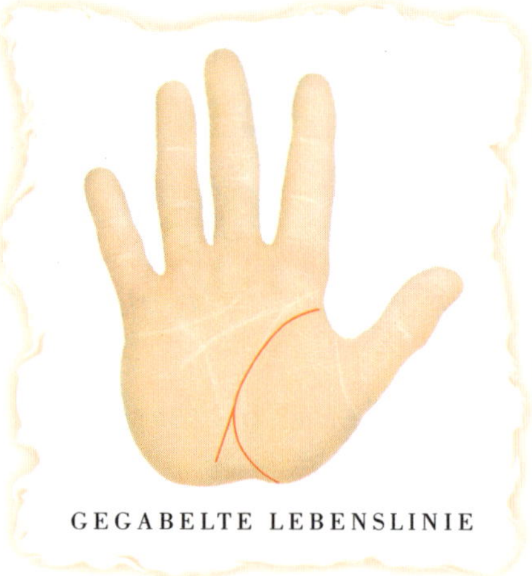
GEGABELTE LEBENSLINIE

GERADERE LEBENSLINIE

lität. Der Handeigner liebt sein Heim, ist jedoch auch sehr gesellig, optimistisch und recht abenteuerlustig. Ist die Linie eher gerade, haben wir es mit einem kühleren, eher intellektuellen Charakter zu tun. Beide können sexy sein oder nicht, haben jedoch einen unterschiedlichen Ansatz zur Sexualität; die stärker ausgeprägte Linie zeugt von größerer Lust und die feinere von raffinierteren Liebestechniken.

Der Ausgangspunkt

Inseln, Verästelungen und Störungen am Beginn der Lebenslinie sind Anzeichen für einen schwierigen Start. Verästelungen direkt am Ursprung könnten von einer geheimnisvollen Herkunft zeugen. Ein Abstand zwischen Lebens- und Kopflinie ohne Verbindungslinien zwischen den beiden kann auf einen rücksichtslosen, unverschämten Charakter hinweisen. Ist der Jupiterfinger lang und der Saturnfinger kurz, könnte das auch wirklich zutreffen. Im umgekehrten Fall ist der Betroffene umsichtiger und liebt sein Heim, lebt jedoch ohne Rücksicht nach eigenen Vorstellungen. Eine Trennung von Kopf- und Lebenslinie findet man häufig bei Singles, während jemand,

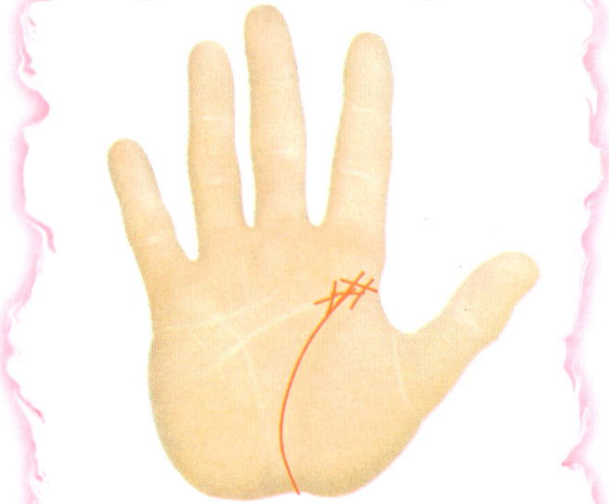
UNKLARER BEGINN DER LEBENSLINIE

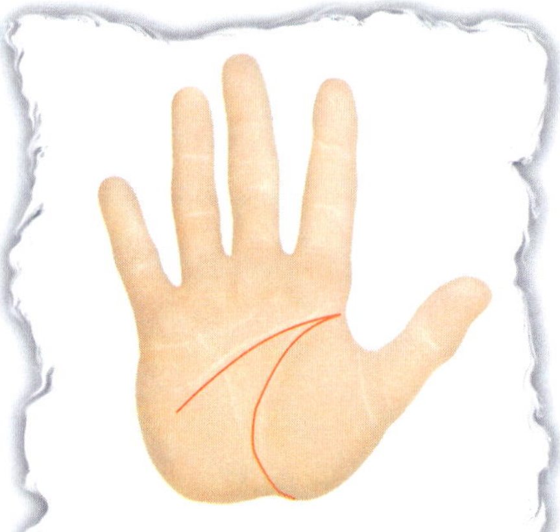

VERBUNDENE KOPF- UND LEBENSLINIE

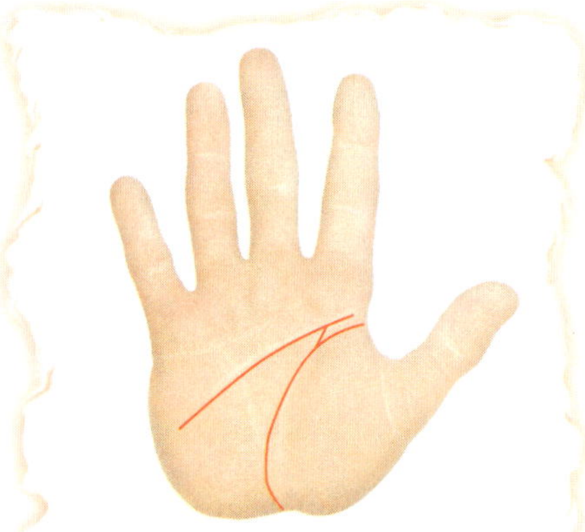

VERBINDUNG ZWISCHEN KOPF- UND LEBENSLINIE

der schon früh eine Familie gründet, wahrscheinlich zusammenlaufende Linien hat. Verläuft die Lebenslinie überdurchschnittlich lang mit der Kopflinie, trennt sich der Betroffene nicht von seiner Familie. Oder er zieht früh von zu Hause aus, bleibt aber in engem Kontakt. Ein solcher Mensch führt ein umsichtiges und geordnetes Leben und ist wenig risikofreudig.

Verlaufen die Linien getrennt, weisen jedoch Verbindungslinien auf, mag der Betroffene eine schwierige Kindheit gehabt haben. Eine starke Einzellinie könnte bedeuten, daß er nicht von den eigenen Eltern aufgezogen wurde. Ein Raster besagt, daß er die Schule entweder gehaßt oder als Fluchtstätte vor familiären Schwierigkeiten benutzt hat. Inseln am Trennpunkt von Kopf- und Lebenslinie können von Krankheit oder Schock in der

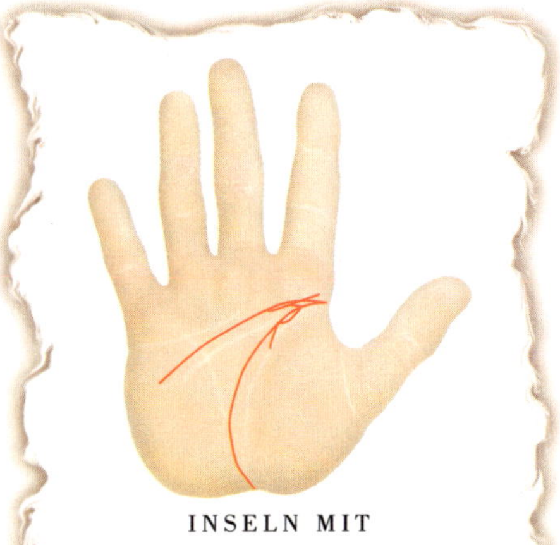

INSELN MIT ABFALLENDER LINIE

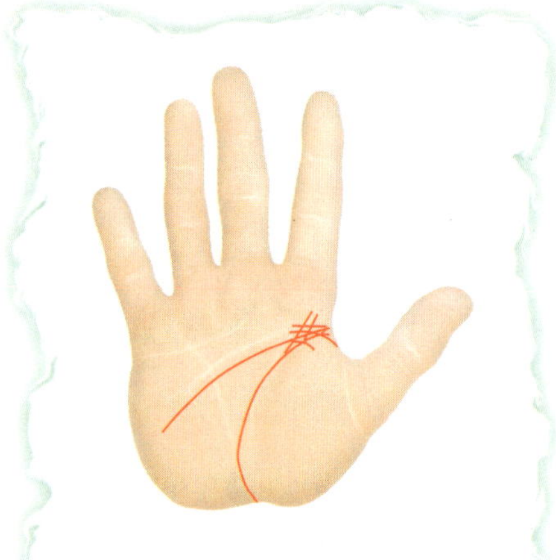

RASTER

Kindheit zeugen. Zweigt eine nach unten verlaufende Linie von der Lebenslinie ab, steht sie für Verlust oder Orientierungslosigkeit in der Kindheit.

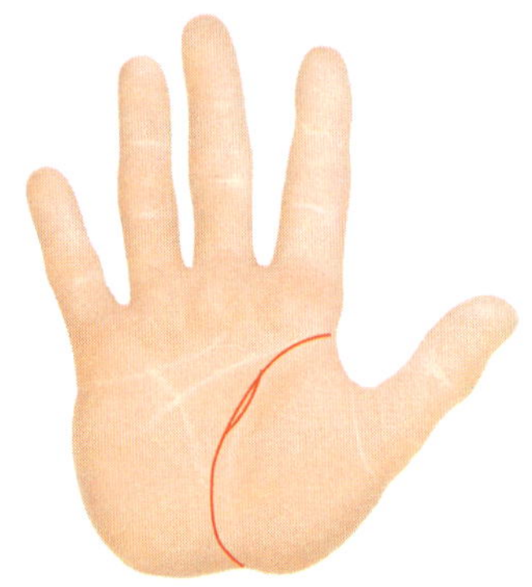

LEBENSLINIE MIT LANGER INSEL

Der Mittelbereich

Hier zeigt jede Unterbrechung der Linie ein Ereignis an. Ein familiäres Ereignis erkennt man an den Linien, die vom Venusberg ausgehend die Lebenslinie schneiden. Krankheit oder emotionale Störungen liest man an den Inseln, kleinen Brüchen (mit oder ohne überlappender Verbindung), Gittern oder sonstigen Blockaden ab. Leichte Störungen der Linie weisen auf geringfügige häusliche Probleme hin, gröbere Unterbrechungen auf eine weitreichende Veränderung. Eine lange Insel bedeutet, daß der Betroffene auf etwas verzichten oder ein Opfer bringen muß. Vielleicht bildet er sich weiter und muß dabei mit wenig Geld auskommen, oder er muß den Partner unterstützen.

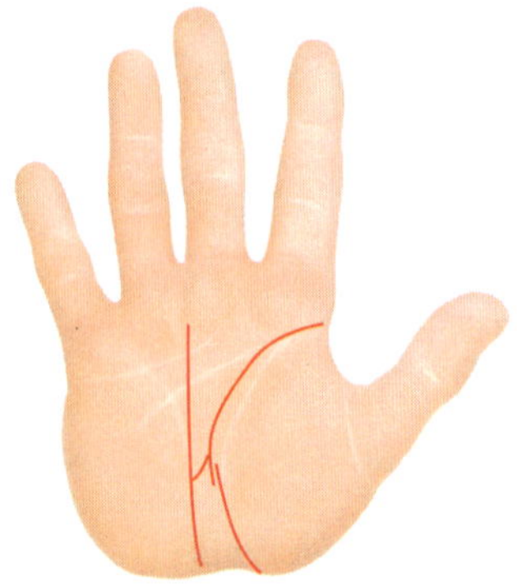

GEBROCHENE LEBENSLINIE

Heutzutage sieht man oft Linien, die in diesem Bereich vorzeitig enden und in eine starke Schicksalslinie übergehen. Es gibt auch Lebenslinien, die sich aufsplittern und neben der Stelle verlaufen, an der sich sonst die Lebenslinie befindet. Diese Störungen entstehen durch schwerwiegende Veränderungen wie ein neues Heim oder einen Ortswechsel. Klassische Gründe wären eine Scheidung oder eine zweite Ehe.

Punkte auf der Lebenslinie zeugen von Rückenbeschwerden (siehe Seite 129). Jede Linie, die von

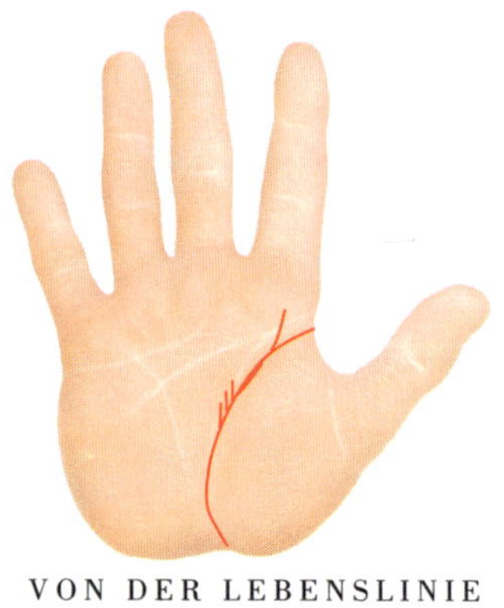

VON DER LEBENSLINIE AUSGEHENDE LINIEN

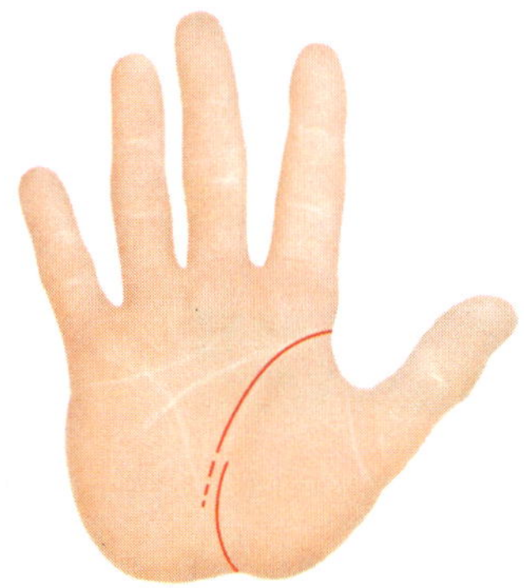

NEBENLINIE AM VENUSBERG

der Lebenslinie aufsteigt, steht für eine Besserung oder für die Bemühungen, eine solche zu erreichen. Eine Insel mit anschließender aufsteigender Linie kann als Aufschwung nach schlechten Zeiten interpretiert werden.

Der Endpunkt

Ist die Lebenslinie im unteren Teil schwach und verästelt, weist dies auf eine lange Krankheit oder Schwäche im späteren Leben hin. Da sich die Linien jedoch verändern, muß dies nicht eintreten. Bricht die Lebenslinie zum Ende hin ein wenig, wird aber durch eine neue, starke Linie am Venusberg unterstützt, so verliert der Betroffene vielleicht eine Zeitlang Heim und Familie, findet später jedoch einen Ersatz.

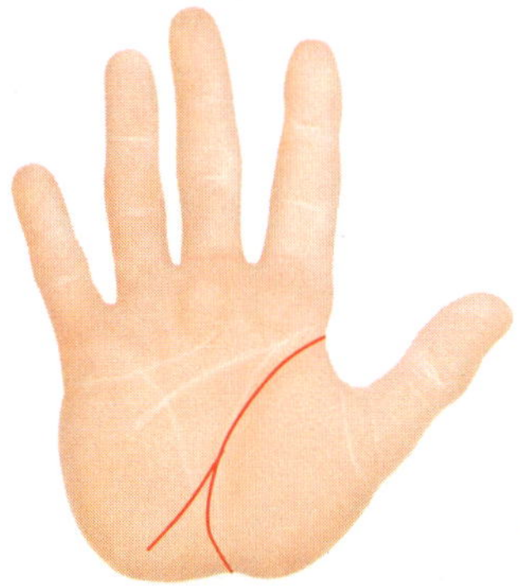

GEGABELTES ENDE

Bei einer schmalen Gabel mit zwei fast parallel verlaufenden Linien wird es der Handeigner schwer haben, Heim und Familie zu erhalten. Eine interessante Karriere oder viele Reisen zeigen sich anhand

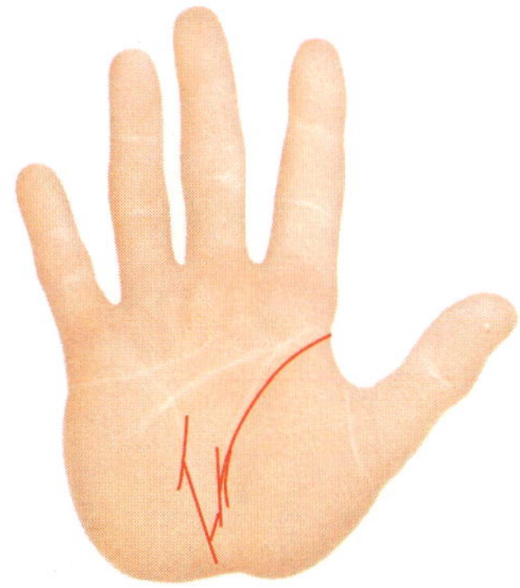

EIN NEUES SEGMENT STEHT FÜR EINEN UMZUG ODER NEUBEGINN

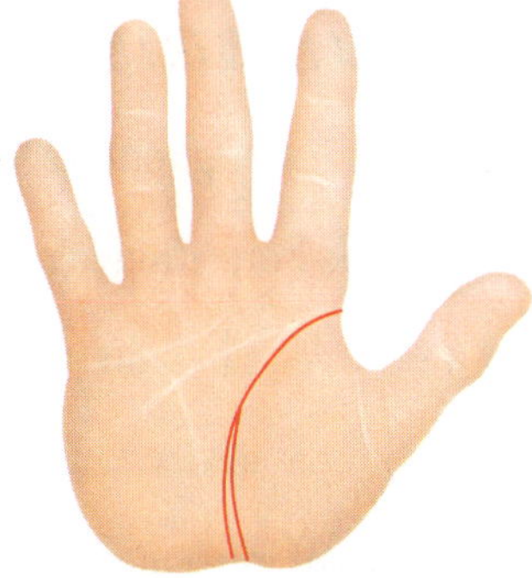

SCHMALE, PARALLELE GABELUNG

einer Lebenslinie, die sich von der Venus weg zur Handfläche hin bewegt. Möglicherweise wird der Betroffene einmal im Ausland leben – bestimmt bleibt er nicht in der Gegend, wo er aufgewachsen ist.

HINWEISE

- *Eine kurze oder gebrochene Lebenslinie bedeutet nicht schwere Krankheit oder frühen Tod. Höchstwahrscheinlich zeigt sie nur eine Veränderung an. Auf der passiven Hand ist diese im emotionalen Bereich, auf der aktiven im praktischen. Diese Störungen findet man normalerweise auf beiden Händen.*
- *Sasha traf einmal eine Frau, die auf der aktiven Hand keine Lebenslinie hatte. Sie wäre als Kind beinahe bei einem Verkehrsunfall gestorben, hatte sich jedoch von diesem traumatischen Erlebnis erholt und führte ein ganz normales Leben.*

Die Kopflinie

Diese Linie gibt Aufschluß über die Denkweise, die Arbeitseinstellung und die berufliche Tätigkeit. Störungen können auf geistige und physische Krankheiten hinweisen, die speziell den Kopf betreffen. Man kann anhand dieser Linie auch Merkmale der Karriere erkennen.

Der Ausgangspunkt

Anfängliche Schwierigkeiten zeigen sich durch Inseln, Zick-Zack-Formationen und Schnittlinien am Beginn der Linie. Ein sehr schüchterner Mensch hat eine sehr eng an der Lebenslinie verlaufende Kopflinie. Darauf weist auch eine Linie hin, die an der Innenseite der Lebenslinie entspringt. Ein

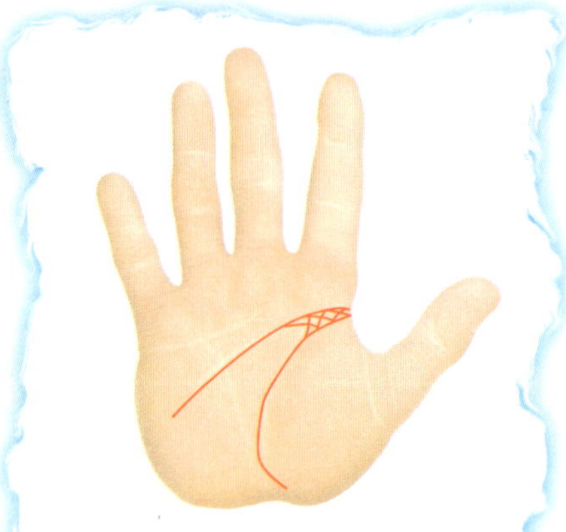

GITTERZEICHEN AM BEGINN DER KOPFLINIE

extrovertierter Mensch hat eine Kopflinie, die sich relativ früh von der Lebenslinie ablöst oder überhaupt nicht mit ihr verbunden ist. (Beachten Sie auch das Kapitel über die Lebenslinie.)

Gitter am Beginn können auf eine unglückliche Kindheit hinweisen, speziell auf eine unglückliche Schulzeit. Haßte der Betroffene die Schule, werden ebenfalls Störungen zu sehen sein. Ein geleisteter Militärdienst zeigt sich in der Form eines Diamanten, der an dieser Stelle Kopf- und Lebenslinie verbindet. Wenn dieser große Diamant störungsfrei ist, hat der Betroffene diese Zeit vermutlich genossen. (Prüfen Sie, ob ein ausgeprägter kleiner Marsberg vorhanden ist, der eine Vorliebe für organisierte Gruppen anzeigt.)

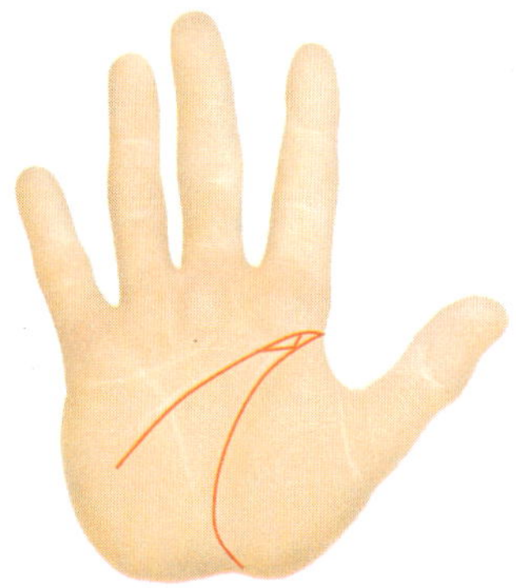

GROSSER DIAMANT ZWISCHEN KOPF- UND LEBENSLINIE

Der Mittelbereich

Dreieckige Zick-Zack-Formationen, die am Beginn oder im weiteren Verlauf unterhalb der Kopflinie auftauchen, stehen häufig für Zeiten der Einschränkung und Langeweile. Zum Beispiel haben Menschen, die im Gefängnis waren, mitunter diese Zeichen. Abgerundete Formationen oder Inseln lassen in vielen Fällen auf eine langweilige Arbeit schließen. Jede nach oben gerichtete Verzweigung verheißt eine deutliche Besserung durch einen neuen Job oder einen anderen Erfolg. Abfallende Verzweigungen sind weniger Anzeichen für Verlust als für Projekte, die aufgegeben wurden. Kleine Inseln unterhalb der Kopflinie deuten in der Regel auf Kopfschmerzen hin. Eine alleinstehende Insel, ein Bruch oder eine sonstige Störung weisen

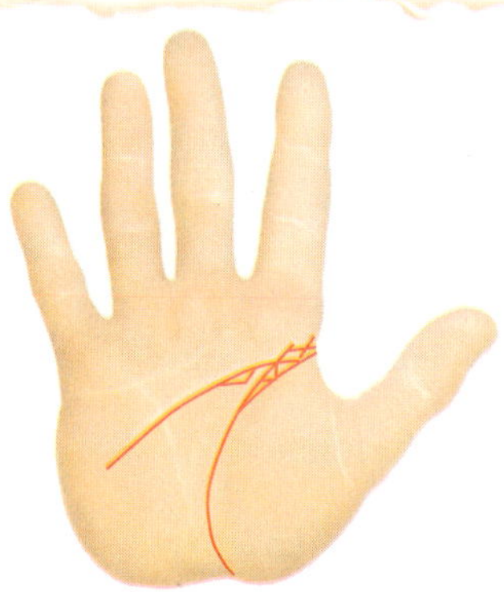

ZICK-ZACK-ZEICHEN

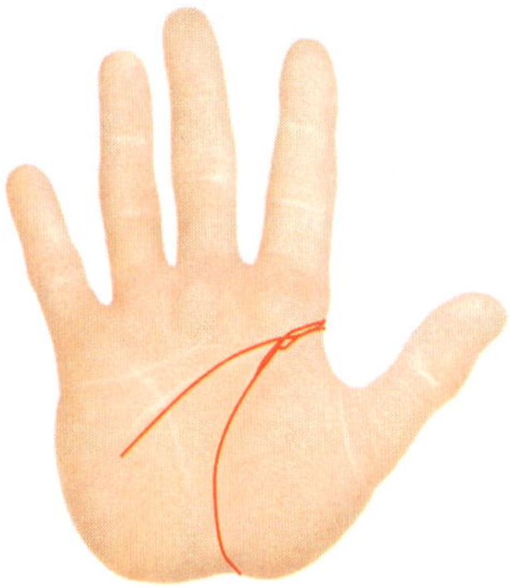

RUNDES ZEICHEN ODER INSEL

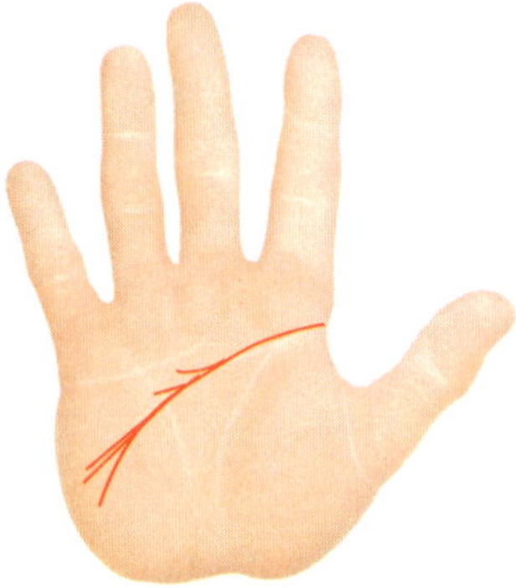

ABFALLENDE UND AUFSTEIGENDE LINIEN

ebenfalls auf Beschwerden im Kopfbereich hin. Unterhalb des Saturn- oder Apollofingers kann sie auf Ohren oder Augenbeschwerden hinweisen.

Eine klare, starke Linie ist ein Anzeichen für mentale Fähigkeiten. Eine wellige Linie zeigt mentale oder emotionale Schwierigkeiten, welche die Denkfähigkeit beeinträchtigen können. Ein gerader Karrierepfad ergibt sich aus einer klaren Kopflinie, während häufige berufliche Veränderungen durch eine wellige, verzweigte Linie angezeigt werden.

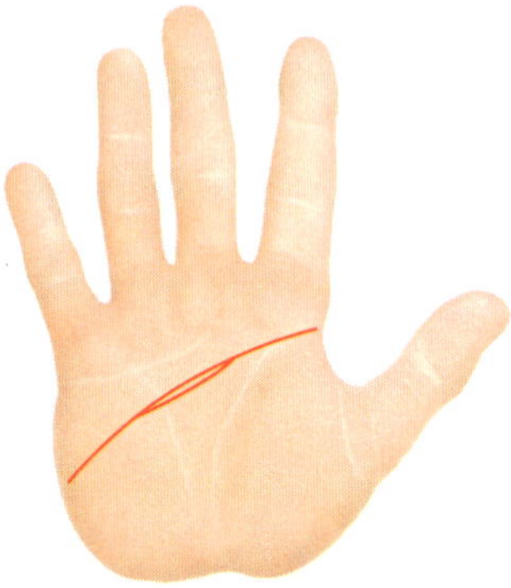

LANGE INSELN

Das Ende der Linie

Eine lange Linie ist Anzeichen für einen scharfen Verstand. Diese Menschen interessieren sich für Weiterbildung und arbeiten vermutlich ihr Leben lang, da sie teamfähig sind, die Kollegen mögen und das Gefühl schätzen, gebraucht zu werden.

Eine kurze Linie weist auf einen Menschen hin, der abschaltet und bald aufhört, seinen Verstand einzusetzen; sie kann jedoch auch Anzeichen für einen kompetenten Experten sein, der entweder äußerst erfolgreich oder überhaupt nicht an der Arbeit interessiert ist. Ist ersteres der Fall, über-

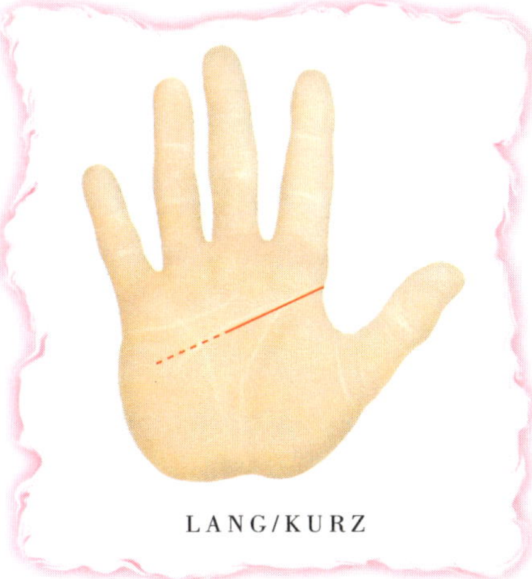

LANG/KURZ

nimmt er vermutlich Verantwortung, anstatt nur ein Teammitglied zu sein.

Eine gerade Kopflinie verheißt mathematische Fähigkeiten, während eine abfallende Linie für kreatives, künstlerisches oder literarisches Talent steht. Das ist nicht immer zutreffend, doch konnten wir feststellen, daß Menschen, die ihr Leben lang in einem Durchschnittsjob arbeiten, geradere Kopflinien aufweisen. Ein Mensch mit gebogener Linie hat möglicherweise auch einen normalen Beruf, träumt jedoch sein Leben lang von einer kreativen Tätigkeit. Außerdem arbeitet er vermutlich mit Menschen, während diejenigen mit geraden Linien

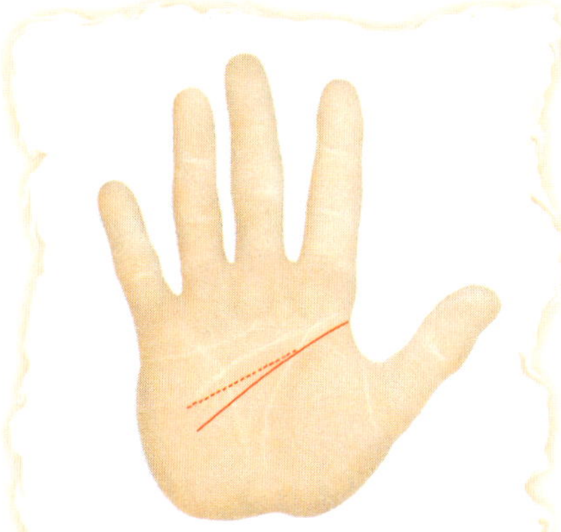

GEBOGEN/GERADE

JAN

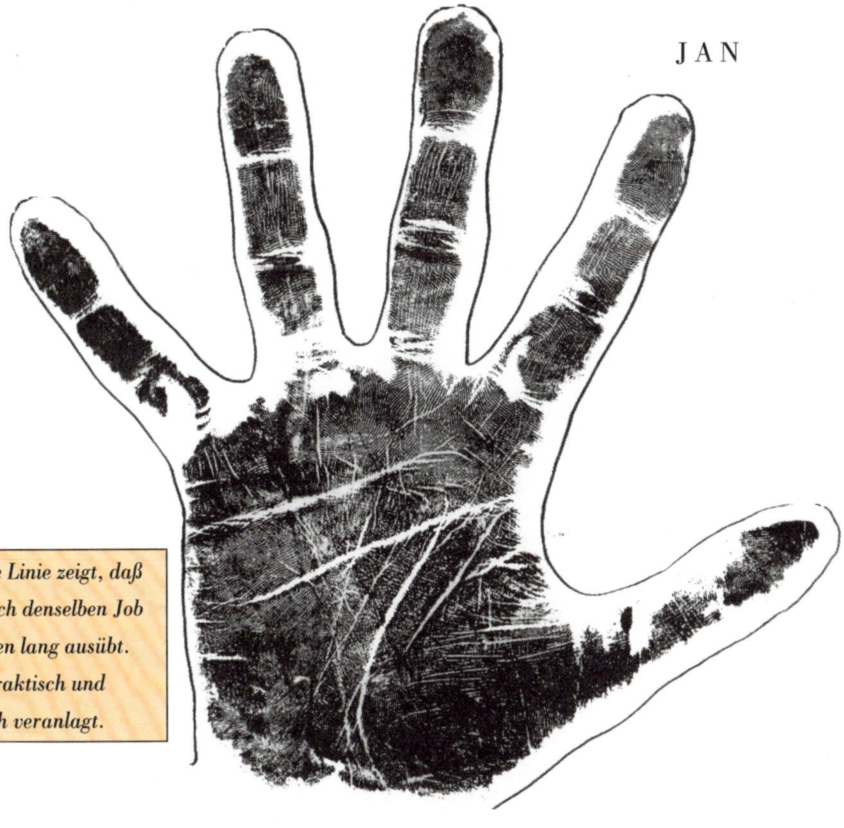

Die lange, gerade Linie zeigt, daß Jan wahrscheinlich denselben Job sein ganzes Leben lang ausübt. Er ist eher praktisch und mathematisch veranlagt.

HINWEISE

Menschen, die ihre Interessen so fanatisch betreiben, daß sie jedes Maß verlieren, haben sehr stark abfallende Kopflinien – zum Beispiel ein Mensch, der so viele streunende Katzen und Hunde aufnimmt, daß sein ganzes Haus voll ist, besitzt diese Kopflinie und vermutlich einige Fingerabdrücke mit Zeltbogenmuster.

Eine steil abfallende Kopflinie steht angeblich für Selbstmordgedanken. Diese Menschen sind ihren Emotionen vollkommen ausgeliefert. Sollten sie jemanden kennen, ermutigen Sie ihn, sein Unglück und seine Todessehnsucht in kreative Arbeit umzusetzen.

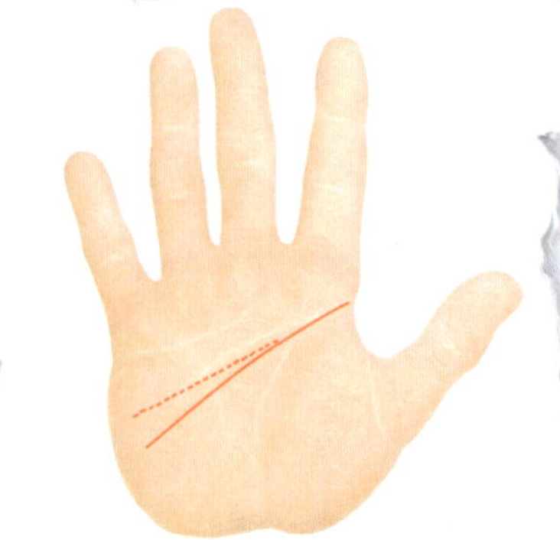

GERADE, PLÖTZLICH ABFALLENDE LINIE

lieber mit Zahlen und praktischen Angelegenheiten zu tun haben. Menschen, die ihre Gefühle so lange verbergen, bis sie explodieren, haben eine gerade Linie, die plötzlich abfällt. Ist der Große Marsberg stark und der Daumenballen dick, deutet das auf Gewalttätigkeit hin.

Eine flach abfallende Linie weist auf einen ausgewogenen Menschen hin, der einen gesunden Verstand und gute Vorstellungskraft hat, eine tiefere auf einen Träumer. Eine stärker abfallende Linie, die am Mondberg endet, ist Anzeichen für aktive Vorstellungskraft, die der Betroffene auch bei seiner Arbeit einsetzt. Er ist vermutlich kreativ, musikalisch oder ein Dichter.

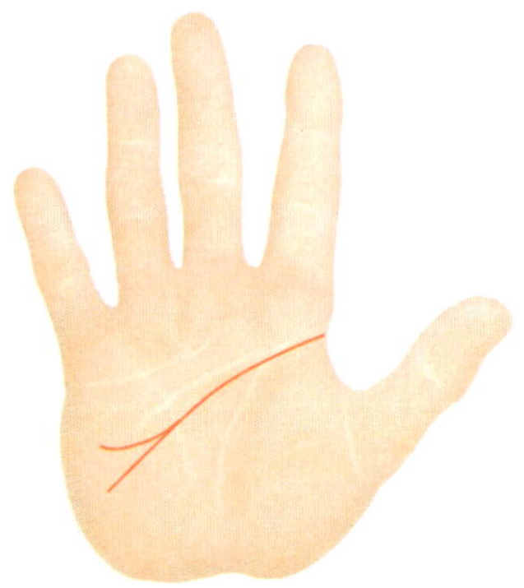

AUFSTEIGENDE UND ABFALLENDE LINIEN

Verästelungen

Aufsteigende Linien sind immer ein gutes Zeichen, da sie für eine Verbesserung der mentalen Situation

HINWEISE

Die Richtung einer aufsteigenden Linie gibt Aufschluß über die Ereignisse. Führt der Zweig zum Apollo, steht er für gesellschaftlichen, familiären oder kreativen Erfolg; führt er zum Merkur für kaufmännischen oder kommunikativen.

und der Erfolgsrate stehen. Eine lange, nach oben strebende Verzweigung steht für einen sehr erfolgreichen Richtungswechsel.

Doppellinien, Gabeln und Brüche

Eine zweite, vollständig getrennte Herzlinie ist eine seltene Erscheinung. Die wenigen, bei denen sie auftritt, sind ziemlich verrückt. Sie können sich einfach auf nichts richtig konzentrieren und enden oft als Geisteskranke. Starke Brüche sind Anzeichen für mangelnde Fähigkeit, das Leben zu organisieren, stehen jedoch auch für verschiedene Seiten der Persönlichkeit – zum Beispiel für einen Geschäftsmann, der in seiner Freizeit Hunde züchtet oder tanzen geht.

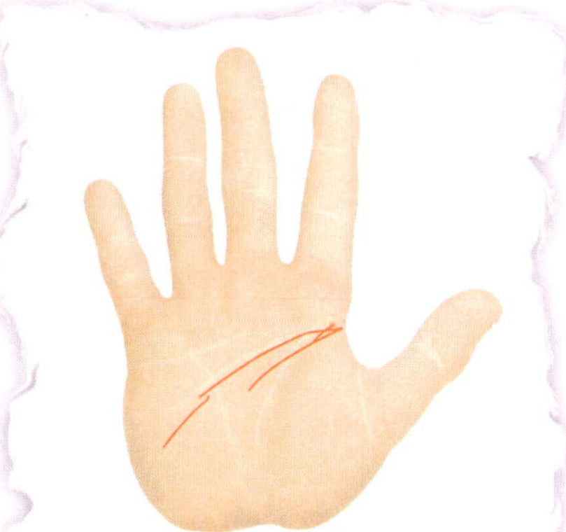

DOPPELLINIEN, BRÜCHE

Achten Sie auf Gabelungen, die sich am Ende der Linie bilden, und stellen Sie fest, wohin diese laufen. Eine Linie zum Mondberg bedeutet eine große Vorstellungskraft und Kreativität auch für praktisch veranlagte Menschen sowie eine Vorliebe für die Arbeit mit Menschen. Eine Linie zum Mars- oder Merkurberg ist meist Anzeichen für Mut und unternehmerisches Talent; zum Apolloberg für familiären, gesellschaftlichen oder künstlerischen Erfolg.

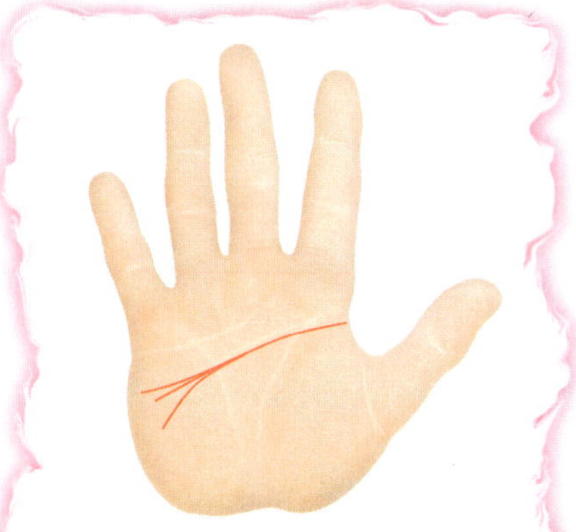

VERSCHIEDENE GABELN

Im allgemeinen stehen Gabeln und Brüche für eine vielseitige Persönlichkeit mit vielen verschiedenen Freunden, Interessen und Erlebnissen. Der Betroffene ist vermutlich sehr geschäftig und zumindest in einem seiner Jobs selbständig. Er langweilt sich jedoch leicht und braucht viel Abwechslung. Vielleicht ist er auch untreu oder unbeständig in seinen Beziehungen, vermutlich weil er die Herausforderung und den Reiz vieler verschiedener Menschen sucht.

Eine kettenförmige Kopflinie ist ein Anzeichen für Geistesschwäche, ebenso wie Kopflinien, die sich am Ende quastenförmig teilen. Das kann zunehmenden geistigen Verfall, Morbus Alzheimer oder andere Störungen im Kopfbereich, wie Blind- oder Taubheit, bedeuten.

DIE HERZLINIE

Die Herzlinie

Die Herzlinie verläuft unterhalb der Finger über die Hand und gibt Aufschluß über die Gefühle und das Liebesleben. Auch einige gesundheitliche Beschwerden, wie zum Beispiel im Brustbereich, lassen sich daran erkennen.

Es herrscht Uneinigkeit unter den Handlesern, wo der Beginn und das Ende der Herzlinie liegen. Gebräuchlicher ist es, an der Handkante unterhalb des Merkurberges zu beginnen.

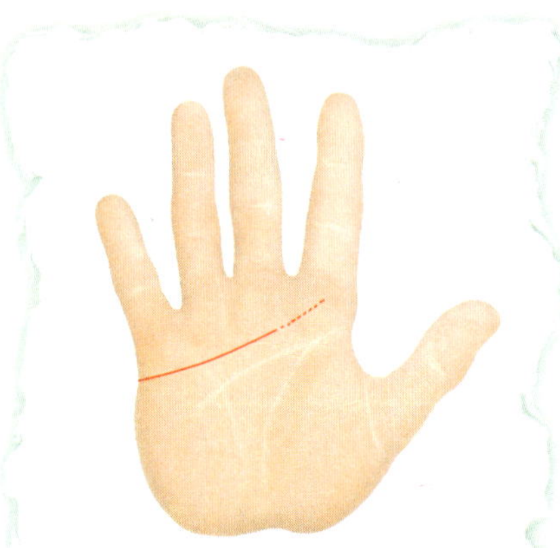

LANGE UND KURZE HERZLINIE

Die Unterschiede

Eine lange Herzlinie endet am Jupiterberg oder unterhalb des Jupiterfingers, eine kurze unterhalb des Saturnfingers. Eine lange Herzlinie steht für die Fähigkeit zu lieben und geliebt zu werden,

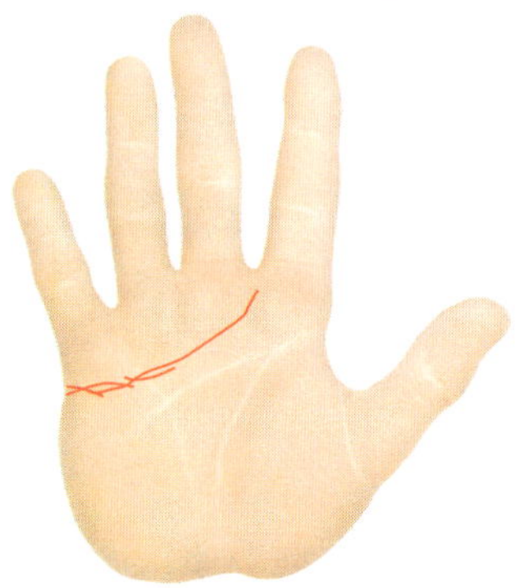

EINE INSEL

eine kurze weist auf ein eingeschränktes Liebes- und Sexualleben hin. Verläuft die Linie ungestört, sollte der Betroffene sein ganzes Leben lang Glück in der Liebe haben. Ein Bruch ist Anzeichen für gescheiterte Beziehungen und oft auch für ein gebrochenes Herz. Flache Herzlinien, die näher an den Fingern verlaufen, weisen oft mehr Brüche und Störungen auf als die tieferen.

Eine Insel auf dieser Linie kann auf gesundheitliche Beschwerden hinweisen, besonders wenn sie direkt unter dem Merkurberg liegt. Befindet sich die Insel an einer anderen Stelle, bedeutet dies eine unsichere und verlustreiche Zeit. Besteht eine große, alleinstehende Insel, erfährt der Betroffene einen Schock, möglicherweise verläßt ihn sein Partner oder verstirbt plötzlich.

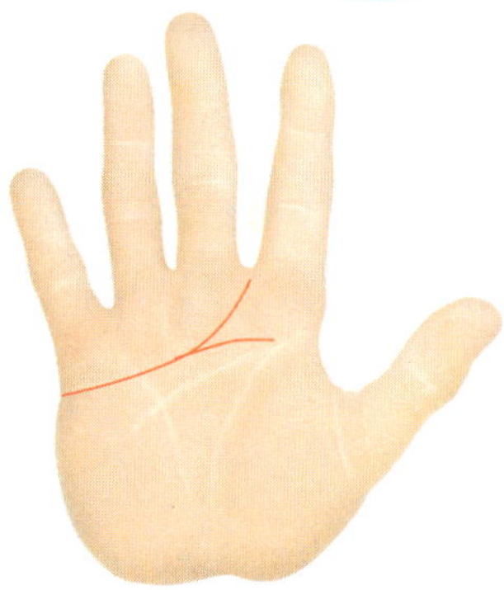

DOPPELTE HERZLINIE

Eine Doppellinie ist Anzeichen für Treue und Empfindsamkeit. Ist die Herzlinie nur teilweise ausgebildet oder vereinigt sie sich mit der Kopflinie, zeugt das häufig von Problemen in der Liebe.

HINWEISE

Ein großer Abstand zwischen der Herzlinie und der Kopflinie ist ein Anzeichen für Toleranz und Offenheit, ein schmaler Abstand steht für Intoleranz. Verläuft die Herzlinie weit oben auf der Hand in der Nähe der Finger, so kann man aus dem großen Abstand eher auf Unbekümmertheit als auf echte Offenheit schließen. Ist die Lage der Herzlinie normal und die Kopflinie eher tief angesetzt und gebogen, spricht das für wahre Toleranz.

Herzlinie und Gesundheit

Ein rissiger Anfangsbereich der Herzlinie unter dem Merkurfinger kann vor drohenden Herzbeschwerden warnen. An einer blauen oder lila Verfärbung der Nägel kann man erkennen, ob dies wirklich zutrifft.

Wenn sich die Herzlinie beim Zurückdrücken der Finger senkt, kann das ein Anzeichen für Lungen- und Herzbeschwerden sein. Auch hier muß man die Finger ansehen: Sie sollten eine gesunde rosa Färbung haben und nicht bläulich sein. Die Fingernägel sollten ordentlich auf den Fingerspitzen sitzen und sich nicht abheben.

Jede Störung ab der Stelle, an der sich die Linie nach oben zu krümmen beginnt, kann für Beschwerden im Brustbereich stehen.

Die faszinierenden Hinweise, die die Herzlinie für Gefühle, Liebe, Sex und Beziehungen bietet, finden Sie im Kapitel über Beziehungen auf Seite 102–120. Falls Sie mehr über das Thema „Herzlinie und Gesundheit“ erfahren wollen, schlagen Sie auf Seite 129 nach.

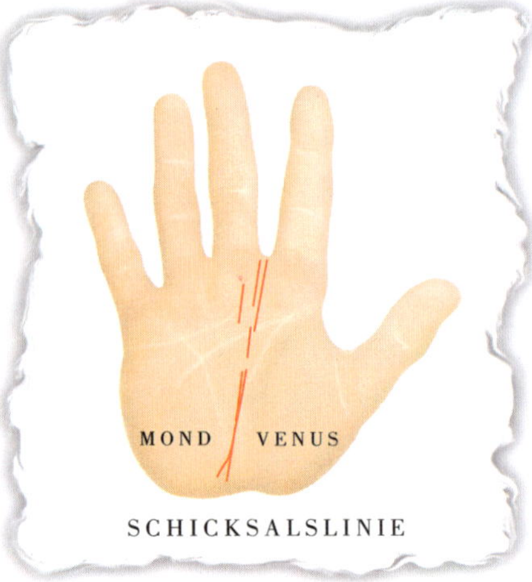

SCHICKSALSLINIE

Die Schicksalslinie

Auch wenn Sie sonst nichts über die Handlesekunst lernen, versuchen Sie sich die Bedeutung der Schicksals- und der Apollolinie einzuprägen, denn sie liefern mehr Hinweise als jedes andere Merkmal der Hand. Die Schicksalslinie verläuft von der Handwurzel nach oben.

Verschiedene Schicksalslinien

Manchmal gibt es Hände ohne Schicksalslinie. Betrachten Sie in so einem Fall beide Hände genau, um zu erkennen, ob zumindest Spuren davon vorhanden sind. Schon jedes winzige Stückchen liefert einen Hinweis. Die

TINA

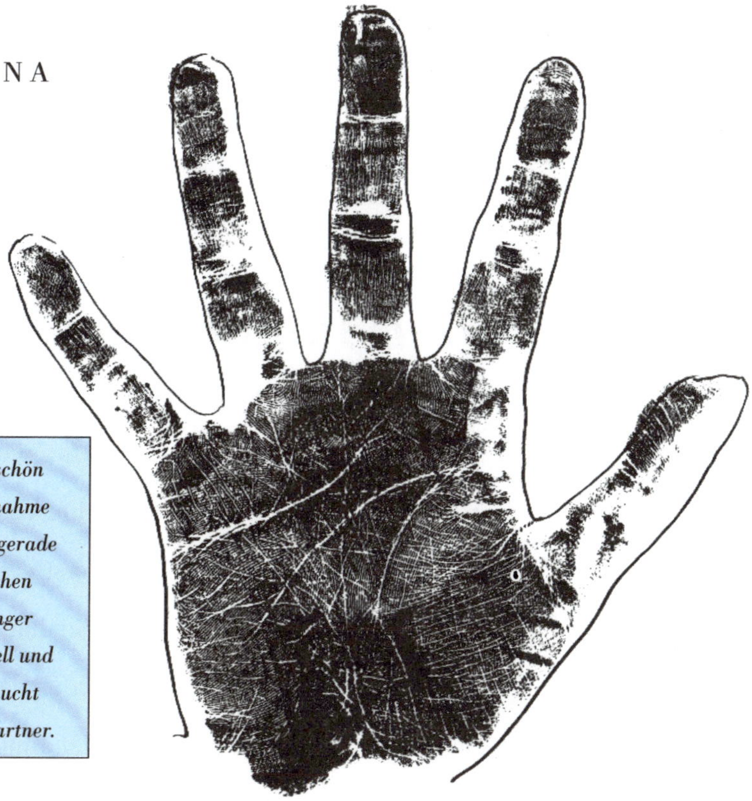

Alle Hauptlinien sind schön geschwungen, mit Ausnahme der Schicksalslinie, die gerade verläuft, bis sie zwischen Saturn- und Apollofinger endet. Tina ist emotionell und phantasievoll und braucht einen ausgeglichenen Partner.

Schicksalslinie kann klar über die ganze Hand verlaufen oder erst weiter oben beginnen. Es können auch Fragmente vorhanden sein, die entweder völlig unabhängig oder zusammen mit der Lebenslinie oder einer anderen Linie verlaufen. Die Linie kann vertikal, diagonal oder gebrochen sein. Ist die Lebenslinie stark gebrochen oder gestört, läuft die Schicksalslinie oft mit ihr zusammen.

Eine lange, gerade Schicksalslinie findet man auf der Hand eines pflichtgetreuen Menschen, der stets tut, was man von ihm erwartet. Bricht die Linie im oberen Teil der Handfläche, beginnt der Betroffene den Sinn seines Lebens zu hinterfragen. Neigt sich die Schicksalslinie zum Jupiter und endet ganz oben auf der Hand, gelingt es dem Handeigner, sich ihm in den Weg stellende Hindernisse zu seinen Gunsten zu nutzen. Eine gebrochene Schicksalslinie ist ein Anzeichen, daß der Betroffene sein Leben selbst in die Hand nehmen möchte. Oft sind die Schicksalslinien der rechten und linken Hand ziemlich unterschiedlich. Die Linie auf der passiven Hand gibt Aufschluß über die Erwartungen, die der Handeigner an das Leben im allgemeinen stellt, die Linie auf der aktiven Hand zeigt, wie das Leben von den Vorstellungen des Betroffenen abweicht.

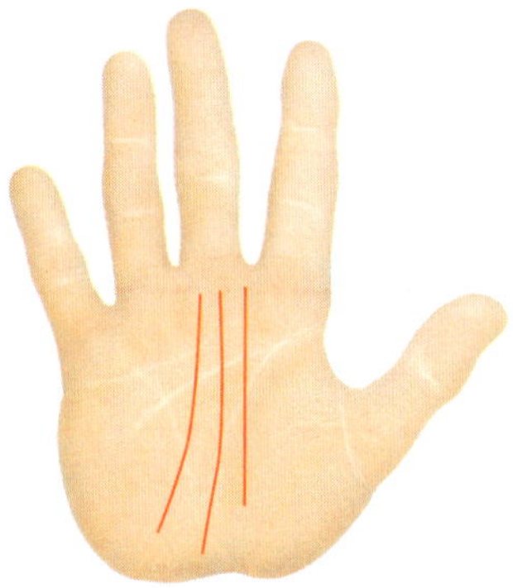

SCHICKSALSLINIEN MIT ABWEICHENDEM BEGINN

Der Ausgangspunkt

Die Schicksalslinie beginnt am unteren Teil der Hand, wobei der Ausgangspunkt in einem Bereich liegen kann, der sich von der Innenseite der Lebenslinie bis zum Mondberg erstreckt. Die Nähe der Schicksalslinie zeigt die Bindung an die Familie. Beginnt die Schicksalslinie an der inneren Seite der Lebenslinie, hat die Familie in der Jugend starken Einfluß auf den Handeigner. Dieser Einfluß kann sehr hilfreich sein, verschafft dem Betroffenen eine glückliche Kindheit und gute Ausbildung und hilft ihm, ein gesundes Selbstwertgefühl zu entwickeln. Möglicherweise arbeitet er anfangs im Familienbetrieb, den er verläßt, wenn die Schicksalslinie von diesem Handbereich abzweigt. Auf der anderen Seite wäre es auch möglich, daß der Betroffene aufgrund des familiären Drucks viele Einschränkungen erfährt und gezwungen wird, sich religiösen oder gesellschaftlichen Zwängen zu beugen. Die Familie zwängt ihm ihre Ansichten auf.

Materielle Sorgen um Geld, Beruf und Besitz können dann aufgrund der Erziehung in jungen Jahren vorherrschend sein und ihn möglicherweise sein ganzes Leben lang beeinflussen. Er bleibt in der Folge sehr materialistisch oder entdeckt erst im späteren Leben andere Werte. Ein Anfänger kann diese komplexen Zusammenhänge noch nicht selbst deuten, falls Sie also eine solche Formation sehen, scheuen Sie sich nicht, nachzufragen und dadurch ihr Wissen zu erweitern.

Beginnt die Linie am Mondberg, können Außenstehende dem Betroffenen behilflich sein. Das trifft jedoch nicht unbedingt zu, da auch Eigenmotivation eine Rolle spielen kann. Eine weitere Möglichkeit ist, daß der Betroffene durch sein kreatives Talent Erfolg hat oder daß Auslandsreisen für ihn von Bedeutung sind.

Beginnt die Linie an einer anderen Stelle im unteren Handbereich, so ist der Betroffene unabhängig und motiviert sich selbst. Andere Ereignisse zu Beginn des Lebens zeigen sich anhand von Linien, die sich an einer bestimmten Stelle mit der Schicksalslinie verbinden, von ihr abzweigen oder auf sie treffen. Eine Konstellation, die mit großer Wahrscheinlichkeit auf einen schwierigen Start hinweist, ist eine Schicksalslinie, die am Neptunberg beginnt und anfänglich unregelmäßig verläuft oder voller Inseln ist.

Ein schwieriger Start

Legen Sie ein Lineal am Knöchel an, der den Daumen mit der Hand verbindet. Alles, was unterhalb dieser Linie auf der Hand zu sehen ist, bezieht sich auf die Zeit bis Mitte Zwanzig.

Gibt es in diesem Bereich keine Schicksalslinie, ist die Jugend des Betroffenen nicht sehr ereignisreich. In diesem Fall empfiehlt es sich, den Beginn der Kopf- und Lebenslinie zu Rate zu ziehen.

Linien, die zu Beginn in die Schicksalslinie münden, zeigen, daß der Betroffene körperlich und geistig reif für eine frühe Bindung war und vermutlich jung geheiratet oder mit einem Partner zusammengelebt hat. Ob diese Verbindung ein Leben lang hält, läßt sich weiter oben an der Schicksalslinie ablesen. Stammen die Linien aus dem Venusbereich, bedeutet dies, daß der Betrof-

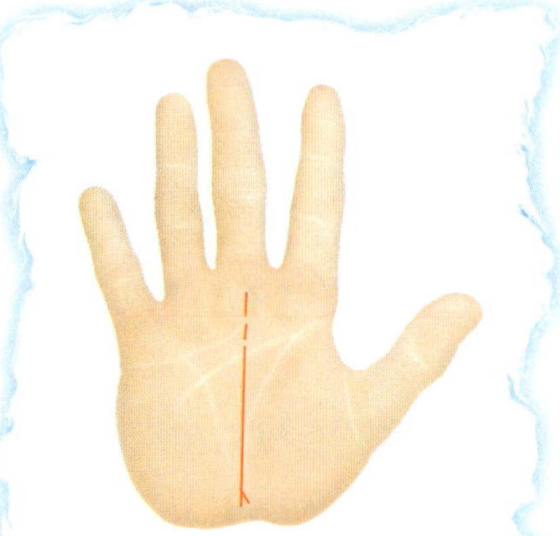

LINIEN IM UNTEREN TEIL DER SCHICKSALSLINIE

fene in nächster Nähe einen Partner gefunden hat, möglicherweise einen Freund der Familie. Kommt die Linie aus dem Mondbereich, ist der Partner ein Unbekannter. Hat der Betroffene jung geheiratet, weist aber keine Schnittlinien mit der Schicksalslinie auf, wird es sich um eine Vernunftehe handeln, bei der sich die Liebe jedoch in späteren Jahren einstellen kann.

Inseln, Sperren, Brüche und Einflußlinien an dieser Stelle stehen für anfängliche Schwierigkeiten. Eine Insel bedeutet eine unsichere und verlustreiche Zeit, eine Sperre eine Verhinderung des persönlichen Fortschritts. Brüche können ebenso Rückschläge wie einen absichtlichen Richtungswechsel bedeuten. Bei überlappenden Linien leidet man kaum unter den geänderten Verhältnissen und wagt einen Neubeginn.

Wenn die Schicksalslinie eine starke Wendung in Richtung Daumen macht, versucht der Handeigner seinen äußeren Status zu verbessern (speziell auf der aktiven Hand). Wendet sie sich stark zum Mondberg, interessiert er sich eher für seine Familie, seine Hobbys und andere persönliche Angelegenheiten. (Vergessen Sie hier keinesfalls die Deutung der passiven Hand.)

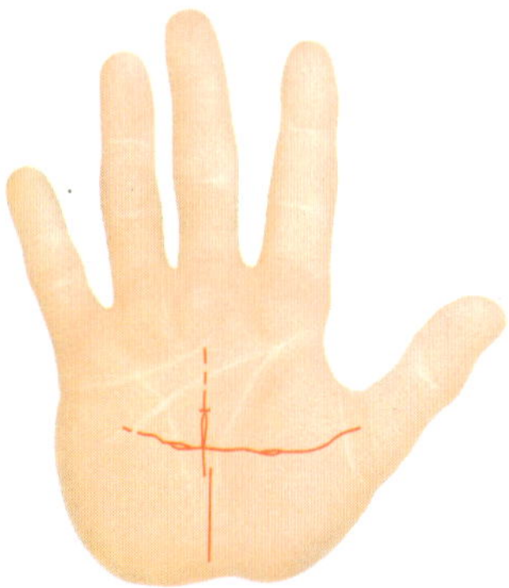

EINZELNE EINFLUSSLINIE SCHNEIDET DIE SCHICKSALSLINIE, MIT ANSCHLIESSENDEN STÖRUNGEN

Eine einzelne, feine Einflußlinie, welche die Schicksalslinie schneidet, steht oft für familiäre Schwierigkeiten in der Kindheit und der Jugend, besonders wenn nachher eine Insel oder eine andere Störung zu sehen ist. Zur absoluten Sicherheit sollte man auch die Lebenslinie zu Rate ziehen.

Der Mittelbereich

Eine Schicksalslinie, die erst weiter oben auf der Marsebene beginnt, zeigt, daß der Handeigner erst ab Mitte Zwanzig seinen Weg findet. Dieselben

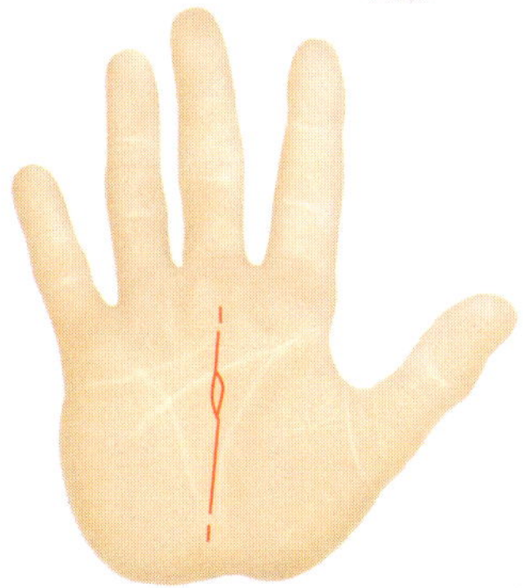
INSELN IM MITTEL-
BEREICH DER LINIE

Merkmale, die wir bei den anderen Hauptlinien behandelt haben, gelten auch hier, so bedeutet etwa eine einmündende Linie in diesem Bereich eine Liebesbeziehung oder einfach einen Menschen, der künftig das Leben des Handeigners beeinflußt. Trifft die einmündende Linie auf der Schicksalslinie auf einen Bruch, gilt es, eine Entscheidung zu treffen. Ist die einmündende Linie selbst unterbrochen, wird der Betroffene an einer Beziehung arbeiten müssen.

Inseln weisen auf knappe finanzielle Mittel hin und Sperren oder andere Störungen auf schwierige Zeiten. Ist die Linie plötzlich zum Daumen hin versetzt, findet der Betroffene ein Ziel im Leben und kann einen Erfolg erzielen. Eine Versetzung zur Handkante bedeutet, daß er derzeit mehr Interesse an familiären Angelegenheiten hat. Mündet eine ansonsten parallel verlaufende Linie in die Schicksalslinie ein, könnte das für berufliche Selbständigkeit stehen. Bei einer Frau könnte dies Beruf und Kinder bedeuten. Auf jeden Fall wird das Leben äußerst geschäftig.

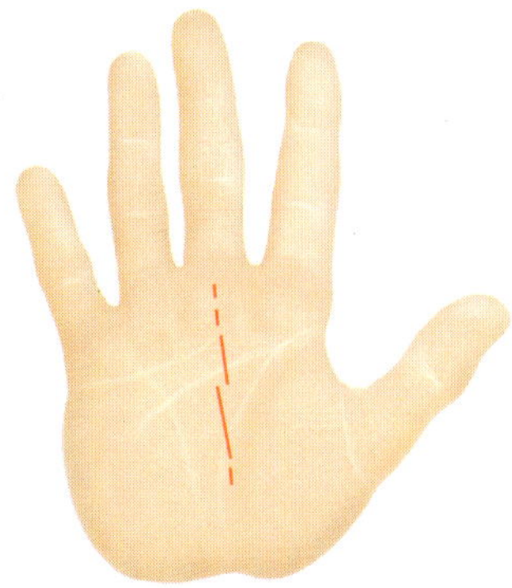
NACH DER RADIAL- ODER
MONDSEITE VERSETZTE LINIE

Einmündende Linien oder Einflußlinien in diesem Bereich können die Geburt eines Kindes und die Gründung einer Familie andeuten. Von der Schicksalslinie abzweigende Linien, die zur Lebenslinie laufen, zeigen, daß der Betroffene zu seiner Familie und zu seinen Wurzeln zurückkehrt, zum Beispiel wenn seine Ehe scheitert und er eine Zeitlang wieder bei den Eltern wohnt. Endet die

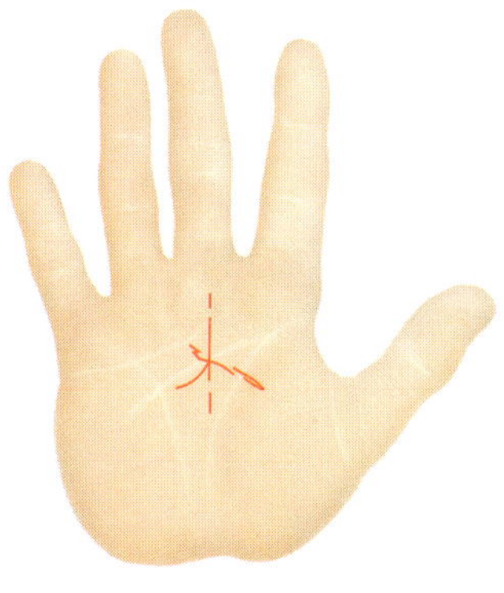
TIEFE EINMÜNDENDE LINIE
UND EINFLUSSLINIE DER
SCHICKSALSLINIE

Schicksalslinie hier mit einer Gabel und beginnt weiter oben neu, unternimmt der Handeigner einen abrupten Richtungswechsel, zum Beispiel durch einen neuen Job.

Der Zeitschlüssel

Wir sind der Meinung, daß eine präzise Bestimmung des Zeitschlüssels nicht möglich ist. Viele glauben, daß die Schicksalslinie ungefähr im Alter von 35 Jahren die Kopflinie kreuzt, wir nehmen jedoch an, daß dies etwa im Alter von 30 Jahren der Fall ist. Wenn Sie ein Ereignis erkennen, beschreiben Sie es demjenigen, nennen Sie einen Lebensabschnitt, und fragen Sie ihn am besten anschließend nach der genauen Zeit. (Siehe auch „Der Zeitschlüssel auf der Hand" Seite 53–55.)

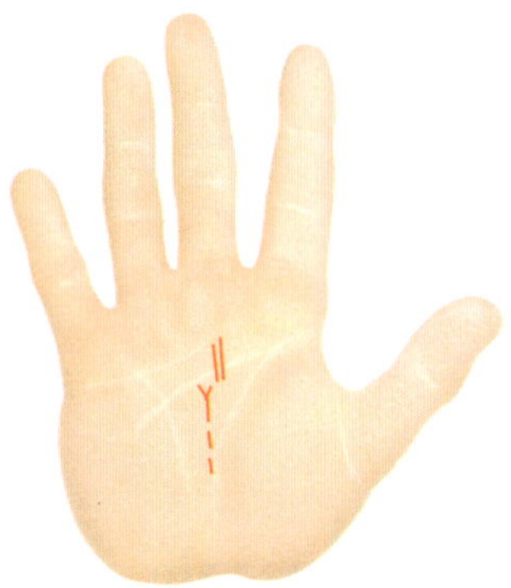

BRÜCHE UND NEBENLINIEN

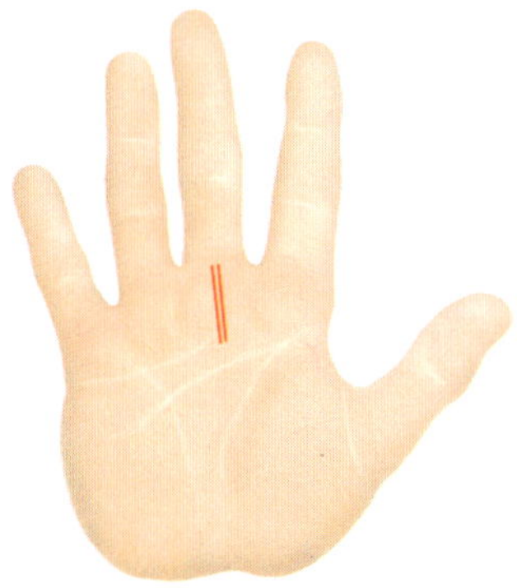

BERUFLICHE SELBSTÄNDIGKEIT

HINWEISE

Verschwindet die Schicksalslinie, ändert sich das Leben des Handeigners. Entweder wird es leichter, oder der Betroffene entdeckt seine persönlichen Neigungen, wodurch er sich besser auf das Leben einstellen kann und nicht mehr länger kämpfen muß.

Das Ende der Schicksalslinie

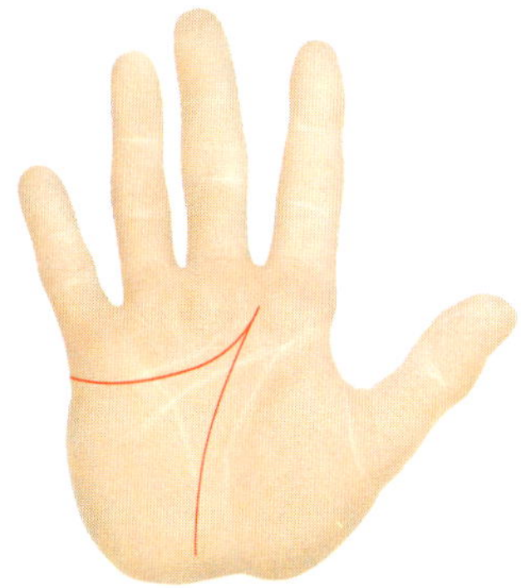

SCHICKSALSLINIE GEHT AUS DER HERZLINIE HERVOR

Die Schicksalslinie kreuzt die Herzlinie in dem Bereich, der für Ende Dreißig bis Mitte Vierzig steht, je nachdem, wie tief die Herzlinie eingekerbt ist. Weist die Linie in diesem Bereich einen Bruch auf und verbindet sie sich mit kleineren Linien, wird sich der Handeigner selbständig machen oder seine Arbeit wird sehr vielfältig und interessant. (Alle Bemerkungen über Inseln, Gabelungen, Einflußlinien usw., die wir in den vorigen Kapiteln besprochen haben, gelten auch für diesen Bereich der Schicksalslinie.)

Die Schicksalslinie bricht an diesem Punkt häufig, und andere Linien verlaufen parallel zu ihr. Weiters ist es auch möglich, daß Linien von der Lebenslinie und der Kopflinie in die Schicksalslinie fließen; sie können aber auch vom Apolloberg herführen. Zusätzliche Linien sind häufig Hinweis auf zusätzliche Einnahmequellen.

HINWEISE

- *Linien, die in diesem Bereich in die Schicksalslinie münden, können Hinweis auf neue Beziehungen und glücklichere Zeiten in späteren Jahren sein. Linien, die von der Schicksalslinie wegführen, zeigen einen Jobverlust, eine Hochzeit oder ein Unglück an.*
- *Eine doppelte Schicksalslinie kann doppeltes Leben bedeuten (prüfen Sie die Kopflinie auf zwei Jobs und die Beziehungslinien auf zwei Beziehungen). Es kann auch bedeuten, daß der Handeigner mit seinem Leben unzufrieden ist und lieber an einem anderen Ort wäre.*

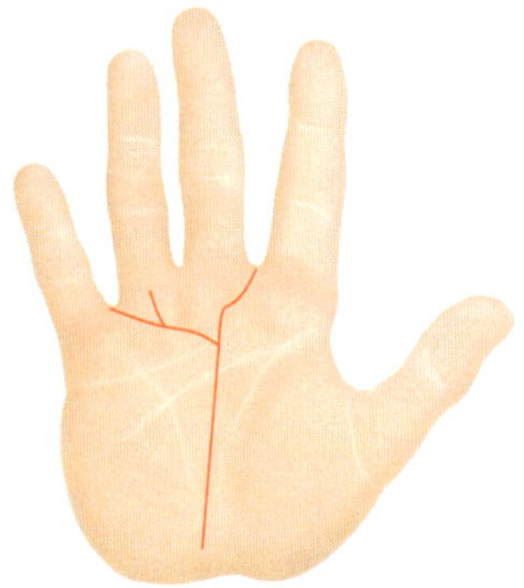

VON DER SCHICKSALSLINIE ABZWEIGENDE LINIEN

An dieser Stelle ist die Richtung, die die Schicksalslinie (oder die Linien) nimmt, von Bedeutung. Führt sie zum Jupiterberg, wird man nach Erfolg im Beruf streben. Verschmilzt die Herzlinie mit der Schicksalslinie, wie dies häufig der Fall ist, so wird dem Handeigner die Karriere wichtiger sein als die Familie. In beiden Fällen wird er aber im Leben etwas erreichen.

Endet die Schicksalslinie (oder die Linien) auf dem Saturnberg, wird der Handeigner das ganze Leben hart arbeiten. Vielleicht weil er Geld braucht oder weil er sich einfach gerne auf Trab hält. Er kann durch seine Anstrengungen zu Reichtum kommen, doch wird die Lebensqualität darunter leiden.

Führt die Linie oder Verästelung zum Apollofinger, wird der Handeigner das Ende seiner Tage im Kreis von Familie und Freunden verbringen. Er mag vielleicht nicht reich sein, doch er ist glücklich und ausgeglichen. Ist die Schicksalslinie in diesem Bereich der Hand nicht mehr zu sehen, wird er sein Geld verlieren oder nicht länger nach Reichtum streben.

Verbindet sich hier eine Linie mit der Schicksalslinie (oder führt sie zur Apollolinie), wird der Handeigner Geld, Grundbesitz oder andere Wertsachen erben. Eine Linie, die zur Apollolinie verläuft, ist auch Hinweis auf zusätzlichen Grundbesitz, vielleicht ein Wochenendhaus (eine doppelte Familienlinie ist ein sicheres Zeichen für zusätzlichen Grundbesitz).

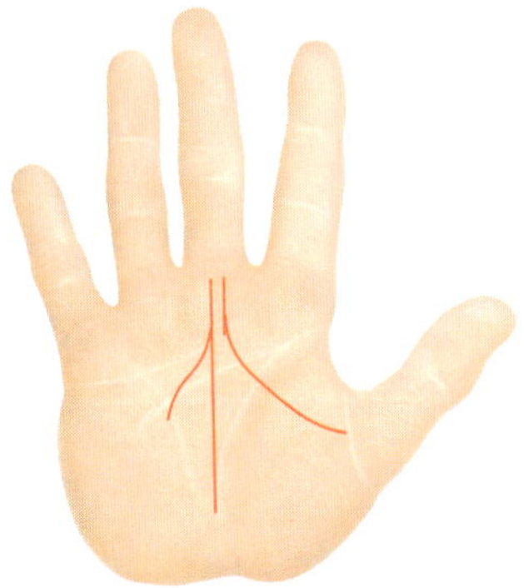

LINIEN MÜNDEN IN DIE SCHICKSALSLINIE

APOLLOLINIE GEHT AUS DER SCHICKSALSLINIE HERVOR

DIE APOLLOLINIE

Die Apollolinie ist bei vielen Handlesern auch unter der Bezeichnung Sonnenlinie bekannt. In der Astrologie wird die Sonne von Apollo, dem römischen Gott des Erfolges, der Musik, der Kunst, der Liebe, der Kreativität und der Kinder, beherrscht. Die Apollolinie verläuft zuerst in derselben Richtung wie die Schicksalslinie, zweigt dann jedoch zum Apollofinger und nicht zum Saturn- oder Jupiterfinger ab. Auf vielen Händen ist jedoch überhaupt keine Apollolinie zu sehen oder nur vereinzelte Teile davon, die meistens unter der Kopflinie entspringen.

HELEN

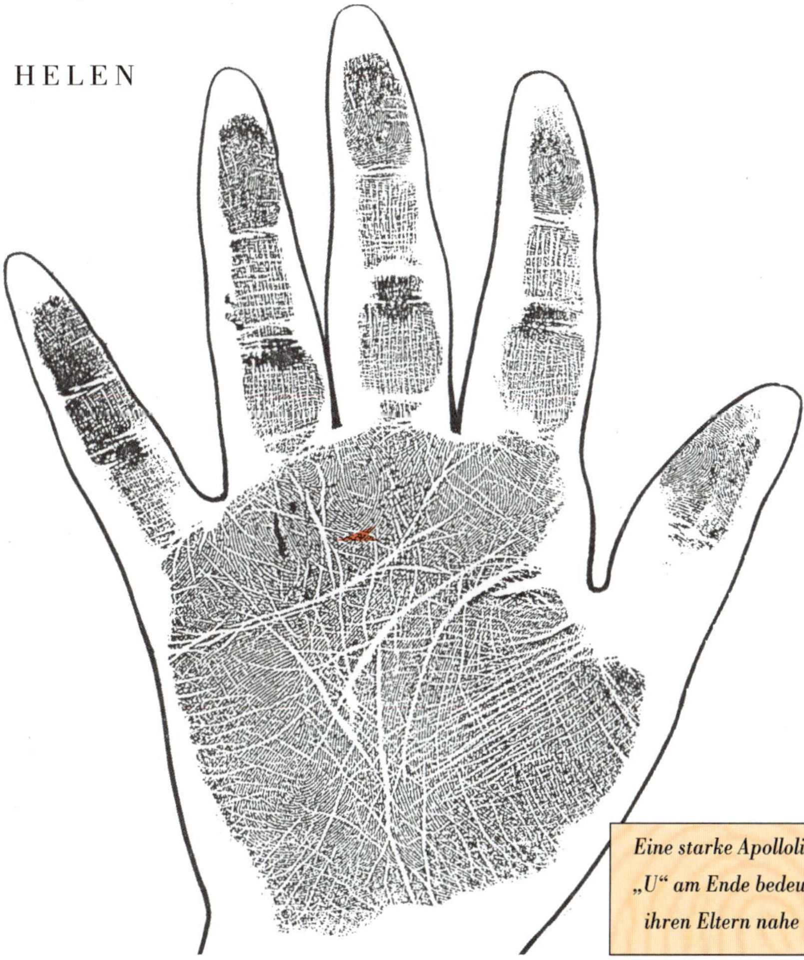

Eine starke Apollolinie. Das lange „U“ am Ende bedeutet, daß Helen ihren Eltern nahe bleiben wird.

Ist keine Apollolinie vorhanden, hat der Handeigner kein Interesse daran, eine Familie und ein Heim zu gründen. Ist die Linie deutlich zu sehen, schafft er sich bereits in frühen Jahren ein Heim. Führt die Apollolinie zur Handkante, wird das Familienleben in dem Alter wichtig, in dem die Linie abzweigt. Eine Linie, die Schicksals- und Apollolinie verbindet, ist Hinweis auf Arbeit, die von zu Hause aus oder in der Nähe des Heims erledigt wird. Diese Linien zeigen, daß sich der Handeigner im Berufsleben selbst verwirklichen muß. Selbstverwirklichung ist noch wichtiger, wenn die Apollolinie aus der Schicksalslinie hervorgeht. In diesem Fall sind dem Handeigner Ruhm, Reichtum oder großer Erfolg sicher.

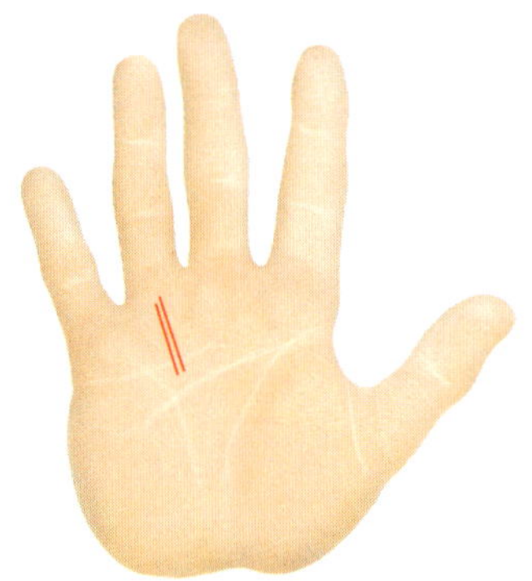

DOPPELTE LINIE (APOLLO-LINIE MIT NEBENLINIE)

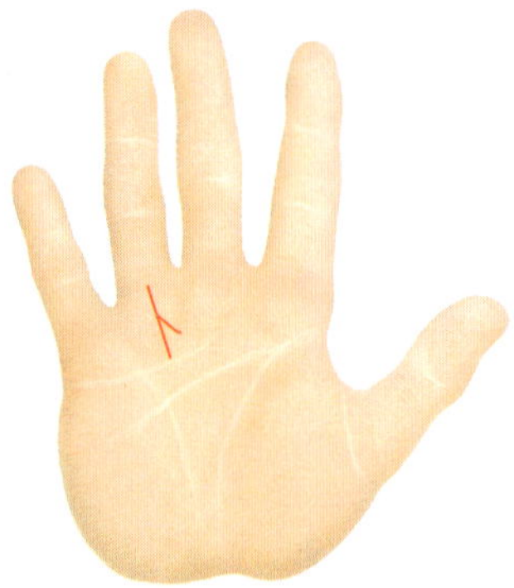

LINIE ZWEIGT VON DER APOLLOLINIE AB

Der obere Bereich

Betrachten Sie die Linien auf dem Apolloberg zwischen der Herzlinie und dem Apollofingeransatz genau – in diesem Teil sind sehr viele Informationen enthalten.

Es ist erfreulich, wenn hier eine Apollolinie oder viele kleine Linien zu finden sind, denn sie bedeuten Glück in späteren Tagen und ein von Liebe geprägtes Familienleben im Alter. Eine doppelte Linie zeigt, daß man mit einem Partner lebt, aber nicht sein Leben teilt – jeder lebt sein eigenes Leben. Verschwindet die Apollolinie in diesem Bereich, sollte man eher nicht spekulieren.

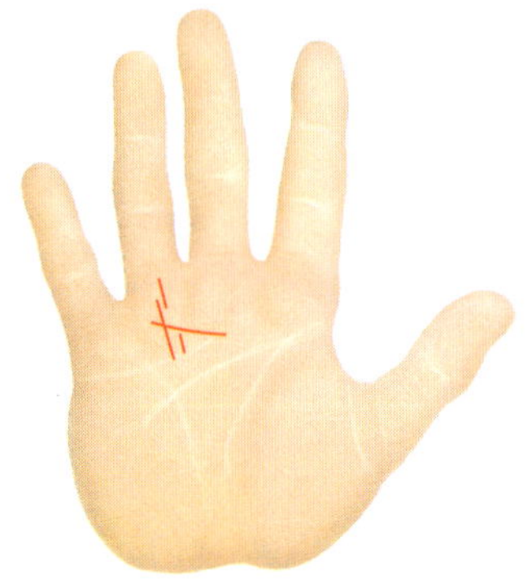

DOPPELTE LINIE AUF DER DAUMENSEITE

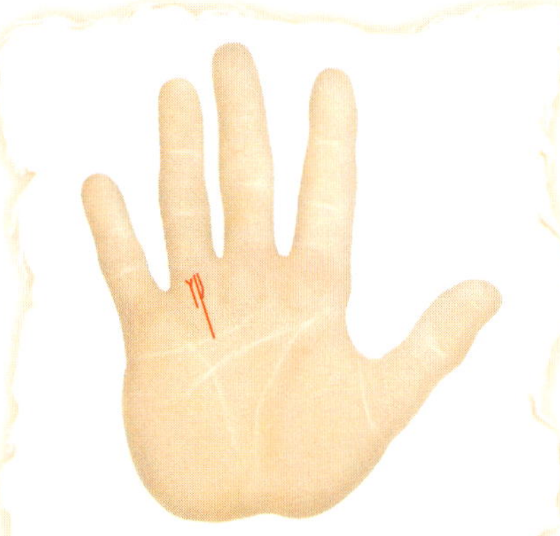

EINE GEGABELTE NEBEN-
LINIE AUF DER INNENSEITE
DER APOLLOLINIE

Daumen- oder Innenseite der Apollolinie

Nebenlinien bei der Apollolinie, die auf der Daumenseite der Hauptlinie liegen, sind Hinweis auf den Wunsch umzuziehen, der wahrscheinlich nicht erfüllt wird. Gibt es eine Verbindungslinie, wird sich der Umzug ereignen. Linien, die in die Apollolinie münden, sind Hinweis auf neue Bekannte. Das kann eine späte Heirat oder eine neue Beziehung bedeuten. Weitere kleine Linien auf der Daumenseite der Apollolinie zeigen Interesse an kreativen Hobbys, Kunst, Heilen oder anderer Beschäftigung, die zu Hause verrichtet wird. In diesem Fall ist die Arbeit Vergnügen, gepaart mit Geldverdienen.

Handkanten- oder Außenseite der Apollolinie

Linien, die zum Merkurbereich verlaufen, sind Hinweis auf einen geistig aktiven Menschen, der Gleichgesinnte braucht. Kleine Linien und eine kleine Gabel zeigen, daß man sich später um seine Eltern kümmern wird. Ein „Y" besagt, daß man den Bedürfnissen seiner Mitmenschen mit Liebe und Sorge begegnet. Es kann sich dabei um einen kranken Partner, kranke Eltern oder behinderte Kinder handeln.

Linien, die parallel zur Apollolinie verlaufen, aber nicht unmittelbar neben ihr liegen, stehen für Liebe auf Entfernung. Es könnten Familienmitglieder, ein ehemaliger Partner oder ein enger Freund weit entfernt leben.

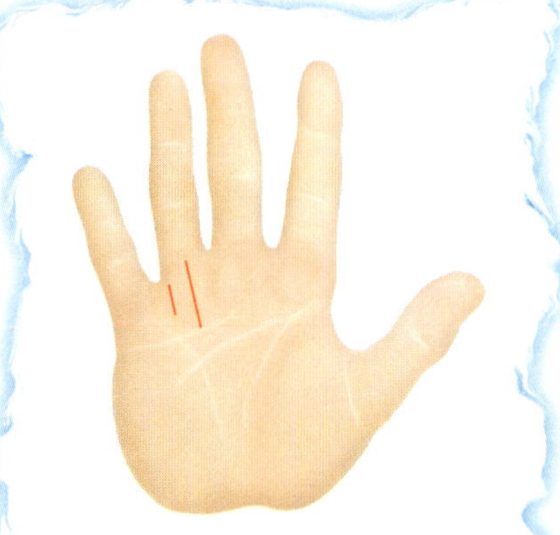

LINIEN NEBEN
DER APOLLOLINIE

DIE NEBENLINIEN

Wie wir bereits wissen, bestehen die Hauptlinien aus der Lebenslinie, der Kopflinie, der Herzlinie, der Schicksalslinie und der Apollolinie. Alle anderen werden als Nebenlinien bezeichnet. Nur bei sehr wenigen Menschen sind alle Nebenlinien vorhanden, doch verfügen wir alle wenigstens über einige davon. Wir werden uns mit allen beschäftigen und beginnen mit den wichtigsten.

Beziehungslinien

Diese Linien sind klein, doch häufig tief eingekerbt. Sie verlaufen horizontal über die Handkante zum Merkurberg und liegen zwischen dem Merkurfinger und der Herzlinie. Es ist durchaus verständlich und logisch, daß sich diese Linien an dieser Stelle befinden, da der Merkurberg für Kommunikation steht und die Herzlinie die Gefühle beschreibt.

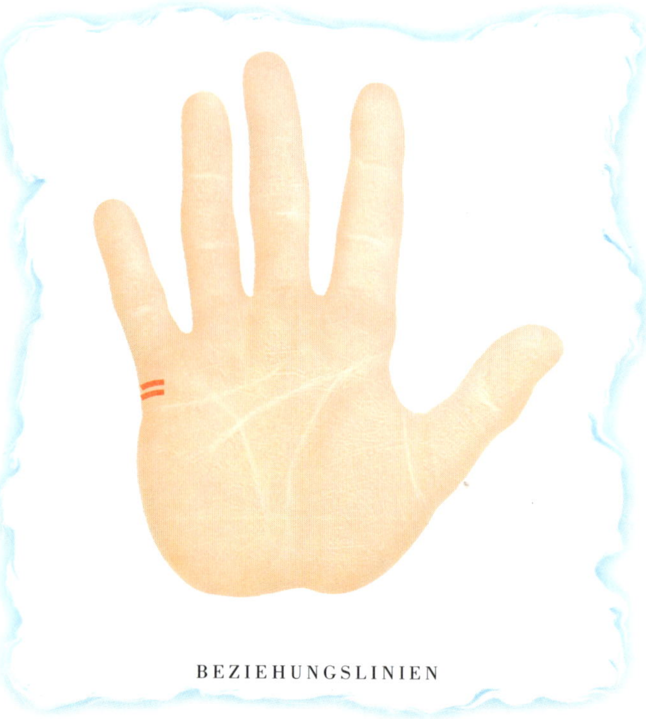

BEZIEHUNGSLINIEN

Früher meinten Handleser, daß eine Beziehungslinie eine Ehe und zwei Beziehungslinien zwei Ehen bedeuten. Heute wird aber eher angenommen, daß die Anzahl dieser Linien ausdrückt, was der Mensch möchte, und nicht, was tatsächlich eintreten wird. Allerdings hat sich die alte Deutung in vielen Fällen als wahr erwiesen. Sicher wissen wir heute nur, daß diese Linien sich stark verändern können, wenn der Handeigner eine Veränderung in seinem Leben erfährt.

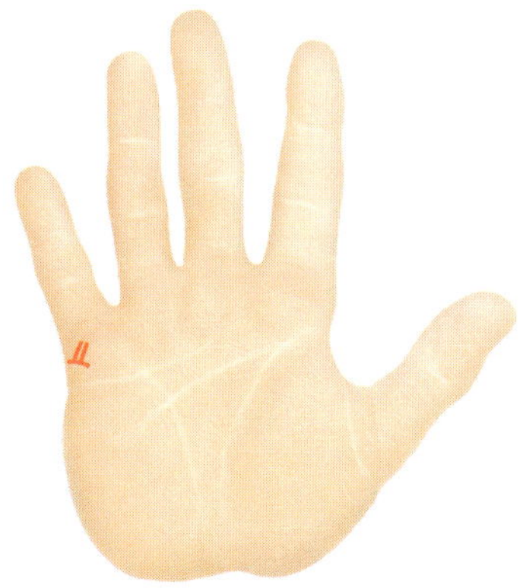

KINDERLINIEN

Kinderlinien

Die Kinderlinien verlaufen vertikal durch die Beziehungslinien und müssen durch eine oder mehrere dieser Linien verlaufen, um überhaupt von Bedeutung zu sein. Es ist hier von Vorteil, wenn Sie eine Lupe verwenden und die Handkante mit den Fingern zusammenschieben, um die Linien genau sehen zu können. Betrachten Sie diese Linien immer auf beiden Händen, da es häufig vorkommt, daß sie auf einer Hand stärker ausgeprägt sind als auf der anderen.

Der Venusgürtel

Der Venusgürtel kann einen geschlossenen Halbkreis bilden oder unterbrochen sein – für gewöhnlich sind die Enden vorhanden und der Mittelteil fehlt. Der Gürtel kann auf einer oder auf beiden Händen zu sehen sein, und er kann schwach oder gut ausgeprägt sein. Er bezeichnet das Verständnis, das der Betroffene für die Mitmenschen aufbringt, und die Neigung des Handeigners, sich selbst zu verletzen.

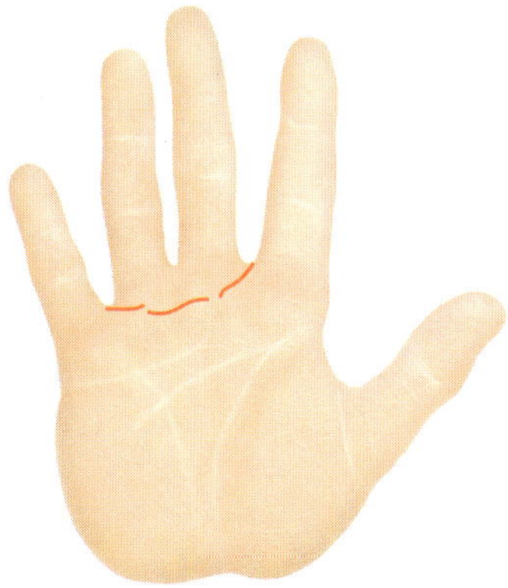

VENUSGÜRTEL

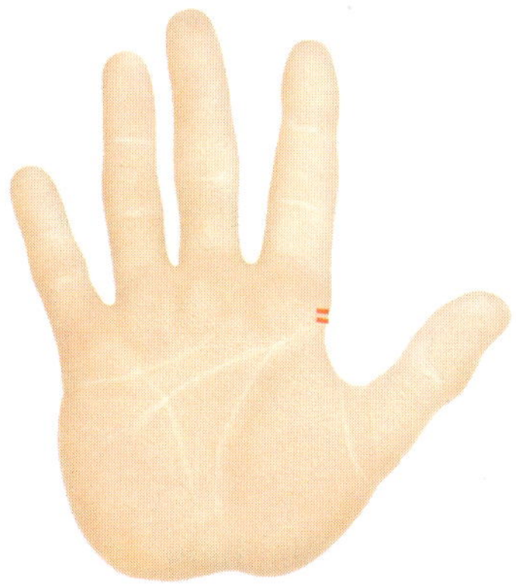

GESCHWISTERLINIEN

Geschwisterlinien

Die Geschwisterlinien sind das Spiegelbild der Beziehungslinien auf der Handinnenseite, sind aber für gewöhnlich weniger stark ausgeprägt.

Weitere Nebenlinien

Werfen wir einen Blick auf weitere Nebenlinien, die eventuell ausgebildet sein können.

APOLLORING

Der Apolloring

Der Apolloring kann auf ein vorübergehendes Unglück in einer Beziehung oder auf eine schwere Enttäuschung in einem Hobby oder einer künstlerischen Tätigkeit hinweisen.

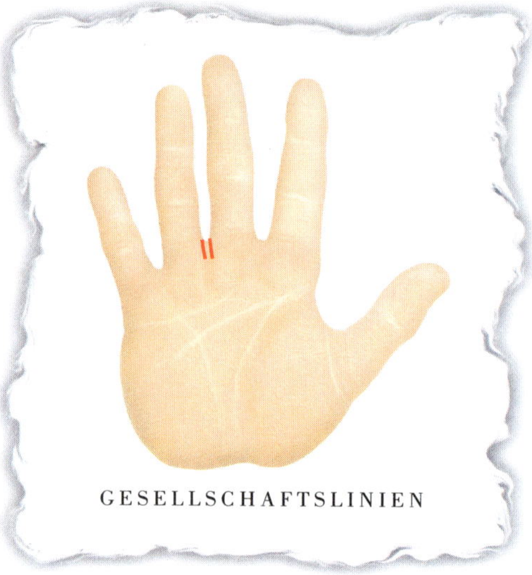

GESELLSCHAFTSLINIEN

Gesellschaftslinien

Feine Linien zwischen dem Apollo- und dem Saturnfinger zeigen, daß der Handeigner nie für lange Zeit alleine ist und seinen Lebensabend sicherlich mit einer geliebten Person verbringt.

Der Familienring

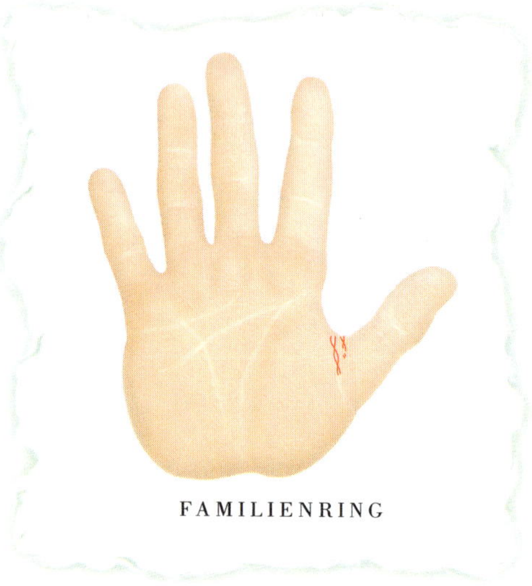

FAMILIENRING

Je klarer der Familienring ist, desto unproblematischer sind Familienleben und Heim. Stehen viele Umzüge oder Veränderungen ins Haus, ist die Linie unterbrochen. Manchmal sind auch zusätzliche Linien links oder rechts vom Familienring zu sehen. Diese weisen auf zusätzliche Wohnsitze hin oder auf die Beschäftigung mit Familienbesitz. Punkte, Unterbrechungen und Verfärbungen bedeuten Probleme mit der Familie oder den Eltern. Linien, die vom Familienring ausstrahlen, weisen auf einen Eingriff ins Familienleben hin. Am Verlauf dieser Linien kann man erkennen, wann es zu diesem Eingriff kommt. Verläuft eine Linie vom Familienring weg nach oben, bedeutet dies eine gute Beziehung zu den Eltern, ist sie nach unten gebogen, eine enge Bindung an den Partner und die Kinder.

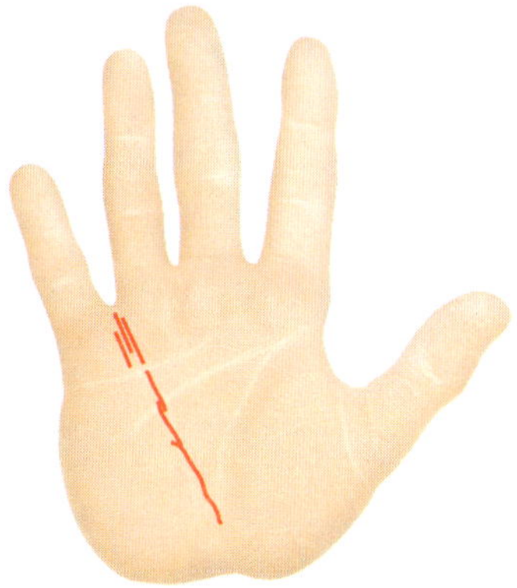

GESUNDHEITSLINIE

Gesundheitslinie oder Via Hepatica

Im Altertum dachte man, die Gesundheitslinie würde Aufschluß über den Zustand der Leber eines Menschen geben, und nannte sie daher Via Hepatica. Heute ist man der Meinung, daß sie mehr über die spirituellen Fähigkeiten aussagt als über die Leber. Die Gesundheitslinie kann Teil der Intuitionslinie oder völlig eigenständig sein. Sie verläuft für gewöhnlich gerade vom Mond/Neptunbereich zum Merkurberg. Bei einigen Menschen mündet sie auch in das Zeichen des Heilers. Manchmal verlaufen auch zwei Linien parallel. Die innere wird dann als Gesundheitslinie, die äußere als Merkurlinie bezeichnet. Verwirrt Sie diese Vielzahl an Bezeichnungen, denken Sie einfach daran, daß alle Linien in diesem Bereich Aufschluß über Gesundheit und Heilung geben.

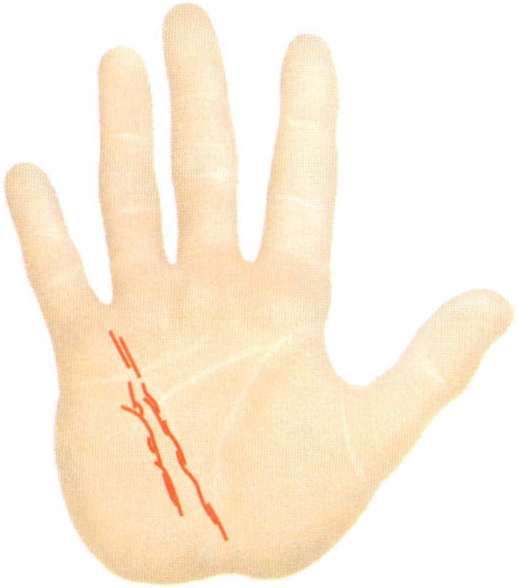

DOPPELTE LINIE: GESUNDHEITS-LINIE UND MERKURLINIE

Ist die Gesundheitslinie vorhanden, so lebt der Handeigner bewußt, achtet auf sich und pflegt andere. Ist die Linie ausgefranst, ist es ihm ein Bedürfnis, für Familienmitglieder oder Menschen, die ihm nahestehen, zu sorgen. Ist sie gebogen und mündet in der Beziehungslinie, ist dies Zeichen für eine Beziehung, die so großen Einfluß auf das Leben des Handeigners hat, daß sie seine Gesundheit für gewisse Zeit beeinträchtigt.

Zeichen des Heilers

Das Zeichen des Heilers ist am Merkurberg deutlich zu sehen. Es besteht aus drei vertikalen oder leicht diagonalen Linien, durch die eine vierte Linie führen kann. Diese Linien weisen für gewöhnlich auf Interesse an Arbeit mit Kranken oder an Heilkunde jeder Art hin.

ZEICHEN DES HEILERS

Einflußlinien

VERSCHIEDENE EINFLUSS- ODER ENTSCHEIDUNGSLINIEN

Feine Linien, die durch die Hauptlinien verlaufen, werden auch als Entscheidungslinien bezeichnet. Sie weisen auf eine Meinungsänderung hin, die von außen kommt. Gehen die Linien vom Venusberg aus, sind entweder die Eltern oder ältere Familienmitglieder für die Veränderung verantwortlich. Gehen die Entscheidungslinien vom Handrand aus, werden sie durch Außenstehende verursacht.

Der Bogen der Intuition

Diese Linie weist auf starke Intuition hin, die nicht nur auf Einfühlungsvermögen, Intelligenz

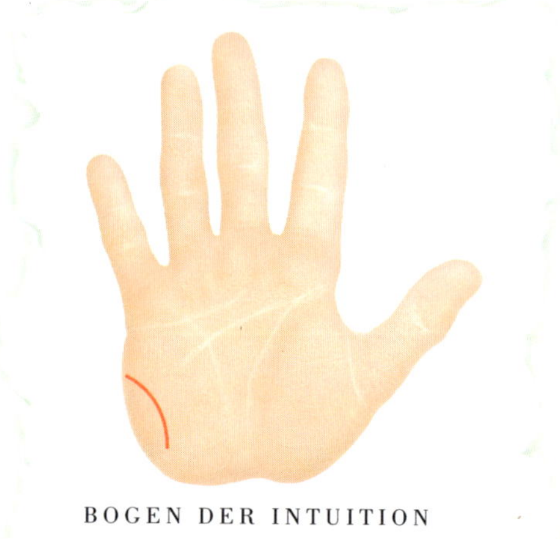

BOGEN DER INTUITION

und/oder einer natürlichen psychologischen Begabung beruht, sondern mentale Ursachen hat (genauere Ausführungen auf Seite 121–124).

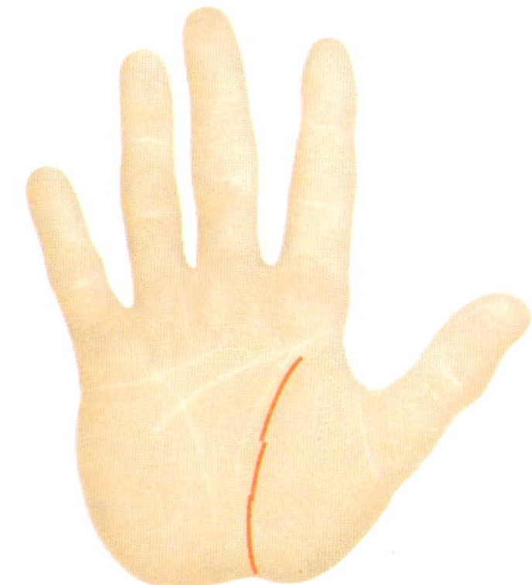
MARSLINIE

Marslinie

Diese Linie ist in der Lebenslinie enthalten und kann ebenso stark wie diese und sogar noch stärker sein. Sie schützt vor Gefahren, Verlust, Krankheit und anderem Unglück und bietet Schutz, wenn die Lebenslinie schwach ist.

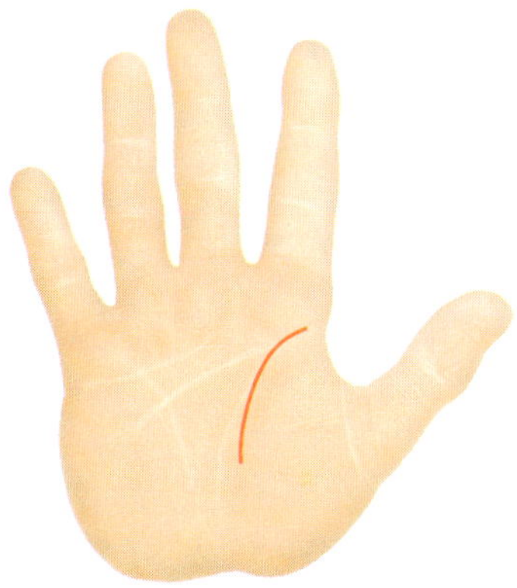
INNERE LEBENSLINIE

Innere Lebenslinie

Verwechseln Sie diese mit der Marslinie, so stellen Sie einfach dem Handeigner einige Fragen, und Sie werden schnell wissen, um welche Linie es sich handelt. Die innere Lebenslinie beginnt häufig in der Lebenslinie und zweigt dann zum Venusbereich hin ab. Ist die Marslinie vorhanden, so liegt sie zwischen der Lebenslinie und der inneren Lebenslinie. Diese zeigt an, daß der Handeigner etwas beendet (oder jemanden verlassen) hat und einen Neuanfang gemacht hat.

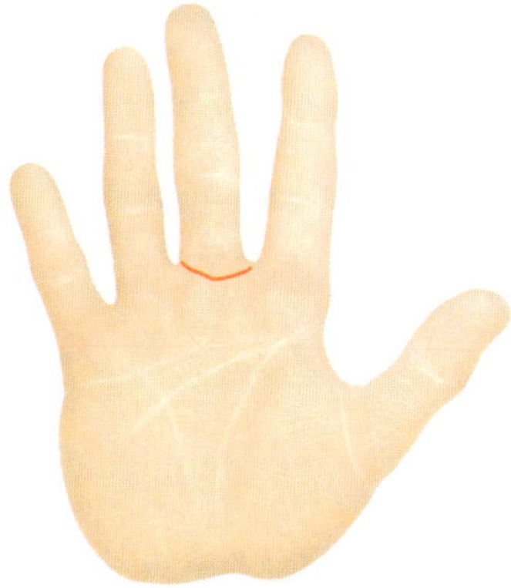
SATURNRING

Saturnring

Eine Person, die dieses Zeichen aufweist, ist einsam oder ein Einzelgänger. Sie kann depressiv oder melancholisch sein oder sich in wissenschaftlicher Forschung vergraben und so zwischenmenschliche Beziehungen vermeiden.

Salomonring

Diese Linie bedeutet Weisheit, die Fähigkeit zu beraten und Mitleid mit den Mitmenschen. Psychologen, Pfleger und Ärzte sollten über den Salomonring verfügen. Berührt oder kreuzt die Herzlinie diese Linie, wird der Handeigner einen pflegenden Beruf wählen, der ihm sogar eine Familie ersetzen kann.

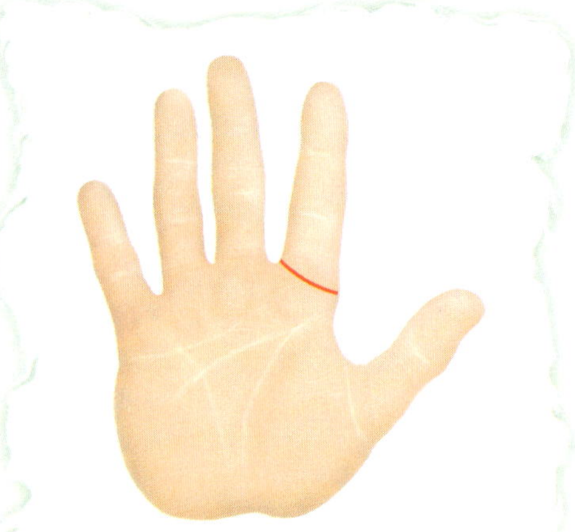
SALOMONRING

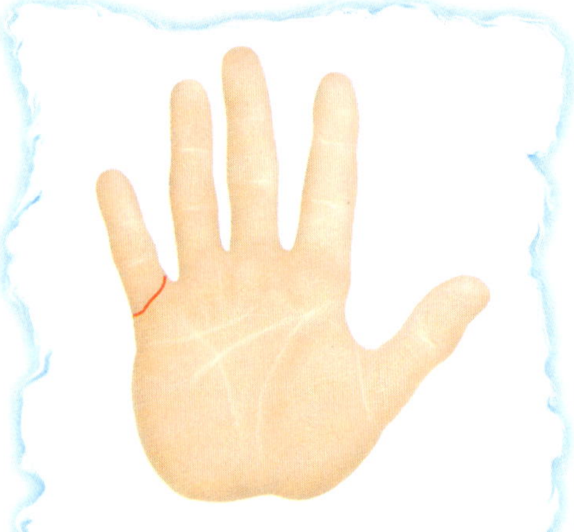
VERWITWETEN-LINIE

Verwitweten-Linie

Die Verwitweten-Linie war einst das Symbol einer Jungfrau, doch wird sie heute Verwitweten-Linie genannt, da sie den Verlust des Partners anzeigen kann. Der Handeigner verbringt einen großen Teil seines Lebens alleine. Diese Linie ist auch bei Menschen vorhanden, die sich in einer Partnerschaft alleine fühlen.

Geistiges Wachstum

Zarte Linien zwischen Merkur- und Apollofinger deuten meist auf geistiges Wachstum hin.

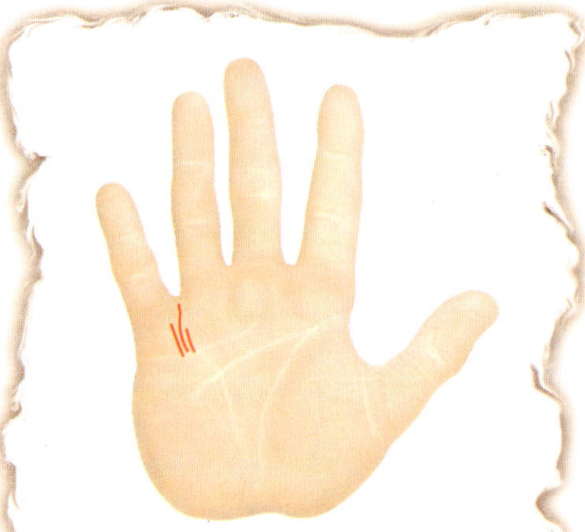
GEISTIGES WACHSTUM

Zeichen des Lehrers

Eine Linie, die zur Innenseite des Merkurfingers verläuft, weist auf die Fähigkeit zu lehren hin. Berührt sie die Gesundheitslinie, so

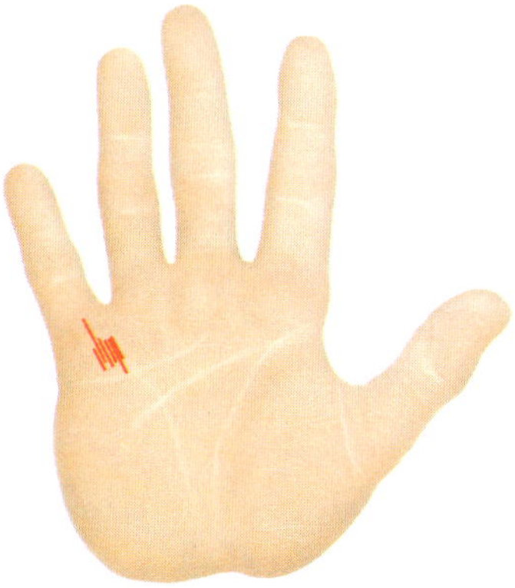
ZEICHEN DES LEHRERS

möchte der Handeigner im Gesundheitswesen unterrichten. Weiterer Hinweis auf die Fähigkeit zu lehren sind ein Viereck auf Jupiter und ein Venusbogen.

Reiselinien

Sie liegen auf dem Handbogen und reichen von der Herzlinie zum Handgelenk (siehe Seite 153–155).

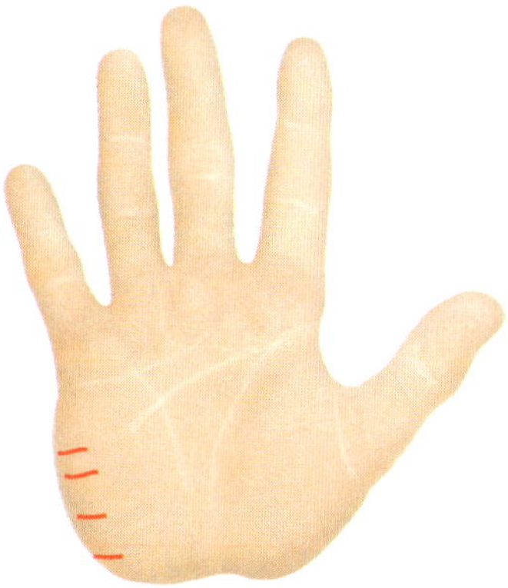
REISELINIEN

Dreizack

Ein Dreizack auf dem Apolloberg bedeutet, daß man finanziell immer wieder auf die Füße fällt.

Via Lasziva

Sie heißt auch Giftlinie oder Allergielinie. Ist diese Linie klar zu sehen, reagiert der Handeigner empfindlich auf Medikamente und sollte sich natürlichen Heilmethoden oder der Homöopathie zuwenden.

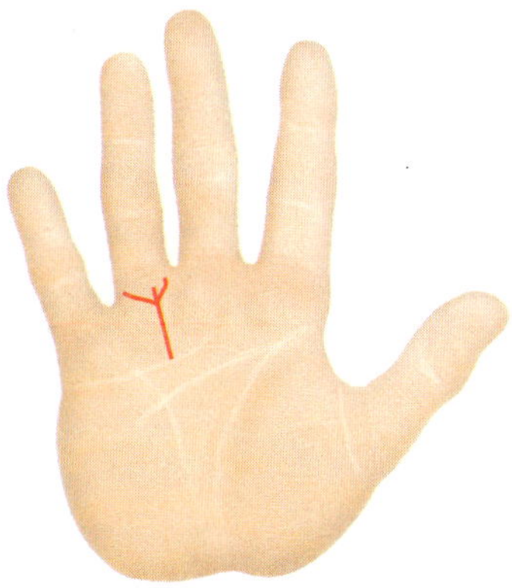
DREIZACK AUF APOLLO

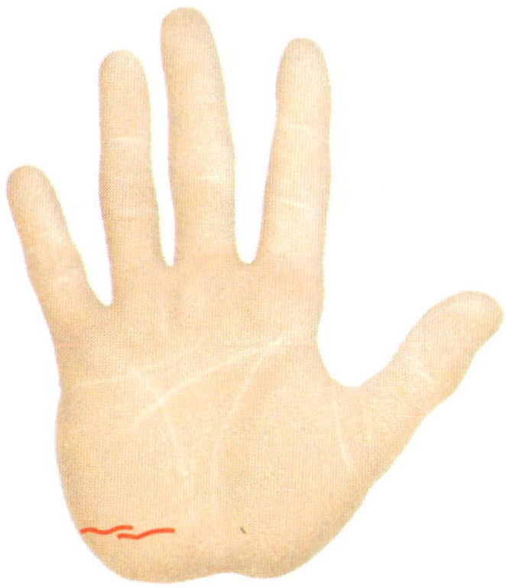
VIA LASZIVA

1. TEIL

ZEICHEN, SCHLEIFEN UND WARZEN

Dieser Bereich der Handlesekunst mag den Anfänger verwirren, da oft nicht klar ersichtlich ist, ob es sich um ein Kreuz, ein Rechteck, ein Gitter oder ähnliches handelt oder ob sich vielleicht nur zwei Linien zufällig kreuzen. Denken Sie einfach daran, daß ein Zeichen auf der Hand, das Ihnen seltsam vorkommt, eine Bedeutung haben kann und daß Sie dieses überprüfen sollten. Viele dieser Zeichen sind von den Ereignissen im Leben des Handeigners abhängig, einige bedeuten Glück, andere Unglück, einige Schutz, andere eine Einschränkung. Die wichtigsten Zeichen sind in den nachstehenden Tabellen aufgelistet und in den betreffenden Illustrationen dargestellt.

ZEICHEN	**BEDEUTUNG**	**WIE SIE AUSSEHEN**
Kreuz – Unglück	*Auf der Kopf- oder Lebenslinie: Schock, Operation, Krankheit.*	
	Auf der Herzlinie: Emotioneller Schock.	
	Auf der Apollolinie: Probleme mit dem Eigentum.	
	Auf dem Saturnberg: Geldsorgen.	
	Auf dem Mondberg: Seekrankheit.	
Kreuz – Glück	*Auf Jupiter: Fähigkeit zu lehren.*	
	Auf Apollo: Gewinn, Einnahmen, Kommissionen.	
	Auf Merkur: Computerkenntnisse etc.	

ZEICHEN	BEDEUTUNG	WIE SIE AUSSEHEN
Kreuz – Unglück	*Einschränkung. Auf der Kopflinie: Probleme im Beruf. Auf der Herzlinie: emotionelle Einschränkung. Auf der Lebenslinie: Schutz oder Einschränkung.*	
Kreuz – Glück	*Schutz vor Gefahr, Schaden, Verlust, je nachdem, auf welcher Linie es liegt.*	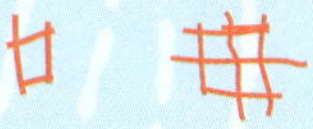
Dreieck	*Talent je nach Stellung. Liegt es auf dem Mondberg, kann der Handeigner zum Beispiel ein großartiger Seemann sein.*	
Stern – Unglück	*Bedeutet wirkliches Unglück. Ist der Stern rot, gibt es ein schwerwiegendes Problem. Prüfen Sie die Lage auf der Hand, um die Art des Problems zu erkennen.*	
Stern – Glück	*Auf dem Jupiterberg: Reichtum durch Leistung. Liegt er auch noch bei der Herzlinie, wird der Handeigner reich heiraten. Auf Apollo: Ruhm und Glück.*	
Gitter	*Sie sind nicht leicht zu erkennen, doch sie bedeuten immer Krankheit oder Schwierigkeiten in dem Bereich, in dem sie liegen.*	

STÖRUNGEN IN DEN LINIEN	BEDEUTUNG	WIE SIE AUSSEHEN
Anhäufung von Linien	*Am Ende einer Linie: Krankheit, Schwäche, Senilität.*	
Punkte oder Gruben	*Krankheit. Sie kommen und gehen.*	
Ketten	*Verwirrung, mangelndes Selbstbewußtsein, eine schwierige Phase im Leben.*	
Inseln	*Immer wichtig. Schwierigkeiten, Schock, Verlust, Opfer, Not, Unglück. Sind sie lang – Weigerung, die Realität zu sehen. Sind sie kurz – kurzer, schwerer Schock.*	
Verfärbung	*Helle oder leuchtend rote Flecken sind Anzeichen einer Krankheit.*	
Verästelungen	*Verästelungen, die nach oben zeigen, sind Anzeichen einer Besserung der Umstände, zeigen sie nach unten, gibt der Handeigner etwas auf. Fallende Verästelungen auf der Herzlinie bedeuten einen Flirt.*	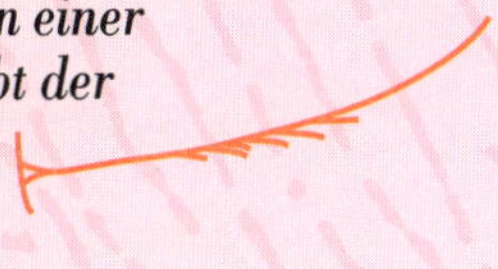

Rillen auf der Haut

Auf vielen Händen ist eine Schleife oder ein Wirbel zu sehen. Schleifen kommen häufiger vor, Wirbel entstehen nur auf dem Merkurberg oder im Bereich der Grenze zwischen Mars und Mond. (Zur Deutung der Schleifen und Wirbel auf den Fingerspitzen siehe auch Seite 46–47.)

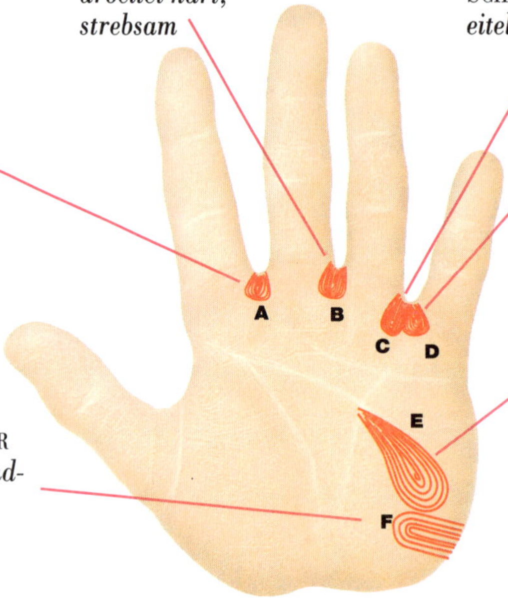

Warzen

Warzen auf der Innenhand bedeuten, daß man selbst sein schlimmster Feind ist; auf der Außenhand deuten sie auf Probleme mit anderen hin. Bei Kindern haben Warzen keine Bedeutung. Entsteht eine Warze auf dem Jupiterfinger oder -berg, wird das Selbstvertrauen untergraben; ist sie auf oder um Saturn, sind die Grundbedürfnisse nicht befriedigt; ist sie auf Apollo, betreffen die Probleme Heim und Familie oder es besteht der Wunsch, sich selbst auszudrücken; ist sie auf Merkur, besteht ein Mißverständnis. Eine Warze auf dem Daumen bedeutet, daß man sich nicht durchsetzen kann; ist sie auf dem ersten Glied eines Fingers, kann seelischer Streß entstehen, auf jedem anderen Glied weist sie für gewöhnlich auf praktische Probleme hin.

1. TEIL

GESTEN

Lange bevor Kinder sagen können, was sie wollen, zeigen sie auf Dinge, die sie interessieren. Ebenso machen wir auch als Erwachsene hunderte verschiedene Gesten, wenn wir sprechen. Die Art, wie wir unsere Hände einsetzen, ist unbewußt und nicht unserem Willen unterworfen, und sie sagt sehr viel über den Menschen aus. Die Linien und Zeichen auf den Händen sind die Fortsetzung der Meridianlinien für Energie und Gefühle, die uns zu dem machen, was wir sind.

Was die Gesten sagen

Beobachten Sie Menschen, die im Fernsehen über ein Thema diskutieren, genau. Massieren sie das erste Fingerglied, überlegen sie, was sie sagen möchten. Massieren sie das erste Daumenglied, sind sie nicht sicher, ob sie wirklich sprechen möchten. In Nachrichtensendungen ruht die Kamera manchmal auf den Händen einer Person, die ihren Daumen massiert. Das bedeutet, daß die Person unter großem Streß steht und intensiv darum kämpft, mit der Situation fertig zu werden, in der sie sich gerade befindet.

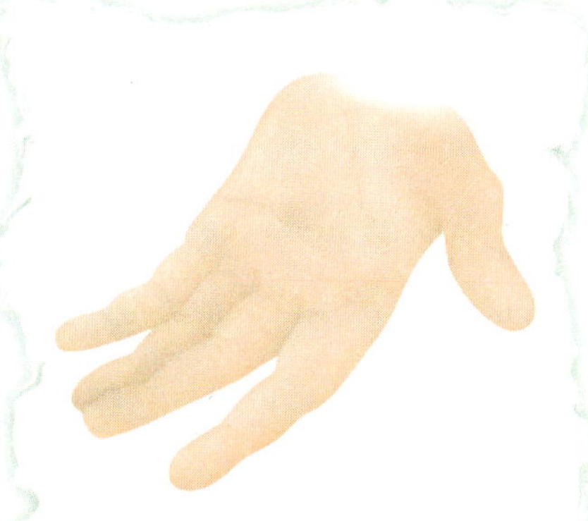

SATURN- UND APOLLOFINGER SIND ANEINANDER GEPRESST

Es gibt Menschen, denen Schweißperlen auf den Fingerspitzen stehen. Sie stehen unter psychischer Belastung. Beobachten Sie, wohin diese Menschen ihre Finger legen, wenn sie sich niedersetzen. Sind Saturn- und Apollofinger verbunden, verlangt der Handeigner nach Sicherheit und Verständnis. Er kann sich in einer schwierigen Phase seines Lebens befinden, vielleicht ist gerade eine Beziehung in die Brüche gegangen. Er braucht jedenfalls Hilfe.

Liegt der Saturnfinger über dem Apollofinger, versucht der

SATURNFINGER LIEGT ÜBER APOLLOFINGER

Handeigner, nicht verletzt zu werden, indem er seine Gefühle verbirgt. Liegt der Apollofinger über dem Saturnfinger, möchte er beachtet werden und sich selbst darstellen.

Biegt sich ein Finger nach innen, beobachten Sie, um welchen Finger es sich handelt und wie sehr er gebogen wird. Eine leichte Biegung deutet auf Besorgnis und Vorsicht hin. Der Handeigner wurde verletzt und möchte nicht nochmals verletzt werden, doch er ist bereit, sich auf die Füße zu stellen und sein Leben zu leben. Ist der Finger ganz nach innen gebogen, fühlt er sich verzweifelt, verlassen und kann seine Gefühle nicht kontrollieren.

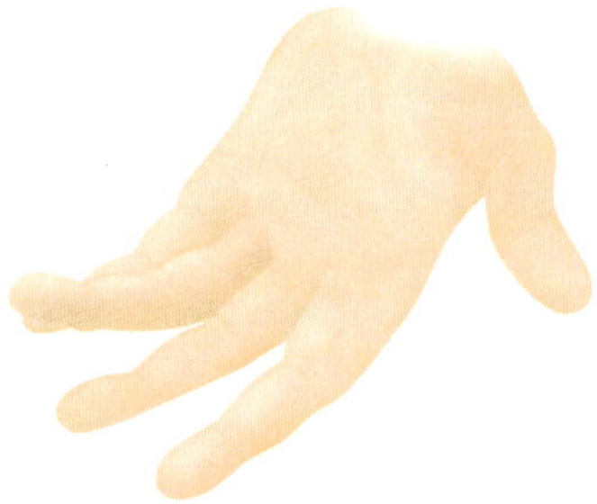

FINGER IST GEBOGEN

Wird der Merkurfinger von den anderen Fingern abgehalten, möchte der Handeigner unabhängig sein und die Dinge auf seine Art erledigen. Ist die Hand entspannt, wenn sie auf den Tisch gelegt wird, und wird der Merkurfinger von den anderen Fingern abgehalten, ist der Handeigner unruhig und bereit für eine Veränderung. Beobachten Sie einen Dirigenten, der ein Orchester leitet. Seine Finger gehen auf und ab, während er fühlt, wie er die Musik gespielt haben möchte. Sehen Sie einem Teilnehmer eines Fernsehquizes zu: Während er gefragt wird, hält er möglicherweise den Jupiter- und Merkurfinger über dem Saturn- und Apollofinger. Das bedeutet, daß er die Situation beherrschen möchte und angestrengt nachdenkt. Ist das Quiz dann vorüber, nehmen die Finger wieder ihre normale Position ein.

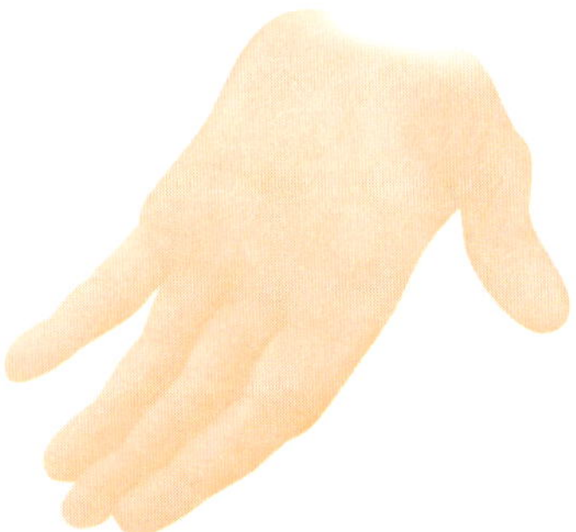

MERKURFINGER WIRD VON APOLLOFINGER ABGEHALTEN

Mit Händen sprechen

Offene Finger deuten auf einen offenen Geist hin, geschlossene Finger auf einen starren. Spricht eine aufgeschlossene Person über Einzelheiten, kann sie ihre Finger zusammenpressen.

Gebogene Finger bedeuten, daß der Handeigner nicht sicher ist, worüber er spricht. Ausgestreckte Finger sagen aus, daß er mit seinem Thema vertraut ist. Spricht jemand mit ausgestreckten, zusammengepreßten Fingern, bedeutet dies, daß niemand seine Autorität oder sein Wissen in Frage stellen darf.

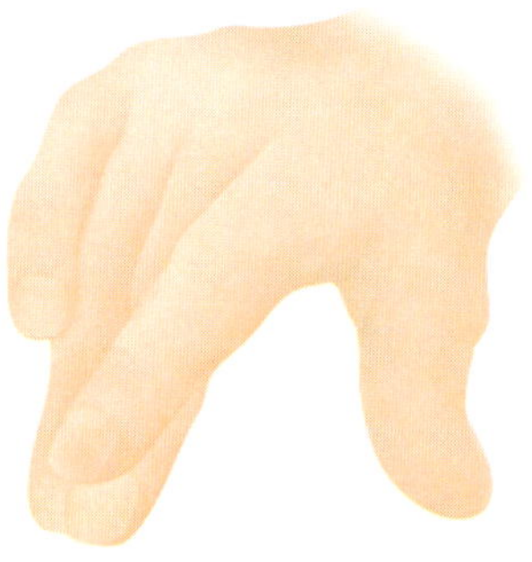

JUPITER- UND MERKUR-FINGER LIEGEN ÜBER APOLLO- UND SATURNFINGER

Beobachten Sie eine Person, die mit Autorität spricht, die vielleicht andere beherrscht, so hält sie möglicherweise Jupiter- und Merkurfinger ausgestreckt. Das bedeutet, daß sie der Boß ist und man auf sie hören sollte.

Die Faust

Die Faust wurde immer als Symbol von Macht und Aggression angesehen. Für gewöhnlich ist der Daumen außerhalb der Faust. Das bedeutet, daß der Handeigner sich in seiner Willenskraft und seiner Charakterstärke wohl fühlt. Er kann sehr bestimmt sein, doch hat er die Situation unter Kontrolle. Hält er den Daumen verborgen, verbirgt er auch die negativen Eigenschaften. Er könnte explodieren, wenn das Temperament oder der Ärger mit ihm durchgehen, doch ist es wahrscheinlicher, daß er deprimiert ist. Der Wille und die Charakterstärke werden nach innen gelenkt und unter Druck gehalten.

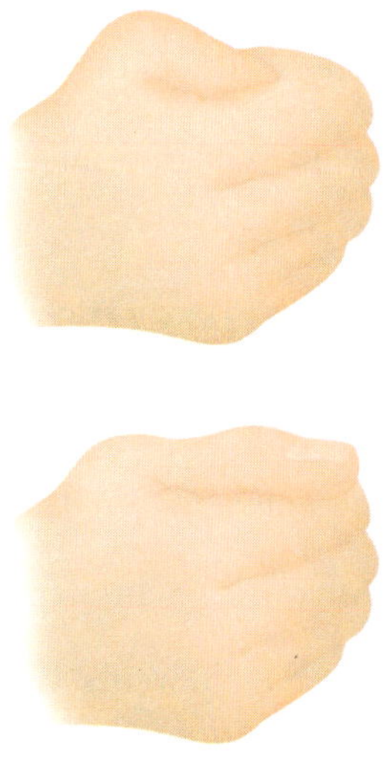

FAUST MIT VERSTECKTEM ODER SICHTBAREM DAUMEN

1. TEIL

HERSTELLUNG EINES HANDABDRUCKES

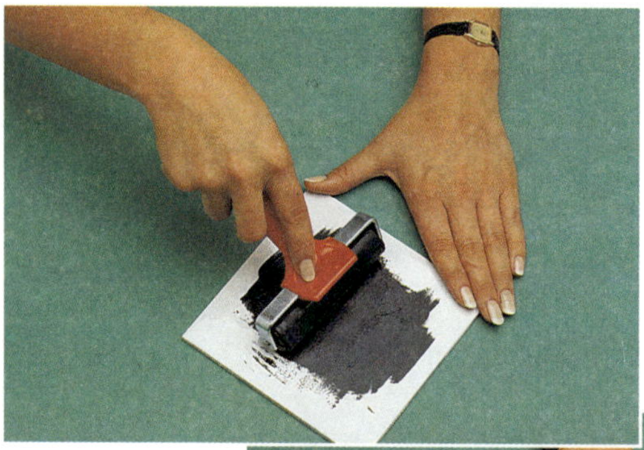

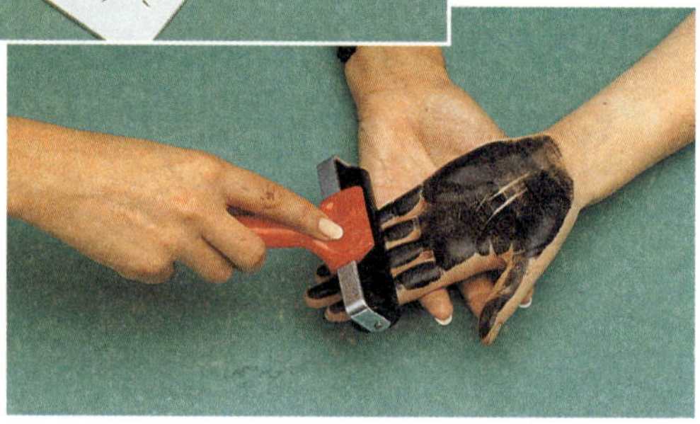

Es gibt verschiedene Methoden, einen Handabdruck herzustellen. Malcolm erzielt mit dem Kopierer gute Ergebnisse. Für eine traditionellere Methode, die auch von den meisten Handlesern bevorzugt wird, benötigt man wasserlösliche schwarze Tinte in der Tube, eine Fliese, Papier und einen Handroller. Wahrscheinlich werden Sie beim ersten Versuch keinen genauen und deutlichen Handabdruck bekommen, aber auch professionelle Handleser machen oft mehrere Abdrücke. Achten Sie darauf, daß die Handfläche flach auf dem Papier liegt und daß mögliche Problembereiche – Finger und Zentrum des Handtellers – das Papier ganz berühren. Das geht am besten, wenn die Hand völlig entspannt ist.

Vorgangsweise

1. Nehmen Sie einige Papiertücher, damit der Untergrund weich wird, und legen Sie darüber einige Blätter normales Schreibmaschinenpapier.
2. Geben Sie ein wenig Tinte auf die Fliese. Die Tinte hat dieselbe Konsistenz wie Zahnpasta, und Sie brauchen auch ungefähr dieselbe Menge, die Sie zum Zähneputzen benötigen.
3. Verteilen Sie die Tinte gleichmäßig mit dem Handroller auf der Fliese. Sie können dafür auch einen Schwamm verwenden. Die Tinte sollte dickflüssig und nicht zu feucht sein.
4. Fahren Sie mit dem Handroller fest über Handfläche, Finger und Daumen.
5. Nehmen Sie die Hand, die möglichst entspannt und locker sein sollte, und legen Sie sie auf das Papier.
6. Drücken Sie die Hand sanft (aber nicht zu fest) auf das Papier, wobei Sie die Finger und den Daumen extra andrücken.
7. Ziehen Sie den Umriß der Hand mit einem Filzschreiber nach.

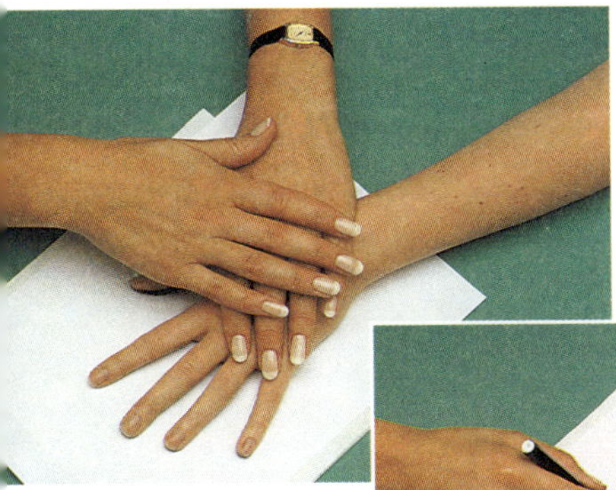

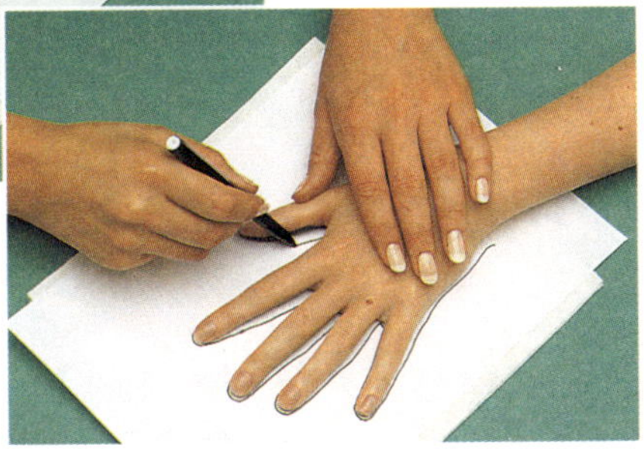

8. Bitten Sie den Handeigner, die Hand vom Rist ausgehend zu heben, und halten Sie dabei das Papier fest. Wiederholen Sie diese Schritte mit der anderen Hand.

Haben Sie einen zufriedenstellenden Handabdruck erhalten, kann die Farbe leicht mit warmem Wasser und Seife abgewaschen werden. Da die Tinte wasserlöslich ist, lassen sich auch Flecken auf den Kleidern auswaschen.

Notieren Sie auf dem Zettel Namen und Alter des Handeigners und ob es sich um einen Links- oder Rechtshänder handelt.

Schnelle und einfache Methode

Sie können einen Handabdruck auch wesentlich einfacher herstellen:

Nehmen Sie einige Papiertücher als Unterlage und legen Sie darüber ein paar Blätter normales Schreibmaschinen- oder Kopierpapier. Streichen Sie dunklen Lippenstift auf die Handfläche und pressen Sie diese auf das Papier. Entsteht in der Mitte der Hand eine leere Fläche, legen Sie noch weitere Blätter oder Papiertücher unter das Papier, um die Unterlage weicher zu machen.

Wollen Sie klare Umrisse erhalten, zeichnen Sie die Hand mit einem Filzschreiber nach, bevor der Betroffene seine Hand vorsichtig vom Rist weg aufhebt.

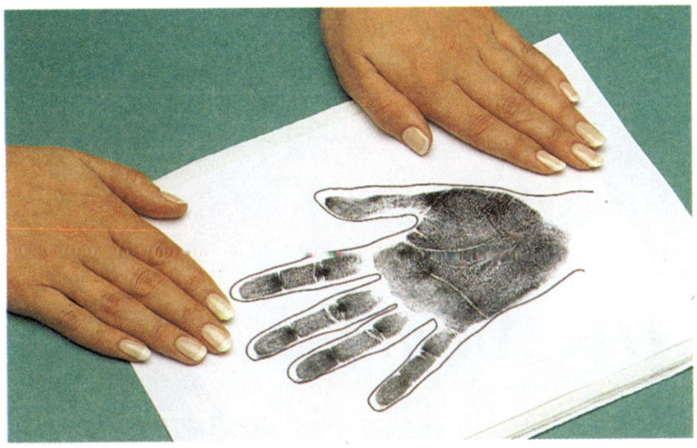

DIE AUSRÜSTUNG

- *Eine Keramikfliese – eine Küchen- oder Badezimmerfliese.*
- *Ein Farbroller.*
- *Eine Tube Lino-Drucktinte in einer dunklen Farbe. Dieses Produkt ist auf Wasserbasis hergestellt und kann ohne Probleme von Händen und Kleidung abgewaschen werden.*
- *Ein Filzschreiber.*

2. TEIL

DAS LESEN DER HAND – GRUNDLAGEN

Bisher sind wir im vorliegenden Werk so vorgegangen, wie alle Bücher über Handlesekunst schon immer aufgebaut wurden. Man beginnt mit den Handformen und endet bei den kleinsten Zeichen. Falls man keine Erfahrung im Handlesen hat, ist man vielleicht von der Informationsfülle überfordert. Auch dieses Buch gibt dem Anfänger zu viel Information. Es ist daher empfehlenswert, sich vorerst nur mit den wesentlichsten Merkmalen zu beschäftigen. Experten können beinahe auf einen Blick sehr viel Information aus einer Hand herauslesen, doch wenn Sie dasselbe versuchen, werden Sie den Überblick verlieren. In diesem Kapitel soll eine Grundlage für das Lesen einer Hand geboten werden.

Der Anfang

Sorgen Sie dafür, daß das Licht an dem Ort, wo Sie eine Hand lesen möchten, gut ist und Sie eine Lupe zur Hand haben, um die kleinen Zeichen erkennen zu können. Lernen Sie, Abdrücke zu machen, da diese die kleinen Linien und Merkmale ans Licht bringen. Wenn Sie keinen Abdruck machen können, reiben Sie Talkum oder farbiges Gesichtspuder auf die Hände. Gehen Sie nach den zehn folgenden Schritten vor.

Zehn Schritte zum Erfolg

1. Betrachten Sie zuerst die Außenhand und bestimmen Sie die Handform.
2. Bestimmen Sie von der Handkante ausgehend die relative Länge der Finger, und achten Sie darauf, ob einer der Finger gegen einen anderen geneigt ist. Sind sie aneinandergepreßt, oder sind sie offen? Beachten Sie auch die Form der Fingerspitzen und der Nägel.
3. Betrachten Sie nun die Innenhand. Prüfen Sie die Stärke der Finger und der einzelnen Glieder. Machen Sie dasselbe mit dem Daumen. Achten Sie auf Wirbel im Fingerabdruck.
4. Beachten Sie die Farbe der Hände. Hier ist es vielleicht von Vorteil, nochmals die Außenhand anzusehen. Fühlen Sie, ob sich die Hände fest oder schwammig angreifen. Prüfen Sie die Biegsamkeit der Spitzen und der Gelenke. Machen Sie dasselbe mit dem Daumen. Bewegliche und schlaffe Finger weisen auf einen schwachen Cha-

DIE HAUPTLINIEN

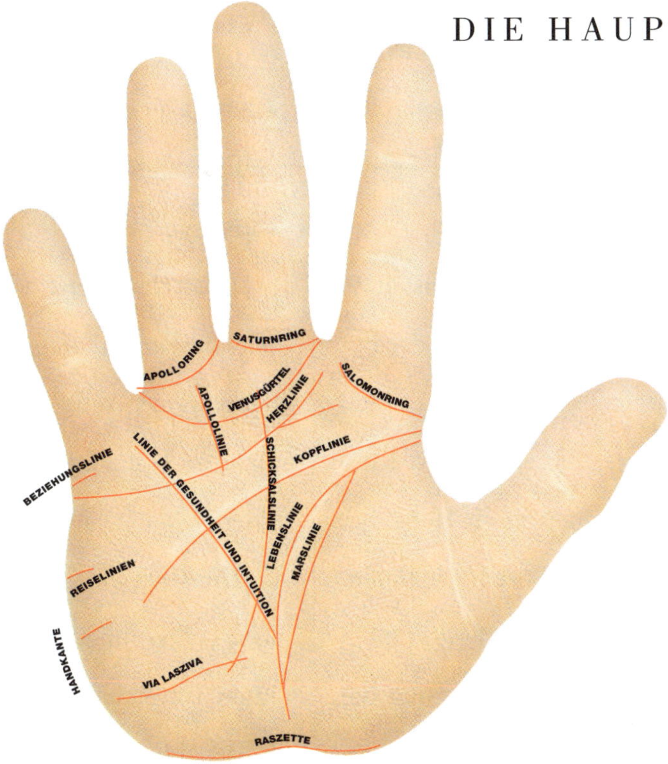

rakter hin. Festere Hände bedeuten einen stärkeren Charakter und gute Gesundheit.

5. Prüfen Sie die Stellung der Finger und ihre Verbindung mit der Hand. Sehen Sie, ob der Daumen hoch oder niedrig angesetzt ist und wie er im entspannten Zustand gehalten wird.

6. Betrachten Sie nun die Berge. Sind sie erhöht, groß oder anders auffällig? Achten Sie auf Berge, die verschwindend klein oder flach sind.

7. Beginnen Sie, die Linien zu analysieren, wobei sie mit den Hauptlinien beginnen. Dann betrachten Sie die Lebenslinie, gehen Sie weiter zur Kopflinie und zur Herzlinie. Untersuchen Sie die Schicksalslinie genau, denn sie wird Ihnen wahrscheinlich mehr sagen können als alle anderen Zeichen. Betrachten Sie danach die Apollolinie.

8. Prüfen Sie, welche Nebenlinien vorhanden sind, und lesen Sie diese. Wenn Sie hier den Überblick verlieren, betrachten Sie die einzelnen Berge der Hand, und prüfen Sie, welche Merkmale sie aufweisen. Beginnen Sie bei Jupiter, gehen Sie weiter über Saturn, Apollo, Merkur, Venus, Mond, kleinen Marsberg, großen Marsberg, Neptun und Pluto zur Marsebene. Einige

Linien werden über mehrere Berge verlaufen, wie etwa die Gesundheitslinie und der Venusgürtel.

9. Achten Sie auf Verfärbungen, Warzen oder andere auffällige Zeichen. Ist eine Warze vorhanden, prüfen Sie die Lage und die mögliche Bedeutung (siehe Fallstudie von Rita, unten).

10. Möchte der Handeigner bestimmte Auskünfte über sein Leben, wählen Sie die Linien oder Bereiche der Hand, die Ihnen darüber Aufschluß geben. Sind zum Beispiel Beziehungen von besonderem Interesse, betrachten Sie die Herzlinie, den Venusbereich und die Beziehungslinien. Möchte er Auskünfte über seinen Beruf, prüfen Sie die Kopflinie, die Schicksalslinie und die Geldlinie. Untersuchen Sie auch die Handform und die Finger, um zu sehen, in welchem Beruf der Handeigner Erfolg haben könnte.

RITA – DIE SUCHE NACH GLÜCK UND ZUFRIEDENHEIT

Ritas Hand ist rund und weist starke Linien auf – besonders die Schicksalslinie. Oberflächlich betrachtet sollte Rita glücklich sein, doch dem ist nicht so. Sie leidet unter Depressionen und unglücklichen Beziehungen. Warum?

Wie Sie sehen werden, ist Rita ein schwieriger Fall, und eine professionelle Analyse kann nur erstellt werden, wenn man die wesentlichsten Ereignisse in ihrem Leben kennt. Hier ist es nötig, daß der Handleser Fragen stellt, um zu sehen, ob er auf dem richtigen Weg ist. Professionelle Handleser sollten die Ereignisse ohne Hilfe erkennen.

Ritas Hand zeigt, wie ein auffälliges Zeichen – in diesem Fall eine Warze (d) – den Handleser dazu bringen sollte, verschiedene Bereiche der Hand zu betrachten, um sich ein Bild über den Handeigner machen zu können.

Ritas Kopflinie (a) ist länger und stärker als ihre Lebenslinie, die unterbrochen ist und am Ende Verästelungen aufweist (b). Einfluß- oder Entscheidungslinien auf der Lebenslinie weisen auf zwei Veränderungen hin, die sich wahrscheinlich in einem Abstand von fünf Jahren ereignen werden (c und c).

Die Bedeutung der Warze wird noch durch ihre Lage im Vergleich zu den sie umgebenden Linien verstärkt. Eine Linie führt über die Kopflinie und die Herzlinie weiter zum Marsberg (e). Das deutet auf sexuelle Probleme hin, deren Ursache in Mißbrauch oder Nötigung während der Kindheit liegt. Die feinen Linien, die Herz- und Kopflinie verbinden und durch die Schicksalslinie (f) führen, weisen auf eine Ehe mit wenig Kommunikation und Zuneigung hin. Die Apollolinie, die über der Warze beginnt (g), bedeutet Glück in späteren Jahren. Tatsächlich hat Rita beschlossen, das Land zu verlassen und ein neues Leben mit einer Geliebten zu beginnen. Beachten Sie die Linie, die vom Ende der Herzlinie wegführt und über den Anfang der Kopf- und der Lebenslinie verläuft (h). Dies ist oft ein Zeichen für die Suche nach der wahren sexuellen Identität.

RITA

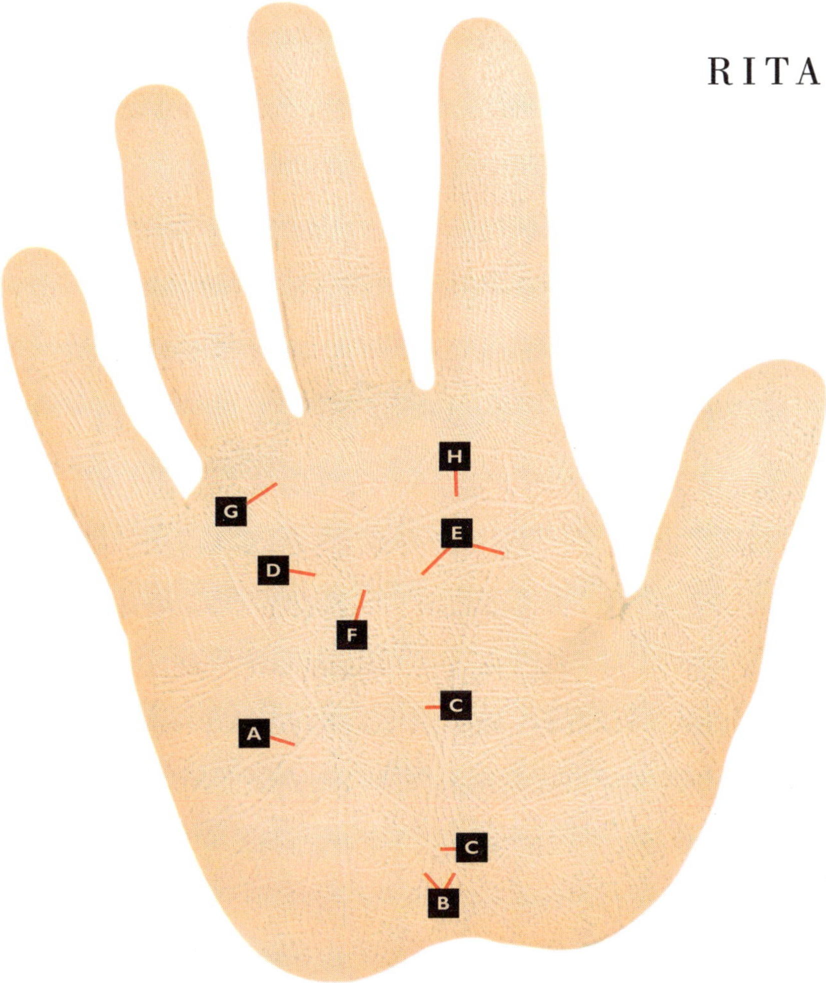

A *Kopflinie*

B *Lebenslinie mit Verästelungen am Ende*

C *Einflußlinien auf der Lebenslinie*

D *Warze*

E *gemeinsame Kopf- und Herzlinie mündet in den kleinen Marsberg*

F *feine Linien verbinden die Herz- und die Kopflinie*

G *neue Apollolinie*

H *Linie am Ende der Herzlinie führt zum Beginn der Kopf- und der Lebenslinie*

2. TEIL

BEZIEHUNG ZU DEN MITMENSCHEN

Wir werden das Thema der Liebe in zwei Abschnitten behandeln. In diesem Kapitel untersuchen wir, was uns die Linien, insbesondere die Herzlinie, sagen – welche Menschen wir sind und wie unsere Beziehung zu den Mitmenschen ist. Im Kapitel „Handsignale für Liebende“ (Seite 116–120) zeigen wir, was uns Handformen über unser Sexualleben verraten können.

Die Herzlinie

Eine lange, gebogene Herzlinie ist Zeichen für die Fähigkeit, zu lieben und Liebe zu empfangen. Diese Menschen suchen einen Partner, weil sie das Gefühl der Zusammengehörigkeit brauchen. Sie können impulsiv sein und werden manchmal von denen, die sie lieben, enttäuscht und verletzt. Nach einer gescheiterten Beziehung sind sie sehr durcheinander und konzentrieren ihre gesamte Liebe auf ihre Freunde. Sie überwinden schließlich ihren Schmerz und gehen eine neue Beziehung ein – wenn auch vorsichtiger.

Eine kurze, stark gebogene Herzlinie, die zwischen Jupiter- und Saturnfinger endet, weist auf eine fordernde Person hin, die sexuell eher aktiv und egoistisch ist. Sie kann ihre Energien zwischenzeitlich in Arbeit investieren und darüber vergessen, eine Beziehung einzugehen.

Eine leicht geschwungene Herzlinie mit Verästelungen kennzeichnet einen Menschen, der sensibel mit Beziehungen umgeht.

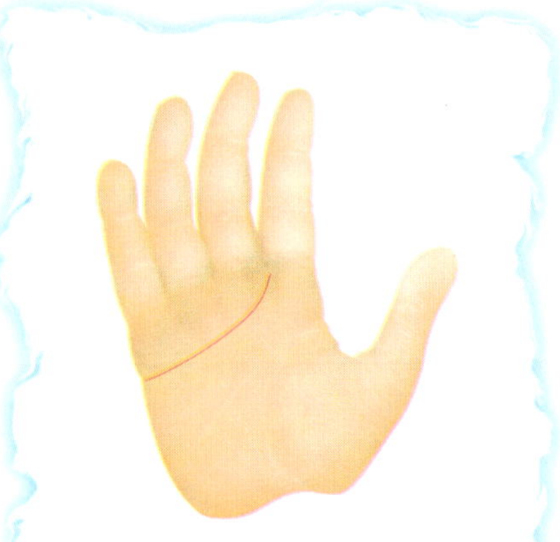

LANGE, GEBOGENE HERZLINIE

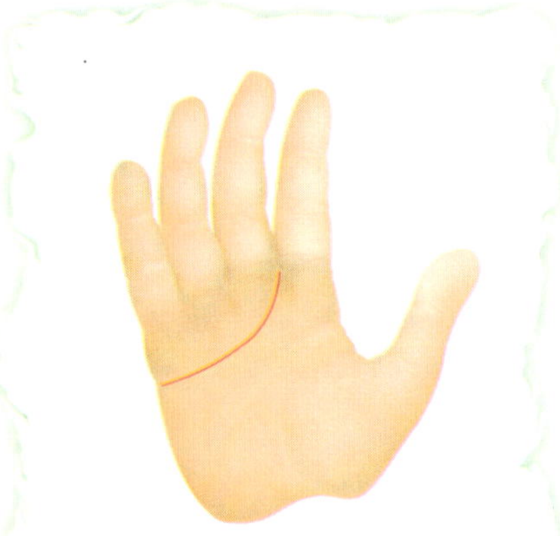

KURZE, GEBOGENE HERZLINIE

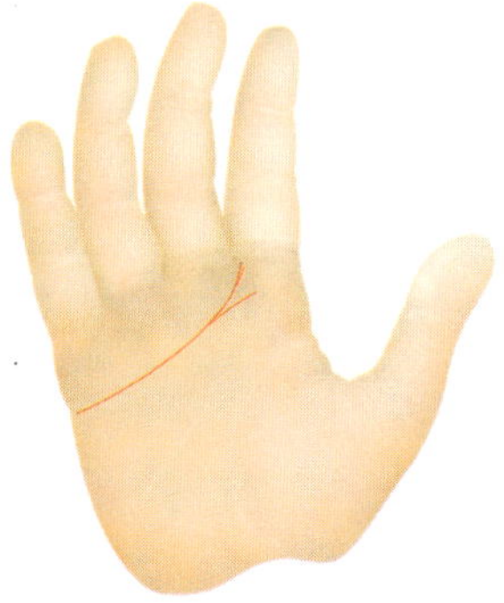

GEBOGENE, GEGABELTE HERZLINIE

Freundschaften werden gepflegt, und Partner werden aus Liebe und Anziehung oder aus praktischen Überlegungen gewählt. Je tiefer die Herzlinie ist, desto leidenschaftlicher sind die Gefühle. Diese Menschen sind liebevoll und immer für andere da.

Eine lange, gerade Herzlinie bezeichnet eine Person, die sehr viel in Beziehungen investiert. Sie hilft dem sorgfältig ausgewählten Partner, die Ziele zu erreichen. Die Wahl wird nach Status, familiärem Hintergrund, Erziehung, gemeinsamen Interessen usw. getroffen. Diese Menschen sind sorgsame Arbeitgeber und

JAN

Jan hat eine gerade Herzlinie, über der ein Venusgürtel liegt. Das bedeutet, daß er Beziehungen ernst nimmt und sensibler ist, als Außenstehende annehmen.

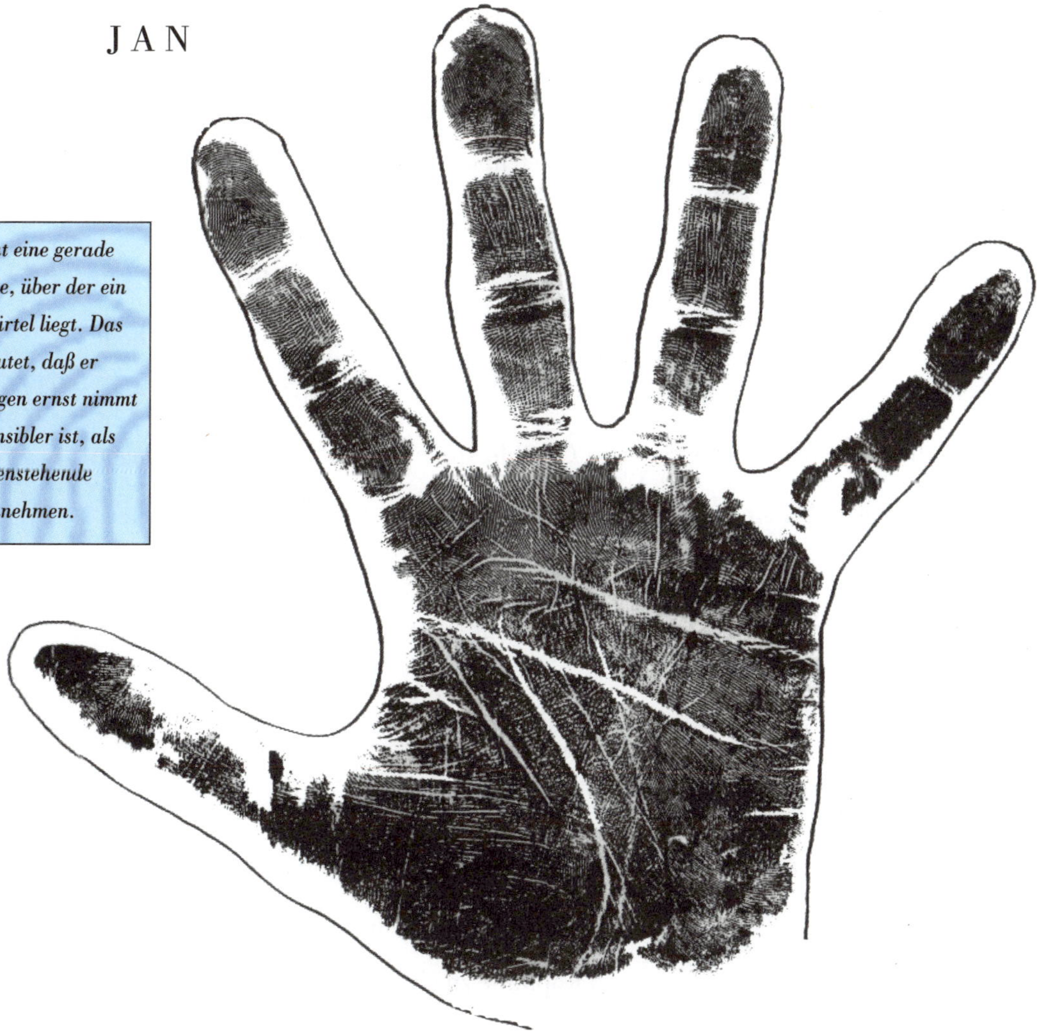

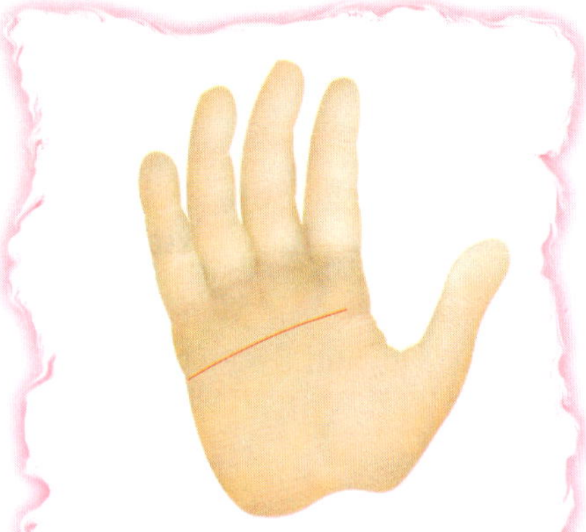

GERADE HERZLINIE

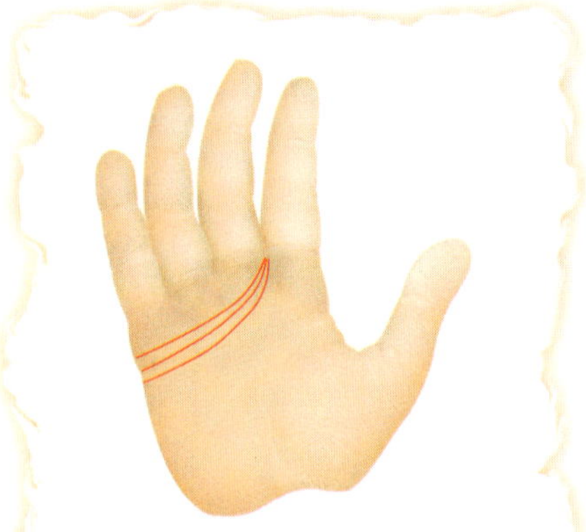

POSITION DER HERZLINIE

gute Freunde. Sie sind nicht zu impulsiv und nehmen Beziehungen ernst, doch können sie manchmal auch zurückhaltend und kalt sein und eine Beziehung zu dominieren versuchen. Sie sind vielleicht weniger an Sex interessiert als daran, daß alles stimmt. Werden sie verletzt, schweigen sie und brüten über dem, was ihnen passiert ist. Nur selten erlangen sie wieder die Fähigkeit, bedingungslos zu vertrauen und zu lieben.

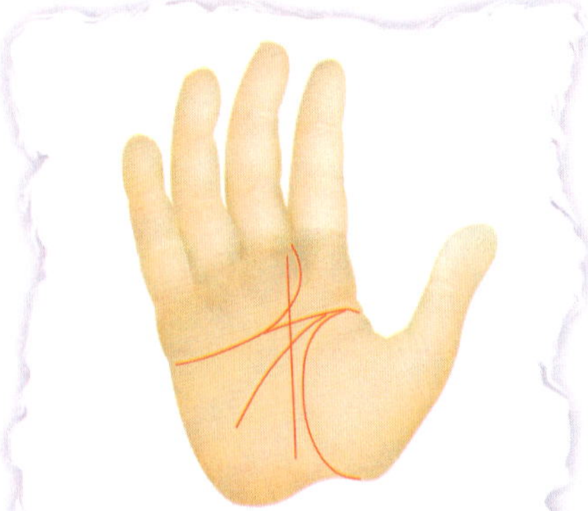

LINIE VERBINDET
HERZ- UND KOPFLINIE

Berechnende Menschen besitzen eine hohe Herzlinie. Eine tiefe Herzlinie haben Menschen, die gerne über Liebe, Sex und Gefühle sprechen und leicht Beziehungen eingehen. Sie sind emotionell, und das Herz regiert über den Verstand.

Verbindet eine Linie die Kopf- und die Herzlinie und geht weiter durch die Schicksalslinie, so deutet diese auf eine Beziehung hin, in der Sprachlosigkeit herrscht. Diese Menschen heiraten unter Umständen jemanden, der sich nie richtig mitteilt und den sie nie verstehen werden. Bei manchen Menschen verschmelzen Herz- und Kopflinie zu einer dicken Linie, der „Affen-

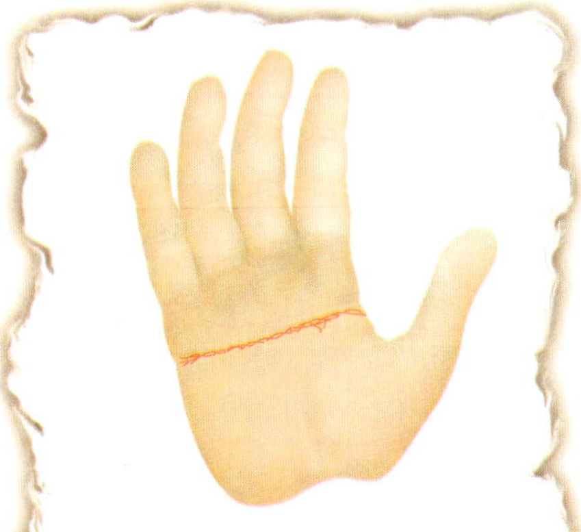

AFFENLINIE

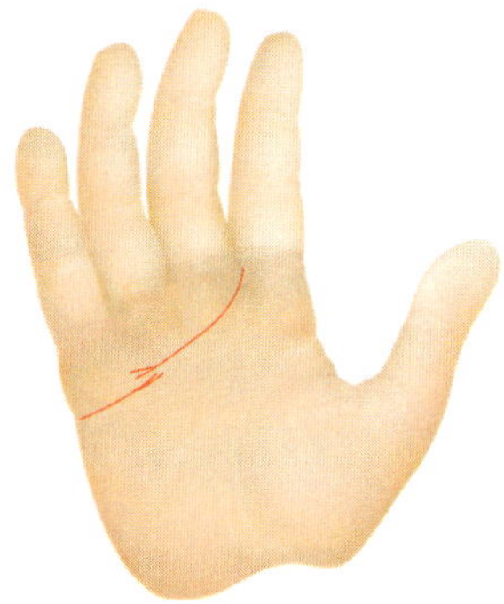

UNTERBROCHENE HERZLINIE

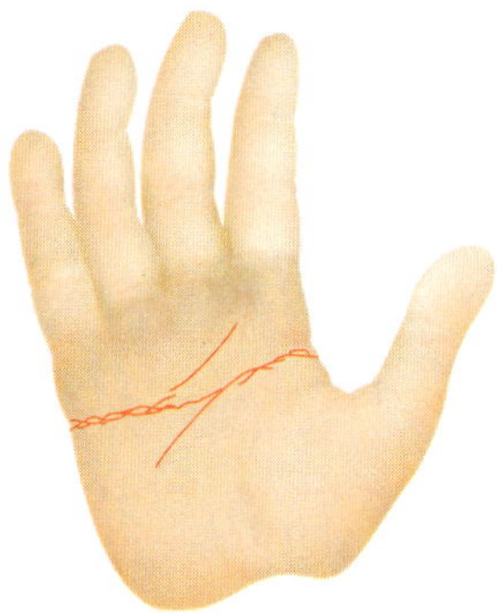

HALBE AFFENLINIE

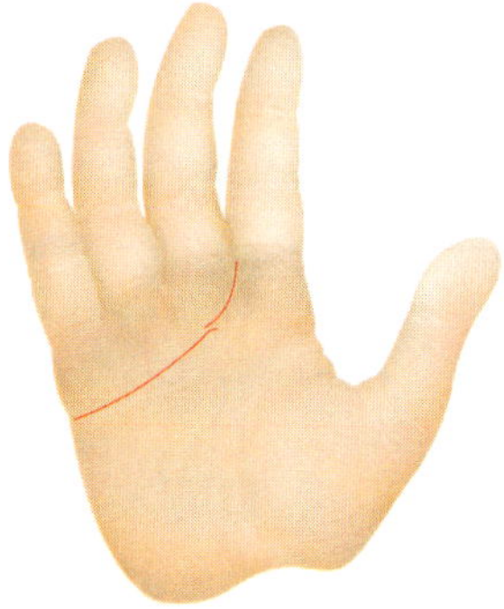

HERZLINIE IST UNTERBROCHEN, WO SIE ANSTEIGT

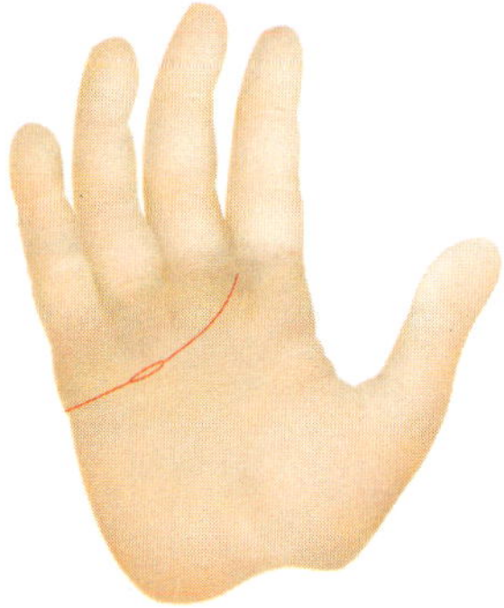

INSEL AUF DER HERZLINIE

linie“. Diese Menschen sind besitzergreifend und aufbrausend. Halbe Affenlinien weisen auf Probleme aus der Kindheit hin, die vielleicht nie gelöst werden. Eine unterbrochene Herzlinie bezeichnet ein gebrochenes Herz. Eine Herzlinie, die an der Stelle kurz unterbrochen ist, wo sie sich nach oben biegt, bezeichnet einen Menschen, der Liebe, Freundschaft, Zuneigung und Sex findet – aber nicht zur selben Zeit!

Eine große Insel auf der Herzlinie weist auf einen Schock aus einer zerbrochenen Beziehung hin. In einigen Fällen verschwindet der Partner plötzlich.

Eine doppelte Herzlinie bezeichnet großes Einfühlungsvermögen und Loyalität.

Weist die Herzlinie nach unten in die Kopf- und Lebenslinie, wurde der Handeigner vielleicht als Kind mißbraucht, oder er ist unglücklich oder unsicher über seine sexuelle Orientierung.

Ein ausgeprägter Venusberg bedeutet Energie, Zuneigung, Sexualität und das Verlangen nach Schönem. Ist er flach, so läßt man sich mehr vom Verstand leiten oder hat ein kaltes Herz.

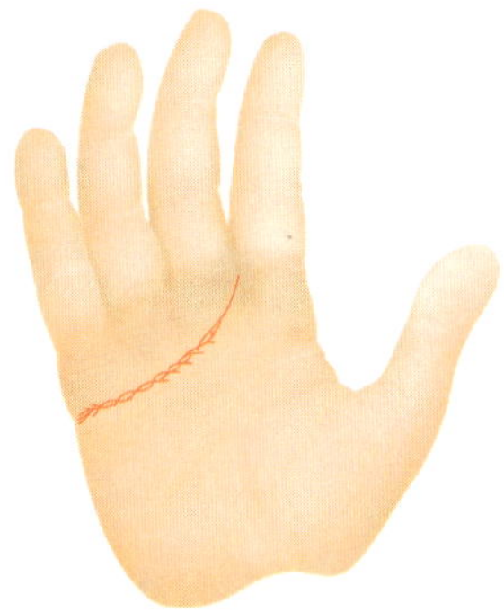

VERÄSTELTE HERZLINIE

Eine verästelte Herzlinie ist bei jungen Menschen sehr häufig. Sie kann zum Beispiel auf Magnesiummangel hindeuten.

Beziehungslinien

Früher wurden diese Linien „Ehelinien" genannt, heute nennt man sie der Zeit entsprechend „Be-

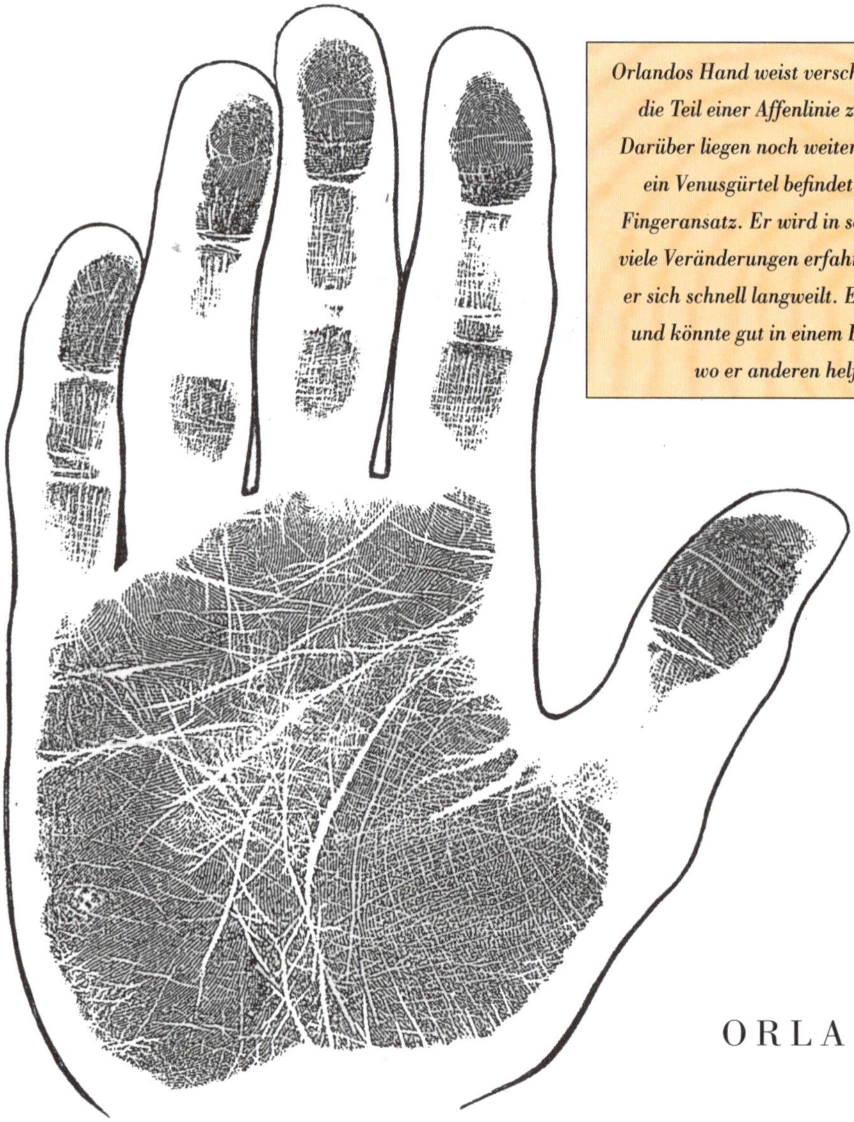

Orlandos Hand weist verschiedene Linien auf, die Teil einer Affenlinie zu sein scheinen. Darüber liegen noch weitere Herzlinien, und ein Venusgürtel befindet sich unter dem Fingeransatz. Er wird in seinem Liebesleben viele Veränderungen erfahren, vielleicht weil er sich schnell langweilt. Er ist sehr sensibel und könnte gut in einem Bereich arbeiten, wo er anderen helfen kann.

ORLANDO

BEZIEHUNGSLINIEN

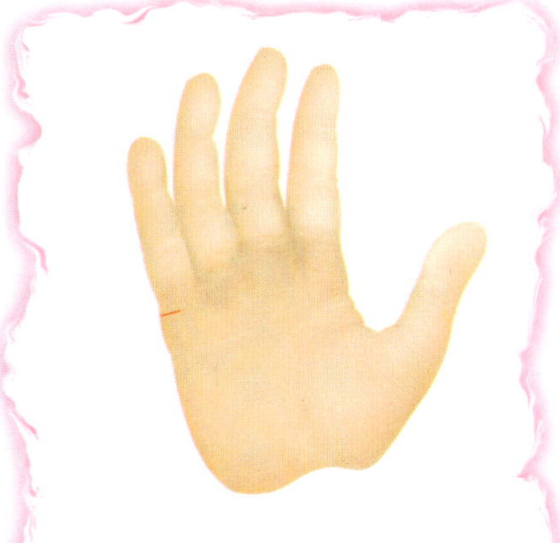

EINE STARKE LINIE

ziehungslinien". Wenn Sie Ihre Hand leicht abwinkeln, erscheinen die Beziehungslinien zwischen dem Ansatz des Merkurfingers und dem Beginn der Herzlinie. Mehrere Linien werden zum Finger hin gelesen.

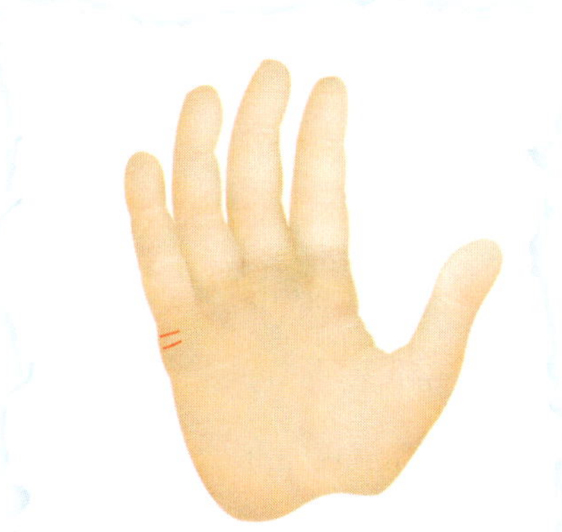

ZWEI STARKE LINIEN

Eine starke Beziehungslinie bezeichnet eine Person, die sich emotionell an den Partner binden möchte. Sie heiratet aus Liebe und versucht, mit dem Partner ein erfülltes Leben zu führen. Ist sie wieder alleine, findet sie entweder wieder neue Liebe, oder sie kommt niemals über den Verlust des Partners hinweg.

Zwei starke Linien sind bei Menschen zu finden, die gerne Beziehungen eingehen. Sind auf einer Hand viele Linien und ist überdies ein Venusgürtel vorhanden, neigt man dazu, heftig zu reagieren und zu emotionell zu werden, so daß eine Ehe sehr stürmisch werden kann. Sind drei Linien zu sehen, versucht der Handeigner, durch Beziehungen zu sich selbst zu finden.

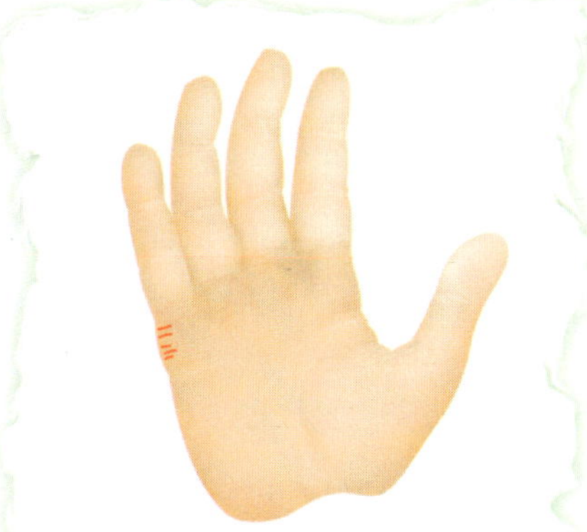

SCHWACHE LINIEN

Viele schwache Linien bezeichnen frühe Romanzen, die von Bedeutung sind. Sind sehr viele

Linien vorhanden, ist der Handeigner gegenwärtig nicht sehr an Beziehungen interessiert. Einige dieser Linien werden verschwinden, während andere stärker werden.

Ist eine Beziehung am Zerbrechen, kann die Beziehungslinie am Ende von einer Schnittlinie zerteilt werden. Sie kann eine Insel oder Verästelungen bilden, unterbrochen werden oder sogar eine Zeitlang bluten.

Das Ende der Linie

Das Ende der Beziehungslinien gibt näheren Aufschluß über den gesamten Verlauf einer Beziehung.

Eine starke, klare Linie weist auf eine gute Ehe hin, die von gegenseitigem Verständnis geprägt ist und bei der beide Partner wissen, was sie erwarten können. Diese Linie findet man bei eckigen, erdverbundenen Händen, die keine feinen Linien aufweisen.

Zwei Linien, die parallel und eng nebeneinander verlaufen, zeigen, daß der Handeigner neben, aber nicht mit dem Partner lebt. Er akzeptiert die Launen des Partners und erträgt sie, indem er in seiner eigenen Welt versinkt. Die Ehe besteht, doch das Paar vermeidet jeden engeren Kontakt miteinander. Sind die Linien sehr fein, findet der Handeigner gewissen Schutz in der Partnerschaft, doch ist ihm die Karriere wichtiger.

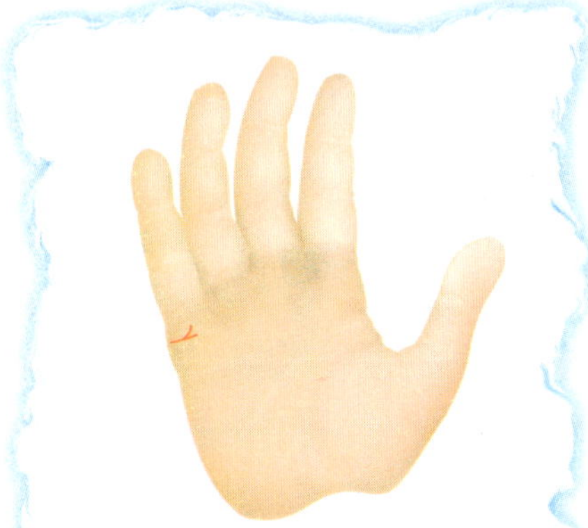

GABELUNG DER BEZIEHUNGS-LINIE WEIST NACH OBEN

Verschmilzt die Schicksalslinie am Saturnberg mit der Herzlinie, vergräbt sich der Handeigner in seiner Arbeit und vernachlässigt den Partner. Er hat vielleicht überhaupt keinen Sex, oder sein Sexleben beschränkt sich auf eine Affäre. Hier ist es sinnvoll, die Schicksalslinie auf Linien zu prüfen, die mit ihr verschmelzen. Dies zeigt eine neue große Liebe, während die Ehe noch besteht.

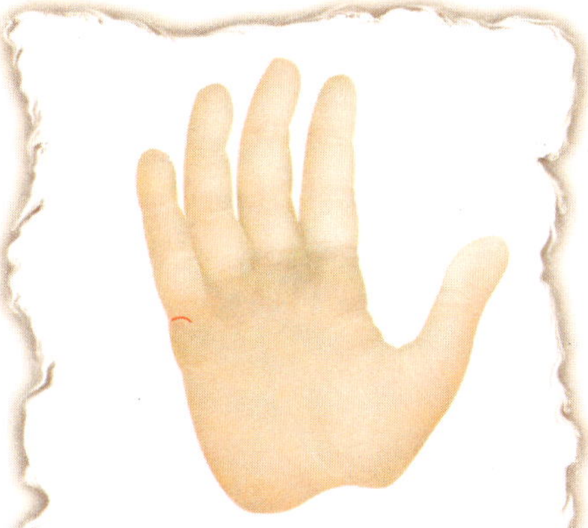

LINIE NEIGT SICH NACH UNTEN

Eine gerade Linie, von der eine aufwärtsstrebende Linie weggeht, ist heute sehr häufig. Es gibt dafür zwei Erklärungen. Einerseits kann der Handeigner eine Beziehung mit einer Person haben, die während der Affäre im Berufsleben erfolgreich ist. Andererseits kann der Handeigner selbst erfolgreich sein und so seine Beziehung vernachlässigen. Im zweiten Fall ist der Handeigner unabhängig und karriereorientiert und neigt dazu, die emotionellen Bedürfnisse des Partners zu ignorieren. Eine Frau mit hohem Einkommen, die diese Linie aufweist, sieht wahrscheinlich auf ihren Partner herab, was auf beiden Seiten zu Verstimmung führt. Sie wird lieber alleine sein, als die Beziehung aufrechtzuerhalten. Diese Linie kann also ein Hinweis auf eine Beziehungkrise sein.

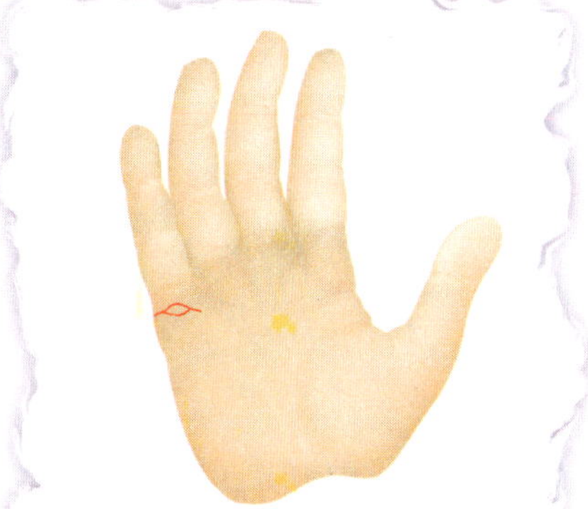

BEZIEHUNGSLINIE MIT INSEL

Neigt sich die Linie nach unten, findet der Handeigner seine Beziehung enttäuschend. Er kann sich von seinem Partner ausgenützt, unterdrückt oder beherrscht fühlen. Hat er einen Wirbel am Apollofinger, wird er wahrscheinlich nichts unternehmen, um die Partnerschaft aufrechtzuerhalten.

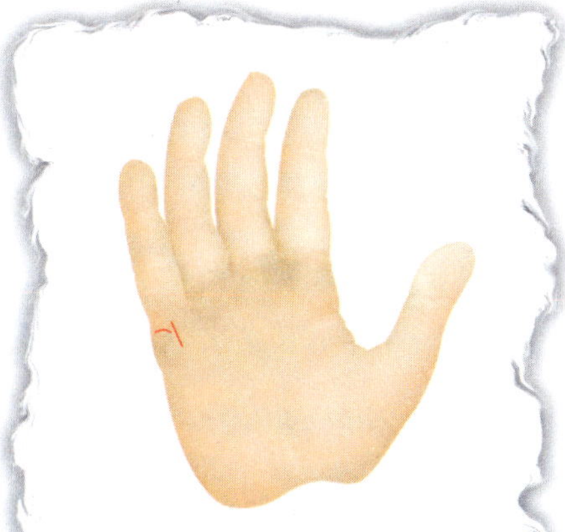

SCHNITTLINIE

Eine Linie mit einer Insel bedeutet, daß der Handeigner nie so leben wird, wie er möchte. Vielleicht möchte er Unmögliches erreichen, oder er ändert seine Ziele ständig. Wenn er einen Partner gefunden hat, kann er die Beziehung nicht aufrechterhalten. Eine Ehe kann bestehen, wenn er Vernunft zeigt und frühere Probleme vergißt.

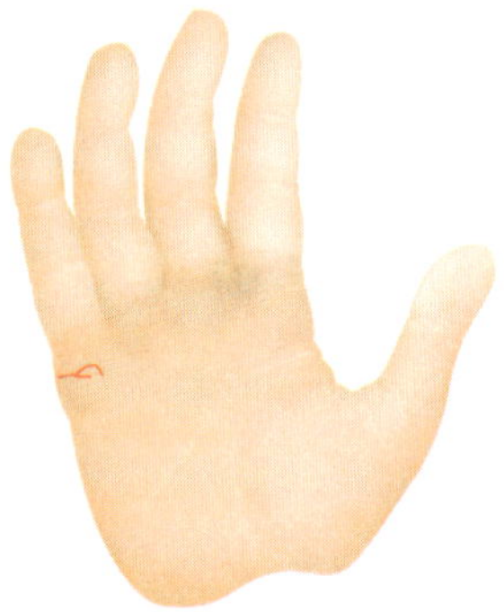

LINIE ENDET MIT HAKEN

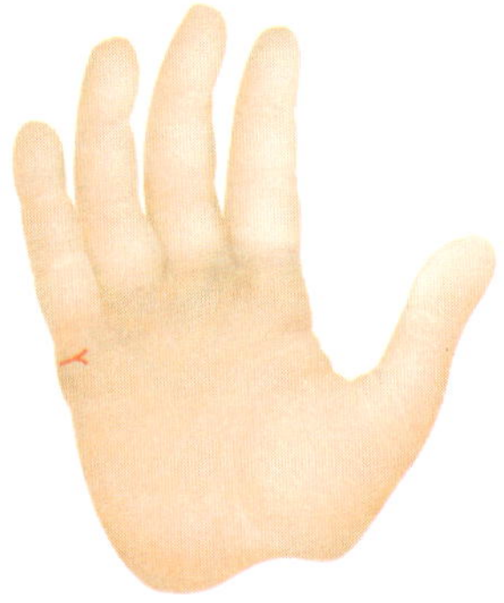

LINIE ENDET MIT GABELUNG

In manchen Fällen wird die Beziehungslinie am Ende von einer anderen Linie geschnitten oder blockiert. Ist diese Linie nicht beständig, zeigt sie an, daß der Handeigner vor dem Ende einer Beziehung steht oder daß vor kurzem eine Beziehung gescheitert ist.

Endet die Linie mit einem Haken, hält der Handeigner an einer vergangenen Beziehung fest. Er fühlt Haß gegen seinen früheren Partner und äußert diese Gefühle auch den gemeinsamen Kindern gegenüber.

Eine Gabel am Ende der Beziehungslinie weist auf eine problematische Beziehung hin, die aber, wenn beide Partner wollen, geklärt werden kann.

HINWEISE

Sterne, Rotfärbung oder weiße Flecken auf oder bei der Beziehungslinie sind Hinweis auf eine Beziehung, in der es kriselt.

Die Information gilt für Heterosexuelle genauso wie für Homosexuelle. Die Hände der Homosexuellen weisen keine Unterschiede zu denen der Heterosexuellen auf.

Eine unterbrochene Lebenslinie, die von der Schicksals- oder einer anderen Linie weitergeführt wird, weist auf eine große Veränderung wie etwa das Ende einer Beziehung hin.

Linien, die in die Schicksalslinie oder die Apollolinie münden, bezeichnen häufig den Beginn einer Beziehung. (Siehe dazu das Kapitel über den Zeitschlüssel auf Seite 53–55.)

Ist ein Ring um den Merkurfingeransatz zu sehen, so ist dies eine „Verwitweten-Linie", die anzeigt, daß der Partner sterben könnte. Dieser Ring erscheint nicht immer beim Tod des Partners, aber er ist für gewöhnlich ein verläßliches Zeichen. Er kann aber auch bedeuten, daß sich der Handeigner in seiner Beziehung einsam fühlt.

Vermächtnisse aus der Kindheit

Sind die Kopf- und die Lebenslinie verbunden, war der Handeigner in der Kindheit zu sehr behütet. Er war wahrscheinlich sozialem oder religiösem Druck unterworfen und ist vorsichtig und naiv. Waren die Eltern dominant und konnten keine Zuneigung geben, hat der Handeigner wahrscheinlich Schwierigkeiten, Liebe zu zeigen.

Wuchs das Kind in einem gespannten, gewalttätigen Umfeld auf, wird es auf Liebe vielleicht mit Gewalt reagieren. Frauen, deren Lebens-, Kopf- und Schicksalslinien am Anfang Störungen aufweisen, werden von einer gewalttätigen oder unbefriedigenden Beziehung in die nächste stolpern. Sind nur schwache Geschwisterlinien zu sehen oder fehlen sie vollkommen, prüfen Sie, ob der Betroffene ein Einzelkind ist. Nur Kinder, die von ihren Eltern das Gefühl vermittelt bekamen, etwas Besonderes zu sein, werden dies später auch von ihrem Partner erwarten.

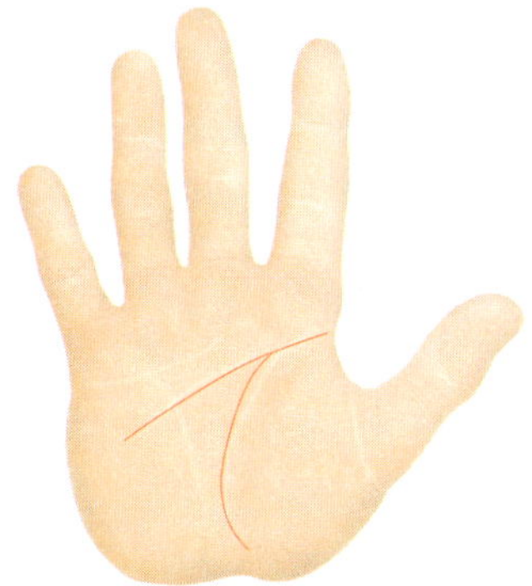

KOPF- MIT LEBENSLINIE

Ist der Jupiterfinger kürzer als der Apollofinger, weist dies auf Vorsicht bei Gefühlen und ein gestörtes Ego hin. Der Handeigner kann lebhaftes Interesse an Sex haben, und er wird seine Gefühle für sich behalten. Verliebt er sich doch, so ist diese Liebe sehr tief und leidenschaftlich.

Sind die Kopf- und die Lebenslinie nicht verbunden, so möchte der Betroffene die Beziehungen kontrollieren. Diese Menschen flirten gerne, sie sind frech, sehr attraktiv und möglicherweise oberflächlich. Sie werden rasch unruhig, wenn die Dinge nicht nach ihrem Willen verlaufen. In der Kindheit wurden sie zu Unabhängigkeit erzogen, und sie mußten vielleicht für sich selbst sorgen. Ist der Abstand zwischen Kopf- und Lebenslinie mit einem Raster gefüllt, war die Kindheit schwer und unglücklich. Eine runde Insel an der Stelle, wo sich Kopf- und Lebenslinie trennen, ist häufig ein Zeichen, daß der Handeigner in einem Heim oder Internat aufgewachsen ist. Ist das oberste Daumenglied groß und/oder weist es einen Wirbel auf, geht der Handeigner bestimmt seinen Weg.

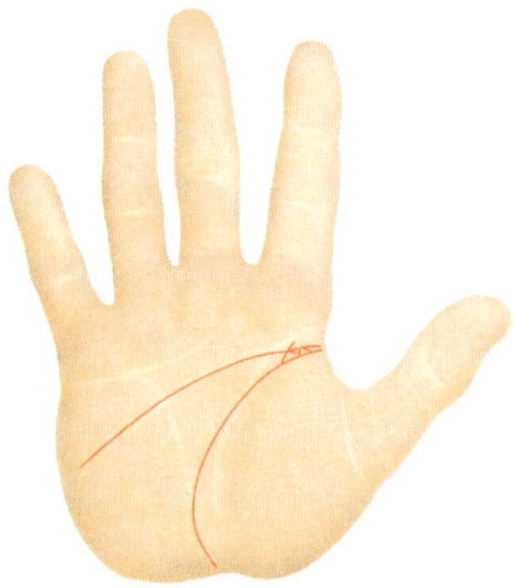

GEZACKTER ANFANG BEI KOPF- UND LEBENSLINIE

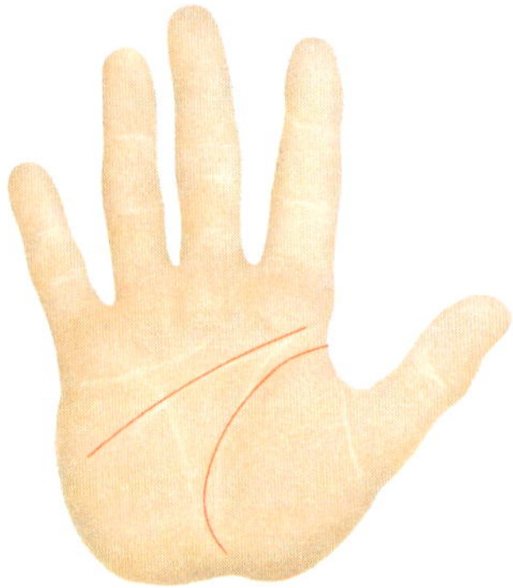

GETRENNTE KOPF- UND LEBENSLINIE

WAS DIE FINGER AUSSAGEN

FINGER	**ZUSAMMENHANG ZWISCHEN DEN FINGERN**
KURZER JUPITER	*Unsicher, kein Selbstbewußtsein. Verliebt sich heftig und ist verletzlich. Ist dieser Finger gebogen, sehr sensibel und stark mit der Familie verbunden.*
LANGER JUPITER	*Gut entwickeltes Ego, karriereorientiert, starrsinnig, selbstsüchtig.*
KURZER SATURN	*Impulsiv, dumm.*
LANGER SATURN	*Nachdenklich, materialistisch, Workaholic, liebt Geld, Wissenschaft oder Religion.*
KURZER APOLLO	*Wenig Interesse an Heim oder Familie, Erholung oder Kreativität.*
LANGER APOLLO	*Sensibel, emotionell, liebevoll, aufopfernd. Liebt Familie, Hobbys, Freunde. Kreativ.*
KURZER MERKUR	*Scheu, verklemmt, kann sexuelle Probleme haben.*
LANGER MERKUR	*Spricht viel, hat Gefühl für die Mitmenschen. Überzeugend, sexy.*
STARKER DAUMEN	*Ist sich der eigenen Bedürfnisse sehr bewußt und erreicht was er will.*
SCHWACHER DAUMEN	*Lebt im Schatten der Mitmenschen, faul, keine Willenskraft. Neigung zum Raunzen und Beklagen.*

2. TEIL

FAMILIENBANDE

Die Beziehung, die wir zu unseren Eltern haben, kann wesentlich für unser Gefühlsleben und unser Wohlbefinden sein (siehe Seite 111–112). In diesem Kapitel werden wir die Linien betrachten, die vor allem unser Verhältnis zu den Geschwistern und den Kindern bestimmen. Wenn Sie nach Zeichen suchen, die Licht in Beziehungen bringen, denken Sie daran, daß die passive Hand oft ein genaueres Bild abgibt als die aktive Hand. Vergessen Sie also nicht, beide Hände zu lesen, bevor Sie Ihr Urteil abgeben.

Geschwisterlinien

Die Geschwisterlinien befinden sich an der Handkante unter dem Jupiterfinger. Diese Linien haben nicht dieselbe Bedeutung wie die Beziehungslinien, da die Beziehung zu Geschwistern nicht so vielschichtig ist. Grundsätzlich gilt, daß sie stark ist, wenn die Linien stark sind. Sind zwei Linien gut zu sehen, nehmen zwei Geschwister einen bedeutenden Platz im Leben des Handeigners ein. Er kann viel mehr Geschwister haben, doch hat er zu den anderen ein schlechteres Verhältnis. Sind keine Linien zu sehen, hatte der Handeigner wahrscheinlich als Kind keine engen Bezugspersonen, oder diese Personen sind schon längst aus seinem Leben verschwunden. Ist die Linie am Ende zum Jupiterfinger gebogen, ist die Beziehung noch immer

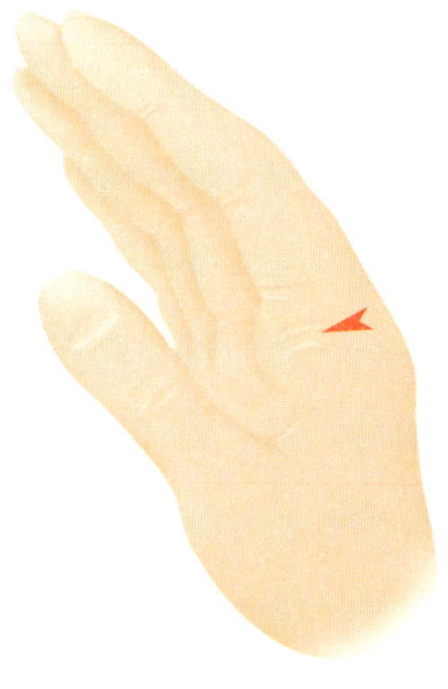

GESCHWISTERLINIEN

aufrecht und eng. Neigt sich die Linie nach unten, ist die Beziehung zwar noch aufrecht, aber nicht besonders gut. Endet die Linie in einer Gabelung, ist sie unterbrochen oder verästelt, so durchlebt der Bruder/die Schwester selbst eine schwierige Zeit, und der Handeigner sorgt sich um ihn/sie. Ist die Linie unterbrochen, hat der Bruder/die Schwester entweder den Arbeitsplatz gewechselt, oder eine Beziehung ist gescheitert. Ist über der Linie ein Viereck, ist der Bruder/die Schwester frustriert und zurückgezogen. Kurz gesagt zeigen diese Linien die Verfassung der Geschwister in der Zeit, zu der die Hand gelesen wird.

Kinderlinien

Die feinen Linien, die vertikal durch die Beziehungslinien verlaufen, sind die Kinderlinien. Suchen Sie die stärksten Linien. Die Anzahl der Linien entspricht der Anzahl der Kinder, die der Handeigner hat oder haben wird. Diese Zeichen können aber auch die Kinder bezeichnen, mit denen der Handeigner verbunden wird, zum Beispiel durch eine Partnerschaft oder indem er für die Kinder anderer Menschen sorgt.

KINDERLINIEN

Achten Sie vor allem darauf, durch welche Beziehungslinien die Kinderlinien wirklich verlaufen. Möglicherweise sind zwei oder drei Beziehungslinien vorhanden. Wenn die Kinderlinien alle Beziehungslinien durchlaufen, so hat der Handeigner aus der ersten Ehe Kinder. Durchschneiden diese

HIN WEISE

Kinderlinien, die eine Störung aufweisen, bedeuten Probleme mit den Kindern oder einem Kind zu der Zeit, in der die Hand gelesen wird. Die Linien werden wieder klar, wenn die Schwierigkeiten vorüber sind.

Kinderlinien, die sehr eng stehen, zeigen an, daß die Kinder knapp aufeinander folgen und auch ein ähnliches Temperament haben. Ein Abstand zwischen den Linien weist auf einen größeren Altersunterschied hin und/oder zeigt an, daß die Kinder verschieden sind.

Kinderlinien nur die oberste Beziehungslinie, so stehen die Kinder mit einer späteren Beziehung in Verbindung.

Kinderlinien müssen auch bei Erwachsenen nicht ausgeprägt sein. Sie sind am deutlichsten zu sehen, wenn Kinder eine Rolle im Leben des Handeigners spielen, zum Beispiel wenn er Kinder möchte.

Gerade Linien weisen auf Jungen hin, schiefe auf Mädchen. Eine Linie mit einer Insel oder einer anderen Störung zeigt, daß das Kind krank oder unglücklich sein wird oder dem Handeigner Probleme bereitet. Eine Linie, die sich teilt, kann auf Zwillinge in der Familie des Handeigners hinweisen, wobei diese entweder in seiner eigenen oder in der eines Verwandten auftreten können.

Eine kurze Linie, die mit einem Bogen endet, kann Hinweis auf eine Fehlgeburt sein. Sind zusätzlich Punkte auf den Beziehungslinien zu sehen, können sie einen Schwangerschaftsabbruch anzeigen. Sind die Punkte auf einer unteren Beziehungslinie, bezieht sich dieser auf eine frühere Beziehung. Befinden sich die Punkte auf der oberen Beziehungslinie, dann handelt es sich um eine spätere Verbindung. Linien, die keine Beziehungslinie berühren, sind Hinweis auf einen Partner, der keine Kinder haben möchte.

2. TEIL

HANDSIGNALE FÜR LIEBESPAARE

Welchen Partner möchten Sie? Vielleicht wissen Sie die Antwort auf diese Frage, doch ihre Hand kann ihnen hilfreiche Aufschlüsse geben. Wenn Sie das nächste Mal jemanden treffen, betrachten Sie seine Hand, und sehen Sie, ob Sie Ihnen etwas sagt. Finden Sie die Person attraktiv, haben Sie vielleicht dieselbe Handform. Manchmal ziehen sich gleich und gleich an.

Menschen mit eckigen Händen sind verläßliche, warmherzige und unbeschwerte Familienmenschen, doch kann ihr Liebesleben mitunter zur Routine und langweilig werden, wenn sie nicht ständig daran arbeiten und den Partner mit romantischen Ideen überraschen. Sexuell gesehen mögen sie ihr Vergnügen haben, doch sind sie schnell irritiert und verunsichert, wenn ihnen dieses verweigert wird. Falls ihre Kopflinie nicht nach unten zeigt, sind sie aber keine besonders intelligenten oder erfindungsreichen Liebhaber.

Starke, runde, konische Hände haben zumeist Frauen – Männerhände sind rundlicher. Frauen mit diesen Händen flirten gerne, und sie mögen es, angesprochen zu werden. Die Männer halten sich für Casanovas und können Wölfe im Schafspelz sein. Sie sehen unschuldig und langweilig aus, doch fördern sie im Schlafzimmer ein großes Repertoire an ungewöhnlichen Tricks zutage. Menschen mit dieser Handform lieben Romantik, Essen in Restaurants und Sehenswürdigkeiten. Sie sind warmherzig und mitfühlend und sprechen

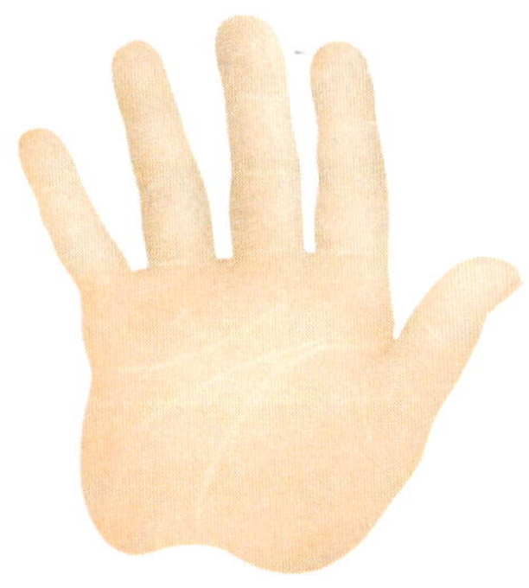

ECKIGE HAND

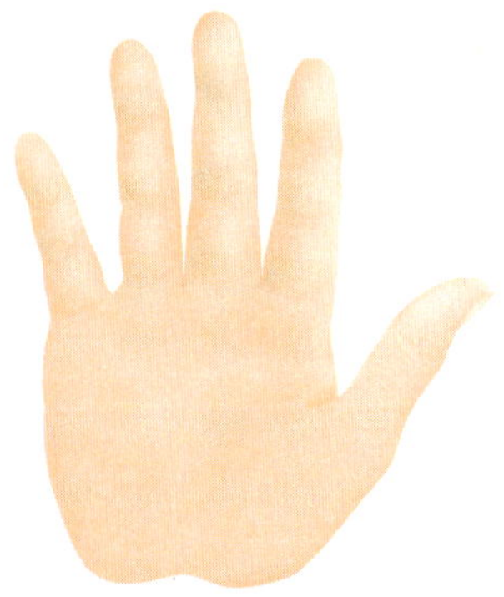

KONISCHE HAND

LANGE HAND

gerne über Liebe. Viele Menschen mit dieser Handform arbeiten in Pflege- oder Lehrberufen.

Menschen mit langen Händen sind sehr romantisch. Für sie beginnt die Liebe im Kopf, und sie brauchen geistige Anregung und gemeinsame Interessen, bevor sie eine Beziehung eingehen. Sie brauchen entspannte Atmosphäre, um zu lieben, da sie sonst angespannt und übervorsichtig werden. Das gilt vor allem für die Menschen, deren Handteller ein Netz von feinen Linien aufweist.

Finger

Starke Finger versprechen Liebe voller Kraft und Energie, vor allem wenn der Venusberg voll ist.

Menschen mit kurzen Fingern haben kein Vertrauen. Sie wollen alles probieren, doch sie wagen es vielleicht nicht, zu sagen, was sie möchten, noch haben sie die nötigen Mittel, um selbst ans Ziel zu gelangen. Diese Menschen können unbeholfen, kleinlich oder gehemmt und engstirnig sein. Kleine, dicke Hände weisen auf sehr sinnliche Menschen hin, die auch kindisch sein können und dazu neigen, ihre Partner in verschiedene Situationen zu drängen. Es ist nötig, daß sie entspannter und ruhiger an Beziehungen herangehen, wenn sie nicht immer wieder scheitern wollen. Diese Menschen neigen dazu, ihren Partner schon sehr früh um eine Heirat oder ein Kind zu bitten. Das ist teilweise auf romantische Gefühle, aber auch auf das Verlangen zurückzuführen, den Partner unter Kontrolle zu haben.

Menschen mit längeren Fingern brauchen Romantik in ihrem Sexualleben. Frauen mit langen, feinen Händen neigen dazu, ihre Partner schnell fallen zu lassen, vielleicht deshalb, weil sie nach Vollkommenheit streben und sich schwer in der Wirklichkeit zurechtfinden. Sie brauchen Romantik und Sex. Ist der Venusberg flach, ziehen sie unter Umständen eine spirituelle Beziehung einer körperlichen vor.

Männer mit langen, feinen, harten und leicht knochigen Händen und wenig ausgebildeten Bergen binden sich nicht gerne und können gefährliche Don-Juan-Typen sein. Sie gehen in ihren Geschäftsinteressen oder Hobbys auf und haben keinerlei Interesse an einer wahren Beziehung. Sie flirten gerne, sind hervorragend im Bett, doch ist es schwierig, sie festzunageln oder eine Beziehung mit ihnen einzugehen. Sie beherrschen es hervorragend, Frauen den Kopf zu verdrehen. Am Beginn einer neuen Affäre können sie sehr leidenschaftlich und stark interessiert wirken. Sie sind attraktiv, freundlich, können schmeicheln und sich so sehr auf ihr Opfer konzentrieren, daß dieses sich auf der Stelle Hals über Kopf verliebt. Tatsächlich mögen diese Männer keine Berührungen, sie zeigen keine Gefühle, und sie suchen nicht die Nähe ihrer Partnerin. Es ist nicht ungewöhnlich, daß sie sich nach einer tollen Nacht waschen, anziehen, weggehen und die Frau vergessen, bevor sie noch die Türe hinter sich geschlossen haben.

LANGE FINGER

Dennoch können Menschen mit diesen Händen hervorragende Beziehungen führen, wenn keine romantischen Gefühle oder Sex im Spiel sind. Sie sind gute Freunde und Ratgeber und können sehr liebende Eltern sein. Zuhören, Zuneigung und Mitgefühl, das ihre Partner gerne von ihnen hätten, scheint völlig ihren Freunden und Kindern vorbehalten zu sein. Sex bringt die schlimmste Seite in ihnen zum Vorschein, sie sind in dieser Situation sogar zu verbaler oder physischer Gewalt fähig. Es ist anzuraten, diese Menschen als Freunde und nicht als Liebhaber zu haben, doch auch dann schaffen sie es, sich Freiheiten zu nehmen und Sie mit ihrer Unverfrorenheit zu überraschen.

LANGE HAND, KURZE FINGER

Sehr schwache Finger sind ein Hinweis auf Angst vor Sex. Ein langer Handteller mit kurzen Fingern deutet auf eine Person hin, die ein hervorragender Liebhaber und Partner sein kann, wenn sie nicht zu rasch eine sehr tiefe Verbindung eingeht. Diese Menschen können völlig in der Beziehung aufgehen – vor allem wenn die Fingerspitzen Bögen oder Zeltbögen aufweisen. Menschen mit langen Fingern und einem kürzeren Handteller sind hervorragende Liebhaber, besonders wenn die Kopflinie leicht nach unten geneigt ist.

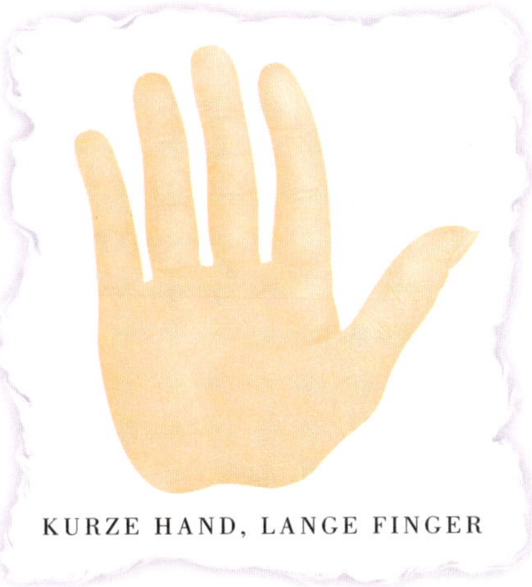

KURZE HAND, LANGE FINGER

Menschen mit Fingerbeeren lieben es, zu berühren und berührt zu werden. Sie berühren jemanden ganz ohne Hintergedanken. Beim Sex lieben sie es, gestreichelt zu werden und den Partner zu streicheln oder zu massieren. Diejenigen, denen das fehlt, werden zur Massage gehen oder unbewußt das Bedürfnis verspüren, ihre Mitmenschen zu berühren. Das hat vordergründig nichts mit Sex zu tun, doch weist es sehr wohl auf einen Mangel an Berührung hin.

Ist der Apollofinger lang, ist der Handeigner leicht verwundbar und neigt dazu, sich schnell zu verlieben. Menschen mit einem langen Merkurfinger und einer tiefliegenden Herzlinie lieben es, über Sex zu sprechen. Sind beide Finger lang, neigt sich die Kopflinie nach unten und ist die Herzlinie lang und stark gebogen, hat der Handeigner eine lebendige und große Phantasie.

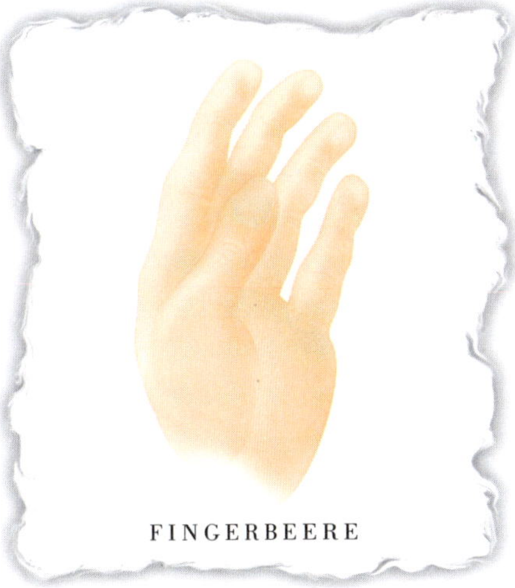

FINGERBEERE

Der Handrücken

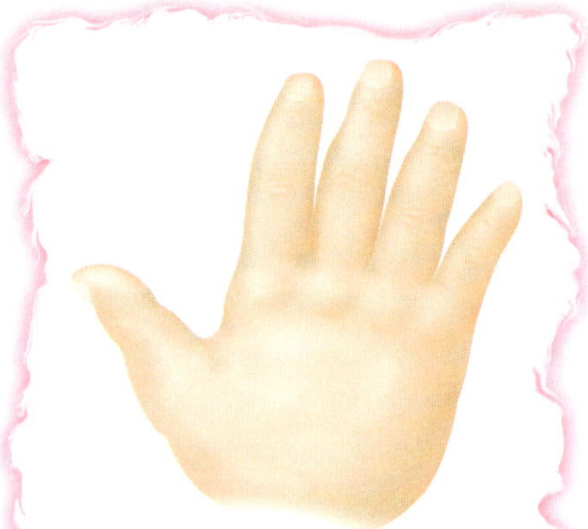

DICKLICHE HAND MIT GRÜBCHEN

Ist der Handrücken dicklich und hat Grübchen über den Knöcheln, hat der Handeigner wenig Phantasie in der Liebe. Diese Menschen arbeiten hart, sie sind warmherzig und lieben das andere Geschlecht. Sie neigen dazu, ähnliche Partner zu wählen und mit ähnlichen Menschen zu verkehren. Sie haben Freude an Sex, doch sie können egoistisch, gedankenlos und mehr auf ihre eigenen Bedürfnisse bedacht sein als auf die des Partners. Haben sie dicke Finger, sind sie ungeschickte Liebhaber. Ist der Daumen kurz, versteht der Handeigner die Bedürfnisse und Gefühle des Partners nicht. Hat er kurze, spatelförmige oder eckige Nägel, ist er launisch und leicht frustriert.

Sind die Venen am Handrücken zu sehen, so ist der Handeigner sensibel. Berührung und Gefühl sind für ihn wichtig, speziell wenn die Hände Fingerbeeren aufweisen. Sex mit diesen Personen ist vielleicht nicht so aufregend wie mit einem leidenschaftlicheren Menschen, doch sind sie romantisch, besonders wenn sie lange Finger haben. Sind Daumen und Jupiterfinger überentwickelt, neigt der Handeigner dazu, die Arbeit über den Partner zu stellen, und er geht vielleicht rein sexuelle Beziehungen ein.

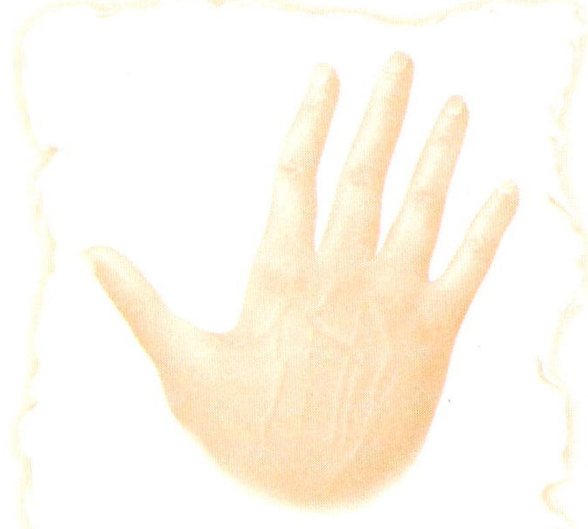

SENSIBLE HAND

Homosexuelle haben dieselben Hände wie Heterosexuelle, so daß alle Bemerkungen über Liebe und Sex auch für sie gelten. Ist der Handeigner sich jedoch unklar über seine sexuelle Orientierung, gibt es eine Linie, die von der Herzlinie zur Kopf- oder Lebenslinie führt. Bei Hetero- wie bei Homosexuellen weist diese Linie auf Mißbrauch in der Kindheit hin.

2. TEIL

DIE SPIRITUELLE SEITE DES LEBENS

Es wird oft angenommen, daß der Begriff „spirituell" nicht mit dem Leben der gewöhnlichen Menschen in Zusammenhang steht. Das ist insofern wahr, als wir nicht von einer spirituellen Dimension abhängig sind, um unsere Bedürfnisse zu befriedigen, und das Leben auf materielle Werte ausgerichtet ist, so daß wir die Dinge beachten, die wir sehen oder rational erklären können.

Was auf eine tiefere Eingebung in uns, nämlich die „Seele", zurückzuführen ist, wird häufig nicht beachtet. Es ist unser Glück, daß diese Dinge von selbst geschehen. Genauso wie wir mit dem Verstand lernen können, ein Auto zu lenken oder Computer zu bedienen, lernt und entwickelt sich unser Geist in einer nicht-materiellen Dimension. Er wächst durch die Aura unserer Mitmenschen.

Das Konzept der Aura ist aus den östlichen Religionen gut bekannt. Einfach gesagt ist die Aura, die jeder von uns besitzt, das Energiefeld, das uns umgibt, und sie ist reiner Geist. Die Aura kann Einfluß auf unser Leben nehmen, ohne daß wir es bemerken. So ist es zum Beispiel möglich, daß wir eine Person treffen, mit der wir sofort eine gemeinsame Basis finden, obwohl wir noch nie mit ihr gesprochen haben. Würden wir diese verwandte Seele fragen, fänden wir heraus, daß wir beide vor Jahren an einem Ort waren, wo sich unsere Auren verständigten, ohne daß wir uns dessen bewußt waren.

Heilen

Unsere Hände zeigen uns, wie sehr wir mit unserer Seele in Verbindung stehen. Diese Zeichen sind bei den Menschen am deutlichsten zu sehen, die sehr vergeistigt sind. Falls Sie die Möglichkeit bekommen, einen Heiler genau zu beobachten, wenn er seine Energie auf einen Kranken überträgt, betrachten Sie seine Hände, sobald er fertig ist. Sie werden einen braunen Schatten unter der Gesundheitslinie entdecken, der nach einigen Minuten wieder verschwindet. Er entsteht durch die Lebenskraft, die in dieser Linie fließt.

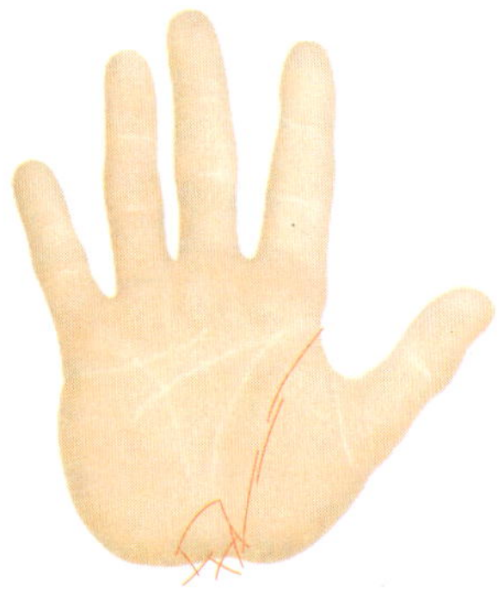

MARSLINIE UND NEPTUNBERG

Der Neptunberg stellt die Brücke zwischen unserem bewußten (äußeren) und unserem unbewußten (inneren) Ich dar. Der Heiler muß diese Grenze überspringen, indem er die Chakren (Energiezentren) öffnet, die sich zwischen dem Kopf und dem Ende der Wirbelsäule befinden, und die Energie fließen läßt. Am ätherischen Kanda-Dreieck sehen Sie, daß der Neptunberg dem unteren Ende der Wirbelsäule (dem Sitz der heilenden Energie) entspricht und mit der Marslinie, der Gesundheitslinie und der Lebenslinie (die nun das Rückenmark repräsentiert) verbunden ist und so ein Dreieck der Energie bildet.

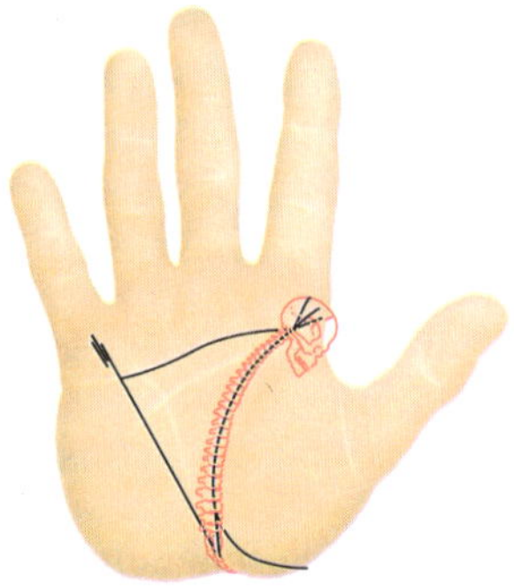

ÄTHERISCHES KANDA-DREIECK

Verhältnismäßig wenig Menschen verfügen über ein derart hohes Niveau an Eingebung und Bewußtsein. Als allgemeine Faustregel jedoch gilt, daß jede kleine Linie, die von der Lebenslinie weggeht und zum Neptunberg führt, das äußere und das innere Wesen des Menschen verbindet. Diejenigen, die Interesse an Astrologie haben, werden wissen, daß Neptun für das Gehirn und das Nervensystem steht. Seine Bedeutung bei Heilung, Meditation und allen Bewußtseinsebenen wird dadurch erklärt, daß er das Zentrum ist, von dem die sensorische Information ausgeht.

ZEICHEN DES HEILERS AUF DEM MERKURBERG

LAGE DES MERKURBERGS	VORHERRSCHENDE LEBENSLAGEN
AN DER HANDKANTE	*Gefühle; Ehe, Kinder, Kindererziehung.*
AM MERKURFINGERANSATZ	*Kommunikation, Beziehungen, Lehren, Parapsychologie, Hellsehen.*
AUF DER APOLLOSEITE	*Heim, Sorge für andere, Heilen; die äußere Welt.*
BEI DER HERZLINIE	*Hingabe in die Arbeit; Verantwortung.*

Die Marslinie

Die Marslinie muß nicht ausgebildet sein. Ist sie vorhanden, bedeutet dies Schutz für Leben und Gesundheit. Weichen diese Menschen zu weit von ihrem wahren spirituellen Weg ab, werden sie in Situationen geraten, die sie innehalten lassen oder daran hindern, zu weit in die falsche Richtung zu gehen. Fließt die Linie zurück zum Neptunbogen, ist sich der Handeigner im Inneren dieses Weges bewußt, und er wird ihm folgen.

Zeichen des Heilers

Das Zeichen des Heilers liegt auf dem Merkurberg. Befindet es sich auf der aktiven Hand, so bedeutet es Einfluß auf andere Auren und auf uns selbst. Liegt es auf der passiven Hand, zeigt es unser inneres Ich und wie wir wirklich sein möchten. Ist das Zeichen des Heilers überhaupt nicht vorhanden, so muß die Seele erst ihren Weg finden. Erreicht die Gesundheitslinie den Merkurberg und läuft hier aus, ist man kommunikativ und will sich mit den Mitmenschen verständigen.

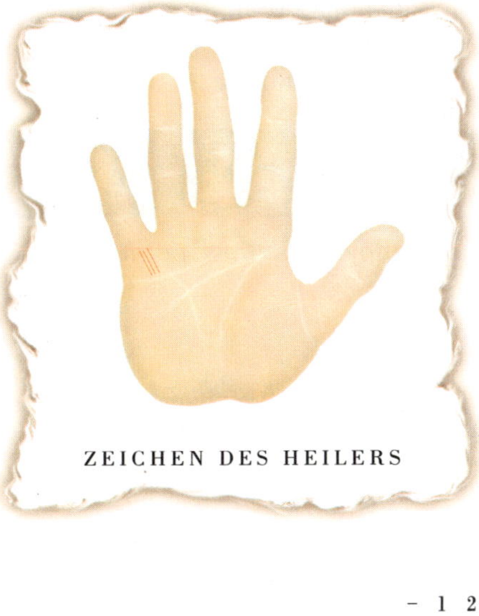

ZEICHEN DES HEILERS

Das Zeichen des Heilers besteht aus drei leicht schräg liegenden Linien. Eine Linie in diesem Bereich bedeutet, daß man alleine arbeiten kann. Eine oder mehrere Linien weisen auf jemanden hin, der direkt mit Menschen arbeitet.

Viele feine Linien bedeuten, daß der Handeigner gerne in einer Gruppe arbeitet. Berührt eine Linie die Herzlinie und eine andere den Fingeransatz, so ist er Lehrer und Vermittler. Führt eine Linie bis zum Merkurfingeransatz, ist er ein Medium.

Eine lange Gabel im Apollobereich heißt, daß der Handeigner Menschen rettet. Er kann Pfleger in der Unfallstation, Arzt oder Heiler sein.

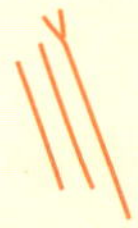

Eine lange Linie, die in einem „Y“ endet, ist bei Menschen zu finden, die mit Todkranken arbeiten. Ihre Aufgabe ist es, vielleicht unbewußt, „Seelen zu retten“, also sie von dieser Welt in eine andere zu geleiten. Dieses „Y“ findet sich bei Personen, die in Intensivstationen arbeiten.

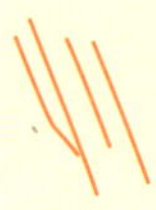

Eine lange Gabelung an der Handkante und nahe der Beziehungslinien zeigt, daß der Handeigner für Kinder sorgt. Es können auch Adoptiveltern sein.

DIE SPIRITUELLEN ASPEKTE VON LIZ

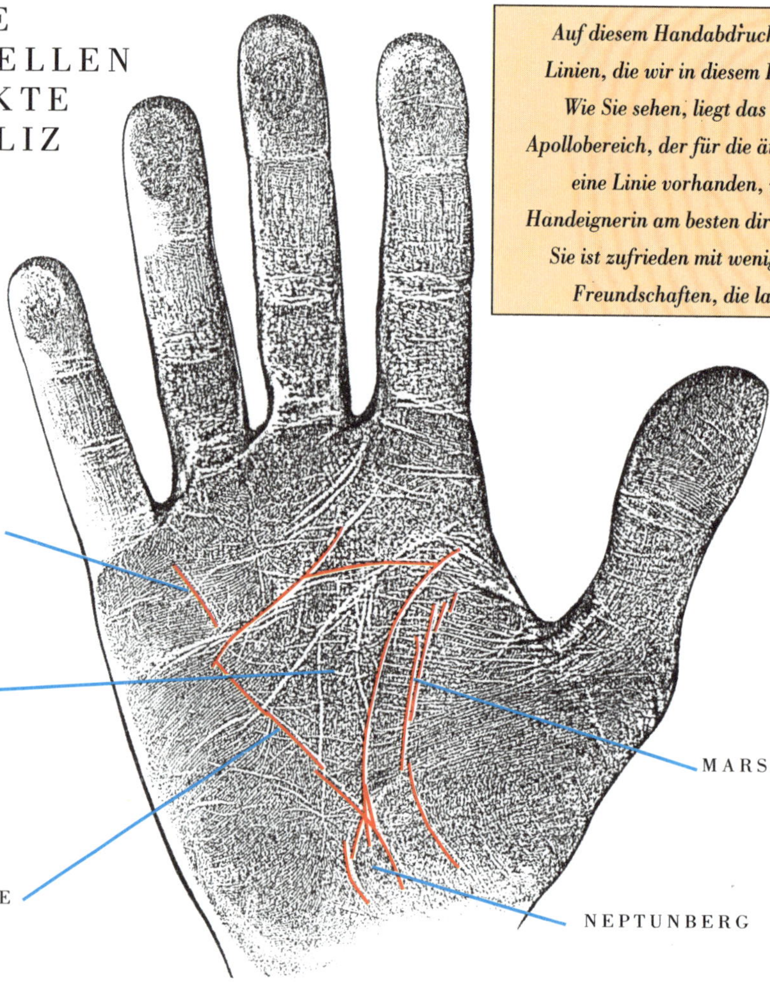

Auf diesem Handabdruck sieht man deutlich alle Linien, die wir in diesem Kapitel behandelt haben. Wie Sie sehen, liegt das Zeichen des Heilers im Apollobereich, der für die äußere Welt steht. Es ist nur eine Linie vorhanden, was bedeutet, daß die Handeignerin am besten direkt mit Menschen arbeitet. Sie ist zufrieden mit wenigen, aber gut gewählten Freundschaften, die lange bestehen bleiben.

Allgemeine Zeichen für Spiritualität

Neben der Gesundheitslinie und dem Zeichen des Heilers gibt es noch andere Zeichen, die auf Eingebung und ein mögliches Medium schließen lassen. Besitzen Sie einige davon, sind Sie vermutlich ein Medium.

ZEICHEN FÜR INTUITION UND ÜBERSINNLICHKEIT

Ein voller Neptunberg, der das Bewußte und das Unbewußte verbindet.
Eine gebogene Intuitionslinie.
Eine lange, fallende Kopflinie.
Eine Schleife unter der Kopflinie.
Eine doppelte Schleife oder ein Wirbel auf dem Jupiterfinger oder dem Daumen.
Eher „volle" Hände als „leere".

2. TEIL

GESUNDHEIT

Denken Sie immer daran, daß man Gesundheit und Heilen Fachleuten überlassen soll. Seien Sie also vorsichtig, wenn Sie Informationen weitergeben. Beunruhigen Sie sich und andere nicht unnötig. Eine wohlüberlegte Warnung kann jedoch ein mögliches Problem lösen helfen, bevor es auftritt. Die Hände sind sehr empfindsam und zeigen Gesundheitsprobleme klar an.

Temperatur

Heiße, feuchte Hände können auf eine Erkrankung der Drüsen hinweisen, doch sind sie bei einigen Menschen normal. Heiße, trockene Hände bedeuten eher Fieber, hohen Blutdruck oder eine Nierenerkrankung. Kalte Hände sind Hinweis auf Schock oder ein beginnendes Fieber. Kalte, feuchte Hände können eine Erkrankung der Leber oder Kreislaufprobleme andeuten. Sind die Seiten der Finger kälter als die Spitzen und Ansätze oder fühlen sich verschieden an, so kann dies Hinweis auf eine Angina oder eine ähnliche Erkrankung sein.

Aussehen

Alte oder kranke Menschen haben sehr schlaffe Hände. Auch Vegetarier oder schwangere Frauen können schlaffere Hände haben. Wenn die Haut seidenglatt, weich und glänzend ist, kann dies ein Hinweis auf eine Überfunktion der Schilddrüse sein. Bitten Sie in diesem Fall den Handeigner, die Hände auszustrecken, und achten Sie darauf, ob sie zittern.

Die Hände sollten dieselbe Farbe haben wie die Haut. Sind sie fahl, ist die Blutzirkulation schlecht, und bleiben die Fingernägel, nachdem sie gedrückt wurden, längere Zeit weiß, ist dies Hinweis auf Anämie. In diesem Fall werden die Nägel trocken und fahl sein und splittern, und das dritte Fingerglied ist dünn.

Blaue/graue Finger weisen auf eine Herz- und Arterienerkrankung hin, gelbe auf Gelbsucht. Rote Hände zeigen Hormonprobleme, hohen Blutdruck oder eine Drüsenerkrankung an. Raucher haben häufig einen roten Fleck auf dem Mondberg und dem oberen Marsberg. Rote Flecken können auch Ärger oder Sorgen anzeigen. Bei der Raynaudschen Erkrankung laufen die Hände und Füße blau an und sind kalt, da sich die Blutgefäße verkrampfen.

Ist es kalt, hört bei manchen Menschen die Blutzirkulation in den Fingern und Zehen völlig auf. Die Blutgefäße ziehen sich zusammen, und sie verlieren eine Zeitlang jedes Gefühl in den Fingern. Dieses Syndrom verstärkt sich bei Rauchern, aber auch bei Medikamenten wie Betablockern und Asthma- oder Migränemitteln. Ein faltiger, gebogener und mißgebildeter Ringfinger und Störungen im Apollobereich sind Hinweis auf einen Leberschaden, der durch Alkoholmißbrauch ausgelöst wurde. (Verwechseln Sie dieses Symptom nicht mit einer verkürzten Sehne.)

Eine Falte, die über die Handfläche verläuft, soll Hinweis auf Mongolismus sein und wird bei Babys auch zur Diagnose verwendet. Doch das ist falsch. Mongoloide Kinder haben diese Falte für gewöhnlich nicht auf den Händen, sondern auf den Füßen. Ihre große Zehe steht von den anderen Zehen ab, und eine tiefe Falte verläuft über die Fußsohle. Die Hände sind rund und elementar, und sie haben kurze Finger. Die Beziehungslinien, die Schicksalslinie und verschiedene andere Linien fehlen, doch die drei Hauptlinien sind wie bei allen Menschen ausgebildet.

Ungewöhnlich große Hände und Füße sind Hinweis auf zu viele Wachstumshormone. Lange, dicke Finger mit lockeren, beweglichen Gelenken zeigen das Marfan'sche Syndrom an, eine seltene, vererbte Erkrankung des Bindegewebes.

Sehr faltige Hände, die alt aussehen, weisen häufig auf Asthma hin.

Fingerspitzen

Bei älteren Menschen sind die Fingerspitzen schlaff und faltig. Ungefähr eine Woche, bevor man eines natürlichen Todes stirbt, beginnen die Fingerspitzen ihre Farbe zu verlieren und werden grau. Vor kurzem entdeckte man überdies, daß Menschen, die Wirbel auf ihren Fingerspitzen haben, für Bluthochdruck empfänglicher sind.

Fingernägel

Die Fingernägel brauchen sechs bis acht Monate, um auszuwachsen, und bieten daher wesentliche Hinweise auf den gegenwärtigen Gesundheitszustand des Handeigners. Man braucht kein Genie zu sein, um zu erkennen, daß abgebissene Nägel ein Zeichen für Nervosität sind. Diesen Menschen mangelt es häufig an Selbstbewußtsein, und sie sind ruhig und schüchtern oder nervös und ge-

Krankheiten, die sich in den Fingernägeln zeigen

Eine große Anzahl an Krankheiten ist an den Fingernägeln zu sehen. Bei einem Schock oder bei einer Krankheit erscheinen auf den Nägeln Dellen, die als Beaulinien bezeichnet werden.

ANÄMIE: *Fahle Nägel, die eine Zeitlang weiß bleiben, nachdem sie gedrückt wurden. Trockene, spröde Nägel. In schweren Fällen nach oben gewölbte Nägel, die sogenannten Hohlnägel.*

HERZ/DURCHBLUTUNG: *Blaue Fingerspitzen, violette Nägel. Temperaturunterschiede in verschiedenen Bereichen der Hand und der Finger.*

PILZINFEKTION: *Schwarze oder grüne Nägel. Verformte Nägel.*

MANGELERSCHEINUNGEN: *Weiße Flecken können entstehen, wenn der Nagel durch zu starkes Maniküren unter der Nagelhaut geschädigt wird. Sie bilden sich aber auch bei Zink- oder Kalziummangel oder leichtem Vitamin-A- und -D-Mangel.*

HERZ/LUNGENERKRANKUNGEN, BASEDOWSCHE KRANKHEIT, ZYANOTISCHE HERZERKRANKUNG, LEBERZIRRHOSE, MORBUS CROHN: *Bekannt als hippokratische Nägel oder Uhrglasnägel. Sie sind gebogen und von den Fingern abgehoben.*

LUNGENERKRANKUNG UND WASSER IN DEN BEINEN: *Gelbe Nägel.*

NIERENLEIDEN: *Rein weiße Nägel, die auf einen starken Proteinmangel im Körper hinweisen. Auch Nägel, die bei der Nagelhaut gelb und am Nagelende braun sind.*

SCHLECHTE ERNÄHRUNG, KALZIUMMANGEL: *Sehr brüchige, biegsame Nägel, weiße Flecken.*

BLUT: *Schwarze Zeichen, die tatsächlich getrocknetes Blut sind, das in den Nagel hineinwächst. Befindet sich unter dem Nagel ein schwarzer, runder Fleck, der nicht durch eine Fingerverletzung verursacht wurde, sollte der Betroffene zum Arzt gehen, da dies ein beginnendes Melanom (Hautkrebs) sein könnte.*

MEDIKAMENTE: *Chemotherapie und AZT (ein Medikament, das AIDS-Kranken verabreicht wird) können schwarze Flecken verursachen.*

RHEUMATOIDE ARTHRITIS, BANDSCHEIBENSCHADEN, KNOCHENERKRANKUNGEN: *Senkrechte Rillen und kleine Vertiefungen. Ein Nagel mit einer langen, senkrechten Rille ist Hinweis auf eine Verletzung des Knochens, der Bänder, Sehnen oder Knorpel. Eine kleine Vertiefung, Rillen oder eine starke Rille auf dem Daumen- oder Jupiternagel weist auf eine Kopf- oder Wirbelsäulenverletzung hin; auf dem Saturnnagel auf eine Verletzung der Wirbelsäule, der Rippen und des Brustkorbs; auf dem Apollofinger auf eine Bein-, Arm-, Schulter- oder Hüftverletzung; auf dem Merkurfinger auf eine Hand, Fuß- oder Knöchelverletzung.*

SCHUPPENFLECHTE, KAHLHEIT UND EKZEME: *Grubenbildung, und bei Schuppenflechte übermäßiges Wachstum der Haut auf beiden Seiten des Nagels. Ekzemflecken sind für den Handleser interessant, da der Bereich der Hand, in dem sie sich befinden, Aufschluß über die Gedanken des Betroffenen gibt.*

PROBLEME MIT BAUCH, BLASE, NIERE, BAUCHSPEICHELDRÜSE ODER DRÜSEN: *Kleine Nägel, die lose wirken.*

MANGELHAFTE ERNÄHRUNG, HIRNLEISTUNGSSTÖRUNGEN: *Löffelförmige Nägel.*

schwätzig. Sie fühlen sich unnütz und haben ihr Leben nicht im Griff.

Die Nägel sollten eine gesunde, rosa Färbung aufweisen, was anzeigt, daß genug Sauerstoff die Finger erreicht. Frauen pflegen ihre Nägel für gewöhnlich gut, unabhängig davon, welche Arbeit sie verrichten. Hat eine Frau ungepflegte Nägel, prüfen Sie, ob Sie seelische Probleme feststellen können.

Die Monde

Verändern die Monde plötzlich ihr Aussehen, werden sie sehr groß, oder verschwinden sie völlig, ist dies Hinweis auf eine Herzerkrankung. Waren sie immer ungewöhnlich, braucht man sich keine Sorgen zu machen – nur plötzliche Veränderungen sind von Bedeutung.

Was die Linien zeigen: Von den Haupt- zu den Nebenlinien

Kopflinie

Kopfverletzungen zeigen sich durch eine Unterbrechung der Kopflinie. Liegt ein Viereck über dieser Unterbrechung, so ist dies ein gewisser Schutz. Viele Störungen oder Inseln bedeuten mentale Probleme. Eine seltsame Formation am

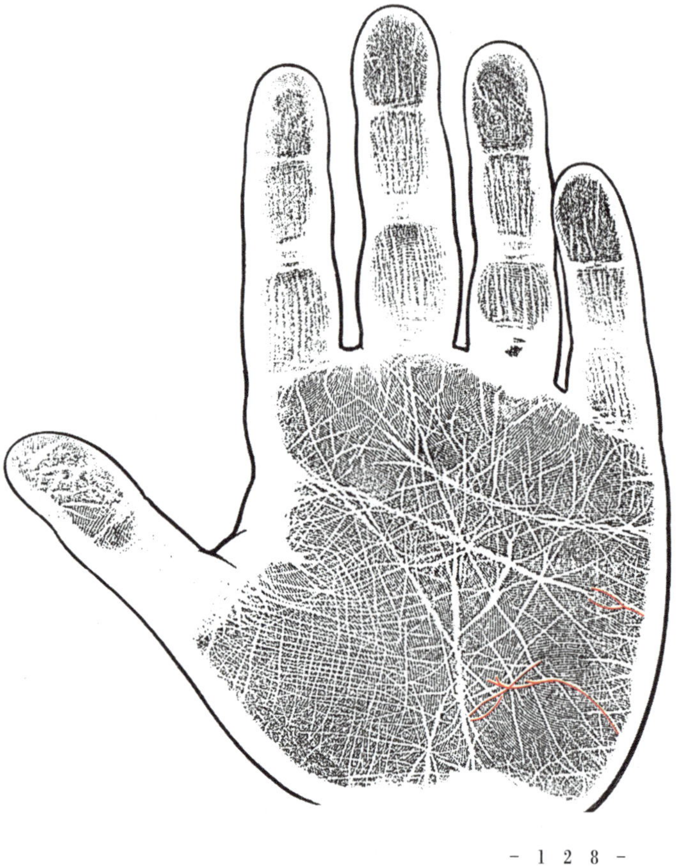

ZUCKERZANGE

VIA LASZIVA

Zuckerzangenbildung

Dieses Zeichen ist Hinweis auf Schlafstörungen. Beachten Sie, daß es nahe der Kopflinie liegt und diese zu berühren oder zu zwicken scheint und so den Handeigner hindert, Ruhe zu finden. Die Zuckerzange findet man meist auf vollen Händen, die viele Vierecke und Dreiecke aufweisen. Schlaflosigkeit kann verschiedene Ursachen haben. Der Betroffene kann allergisch auf bestimmte Nahrungsmittel oder Medikamente reagieren, wie dies die Via Lasziva andeutet, die die Lebenslinie berührt.

Ende der Kopflinie, die wie eine Zuckerzange aussieht, zeigt Schlafstörungen an. Eine verkettete Kopflinie ist Hinweis auf Schwachsinn. Ist das Ende der Kopflinie verästelt, so kann dies Senilität, geistige Ermüdung oder eine Erkrankung im Kopfbereich, wie Blindheit oder Taubheit, bedeuten. Feine Gitterlinien auf der Marsebene unter der Kopflinie weisen auf einen nervösen Magen hin.

Herzlinie

Ist die Herzlinie im Bereich des Merkurbergs hart, so ist dies Hinweis auf Bluthochdruck oder Herzerkrankungen. Verästelungen auf dieser Linie unter dem Merkurberg sind Anzeichen für eine Angina oder eine Herzmuskelerkrankung. Inseln in diesem Bereich zeigen an, daß das Herz gestreßt ist, Punkte sind Hinweis auf einen drohenden Herzinfarkt. Ist der Punkt von einem Kreis umgeben, wird der Handeigner gerade rechtzeitig gerettet werden. Inseln auf der Herzlinie im Merkur/Apollobereich sind Hinweis auf Probleme mit den Zähnen, dem Mund, dem Hals oder der Lunge. Bilden sich bei abgewinkelter Hand auf der Herzlinie tiefe, bläuliche Gruben oder Vertiefungen, so ist dies Zeichen für eine Schädigung der Lunge oder Tuberkulose.

Eine verästelte oder ausgefranste Herzlinie bedeutet einen Mangel an einem Spurenelement, wie zum Beispiel Kalium. Diese Störung kann durch erhöhten Konsum von Bananen oder Tomaten behoben werden.

Lebenslinie

Eine Lebenslinie mit vielen Punkten ist Hinweis auf eine Wirbelsäulenerkrankung. Betrachten Sie die Lebenslinie als Abbild der Wirbelsäule, so sehen Sie, welcher Bereich betroffen ist. Punkte auf der aktiven Hand zeigen Knochen- und Bandscheibenprobleme an, Punkte auf der passiven Hand Probleme mit den Rückenmuskeln und -bändern. Eine Anhäufung von Punkten in dem Bereich der Linie, wo sie sich von der Kopflinie entfernt, sind Hinweis auf Nackenprobleme, Punkte am Ende der Linie weisen auf einen Bandscheibenvorfall, einen Hexenschuß oder Ischias hin, vor allem wenn die Linie nach außen gewölbt ist.

PUNKTE AUF DER WIRBELSÄULE

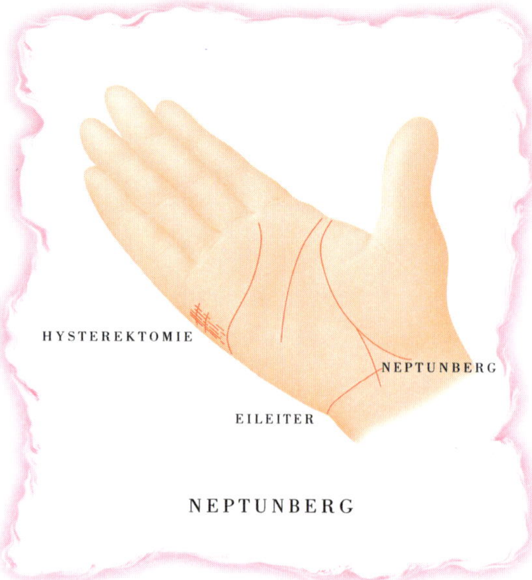

NEPTUNBERG

Beziehungslinien

Eine Warze auf oder bei den Beziehungslinien ist Hinweis auf ein Problem mit den Fortpflanzungsorganen.

Kinderlinien

Eine relativ starke Kinderlinie, die aber nicht bis zur Beziehungslinie reicht, oder Wellen, Inseln und andere Störungen auf den Linien können den

Ist die Lebenslinie unterbrochen, verästelt, hat sie Inseln oder sonstige Störungen, ist dies Hinweis auf Gesundheitsprobleme.

Der Neptunberg

Er kann faszinierende Aufschlüsse über die Gesundheit des Handeigners geben. Häufig weist er ein verkehrtes V auf, das aus den Enden anderer Linien besteht. Dieses V kann als eine Art Röntgenbild für die Fruchtbarkeit der Frau angesehen werden, so daß Störungen auf diesem Zeichen Probleme mit den entsprechenden Organen bedeuten. Weist eine Seite Störungen auf, hat die Handeignerin eine Erkrankung des Eierstocks, des Eileiters oder der Gebärmutter. Glänzt der gesamte Bereich, wurde der Betroffenen die Gebärmutter entfernt. Ein Gitter über den Beziehungslinien ist auch Hinweis auf eine Hysterektomie.

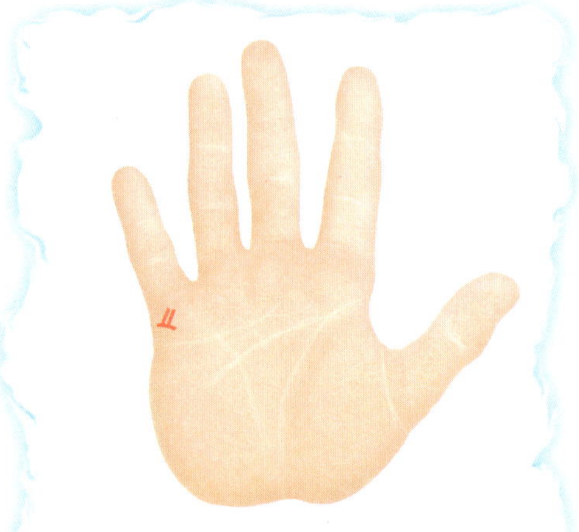
KINDERLINIEN

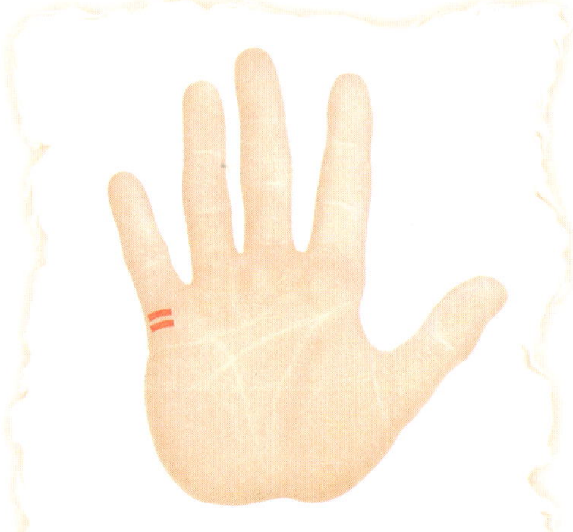
BEZIEHUNGSLINIEN

Verlust eines Kindes durch eine Fehlgeburt oder eine Abtreibung anzeigen. Linien mit Inseln, Verästelungen oder V-Formationen am Ende können ein Hinweis auf Probleme mit kranken oder ungezogenen Kindern sein.

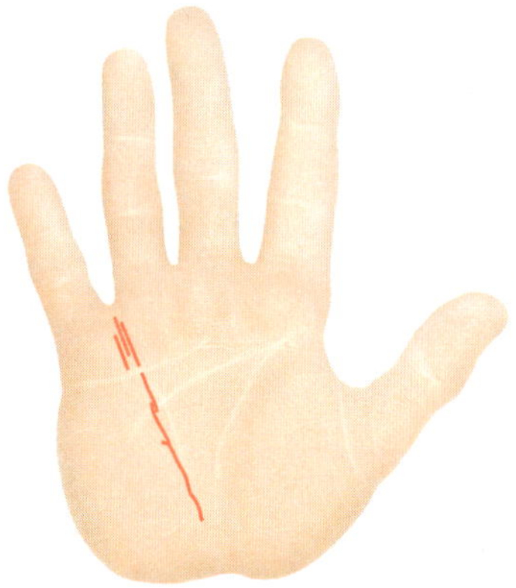

GESUNDHEITSLINIE

Gesundheitslinie

Bei Frauen können Inseln, Punkte und ähnliches, die sich am Ende der Gesundheitslinie befinden, auf Schwierigkeiten in der Schwangerschaft und bei der Geburt hinweisen. Punkte auf der Gesundheitslinie bedeuten ein akutes Problem, wie zum Beispiel Nierensteine. Sie verschwinden mit Abklingen der Krankheit.

Via Lasziva

Störungen auf der Via Lasziva sind Hinweis auf Medikamentenempfindlichkeit und Allergien.

HINWEISE

- *Sind die Hautrillen auf der Hand unterbrochen und weisen sie kleine Vertiefungen auf, kann der Handeigner unter Alkohol- oder Drogensucht leiden.*
- *Bei Menschen, die mit Kranken arbeiten oder eine Beratertätigkeit ausüben, leuchtet die Gesundheitslinie rot.*
- *Viele feine Linien und eine Rotfärbung auf Frauenhänden bedeutet, daß sie schwanger ist. Auf den Händen von Männern sind dieselben Zeichen Hinweis auf sexuelle Frustration!*
- *Inseln unter Saturn können Taubheit anzeigen.*
- *Schwache oder leere Flecken auf einer Linie bedeuten eine Zeit der Krankheit. Diese Zeichen vergehen, wenn sich der Handeigner erholt.*
- *Verästelungen am Ende der Linie oder ein Gitter im unteren Bereich der Hand zwischen der Schicksalslinie und dem Plutoberg sind Hinweis auf Diabetes. Akute Diabetes liegt vor, wenn die Linien unterbrochen sind und überlappen.*

FÄHIGKEITEN UND KARRIERE

Es gibt viele Zeichen, die helfen können, einen Beruf zu wählen. Die Handlesekunst ist keine exakte Wissenschaft, so daß wir nur Vorschläge machen können, in welche Richtung Ihre Interessen und Fähigkeiten führen. Wir werden Ihnen Beispiele bringen, um Ihnen die Antwort auf Fragen, die Ihre Karriere betreffen, zu erleichtern. Es ist von Vorteil, wenn Sie auf Ähnlichkeiten zwischen den vorgestellten Personen und den Händen Ihrer Bekannten achten.

Vorher aber noch einige allgemeine Hinweise, was die Hauptlinien und die Handformen in diesem Bereich aussagen können.

Der Verlauf einer Karriere in den Linien

Denken Sie daran, die Schicksalslinie zu prüfen, um zu sehen, welche Richtung der Handeigner in seinem Leben einschlägt und wann er sie ändert. Geht die Schicksalslinie aus der Lebenslinie hervor, wird der Handeigner seinen Weg im richtigen Beruf machen. Das wird erst später im Leben eintreffen, nachdem er bereits in einem falschen Beruf gearbeitet hat. Ist dieses Zeichen vorhanden, prüfen Sie auch die Lebenslinie, da diese weiteren Aufschluß über eine Richtungsänderung geben kann. Bildet sich die Schicksalslinie erst nach dem dreißigsten Geburtstag, wird der Handeigner einige Zeit brauchen, bevor er den richtigen Beruf findet.

Ist die Linie doppelt oder stark verästelt, ist dies Hinweis auf Selbständigkeit, eine Gabelung am Ende der Linie zeigt einen plötzlichen Jobwechsel an. Führt die Linie zum Daumen, ist dies Hinweis auf eine Zeit des materiellen Erfolgs, führt sie zur Handkante, lebt der Handeigner eine Zeitlang zurückgezogen.

Die Lebenslinie kann in verschiedenen Bereichen liegen, die allgemeinen Aufschluß über die Karriere und den Lebensstil geben. Führt sie zur Handmitte, macht der Handeigner Fortschritte in der Karriere, und er erreicht finanziellen Wohlstand.

Die Kopflinie gibt viele Hinweise auf die Karriere. Ist sie gerade und weist sie keine Störungen auf, verläuft das Leben des Handeigners ohne Zwischenfälle. Ist sie wellig, wird das Leben des Betroffenen von Höhen und Tiefen gekennzeichnet sein. Unterbrechungen, Schnittlinien oder Störungen auf der Linie sind Hinweis auf verschiedene Rückschläge. Geht eine Linie von der Kopflinie nach oben, steht ein erfolgreicher Neuanfang ins Haus, geht sie nach unten weg, gibt der Handeigner etwas auf. Gabelungen sind Hinweis auf einen abwechslungsreichen Beruf oder auf eine Vielzahl von Jobs. Zu viele Gabeln bedeuten zu viele Interessen, ist jedoch eine Hauptlinie vorhanden, von der einige feine Linien weggehen, so ist dies Hinweis auf eine abgerundete Persönlichkeit, deren Job finanziell einträglich ist, aber genug Zeit für andere Interessen läßt. Eine Insel auf der Kopflinie läßt auf eine schwierige, unsichere Zeit schließen. Ein Viereck bedeutet, daß der Handeigner in einem Job gefangen ist, der ihn nicht erfüllt, aber Sicherheit bietet.

Handformen und Persönlichkeit

Ist die Hand praktisch und eckig, künstlerisch und lang, athletisch und stark, träge und schlaff, kreativ und spatelförmig? Ist die Kopflinie lang oder nicht? Ist sie geneigt und weist so auf Phantasie und Kreativität hin, oder ist sie gerade, und hat der Handeigner ein mathematisches Talent? Ist einer der Finger ungewöhnlich lang? Ist die Schicksalslinie stark und weist somit auf ein ereignisloses Leben hin, oder ist sie unterbrochen und das Leben vielfältig?

Überlegen Sie, wie viele verschiedene Persönlichkeiten und Talente direkt oder indirekt an der Herstellung eines Gebrauchsgegenstands beteiligt sind. Man benötigt dafür Erfinder, Designer, Verkaufs- und Marketingexperten, Buchhalter, Sicherheitspersonal und Putzfrauen. Es ist nicht erforderlich, daß eine Putzfrau lange, künstlerische Hände hat, doch wird eine Frau mit dieser Handform vielleicht Fabrikböden reinigen und daneben ein wunderbares Musikstück komponieren.

Während wir die Handabdrücke für dieses Buch sammelten, entdeckten wir unerwartete Ähnlichkeiten bei verschiedenen Händen. Alle Handeigner, die mit Technik zu tun haben, weisen zum Beispiel lange, tiefliegende Herzlinien auf, die zum Beginn der Kopf- und der Lebenslinie hin stark verästelt sind. Ein Handleser würde für gewöhnlich annehmen, daß Menschen mit diesem Merkmal eine sehr schwere Kindheit hatten oder daß sie Probleme mit Sex haben. Tatsächlich heirateten alle diese Männer früh und waren darauf bedacht, erst eine stabile Familie aufzubauen, bevor sie sich auf ihre Karriere konzentrierten. Dieses Beispiel soll illustrieren, daß es viele Abweichungen von den festgelegten „Normen“ in der Handlesekunst gibt, die es zu entdecken gilt.

Der praktische Typ

Praktische Menschen haben eckige Hände. Sie sind umso praktischer veranlagt, je kompakter ihre Hände wirken. Eine eckige Handfläche oder eckige Fingerspitzen geben erfinderischen, sportlichen oder künstlerisch veranlagten Menschen praktisches Geschick. Ein eckiger Handteller mit runden Fingerspitzen ist Hinweis auf eine umgängliche Person mit viel Hausverstand. Auch eine lange, künstlerische Hand kann einen eckigen Handteller aufweisen. Dies ist Hinweis auf die Fähigkeit, kreative Ideen gewinnbringend umzusetzen. Eckige Fingerspitzen bei einem sportlichen, kreativen oder aufgeschlossenen Menschen deuten auf Vorsicht, finanzielle oder technische Fähigkeiten hin.

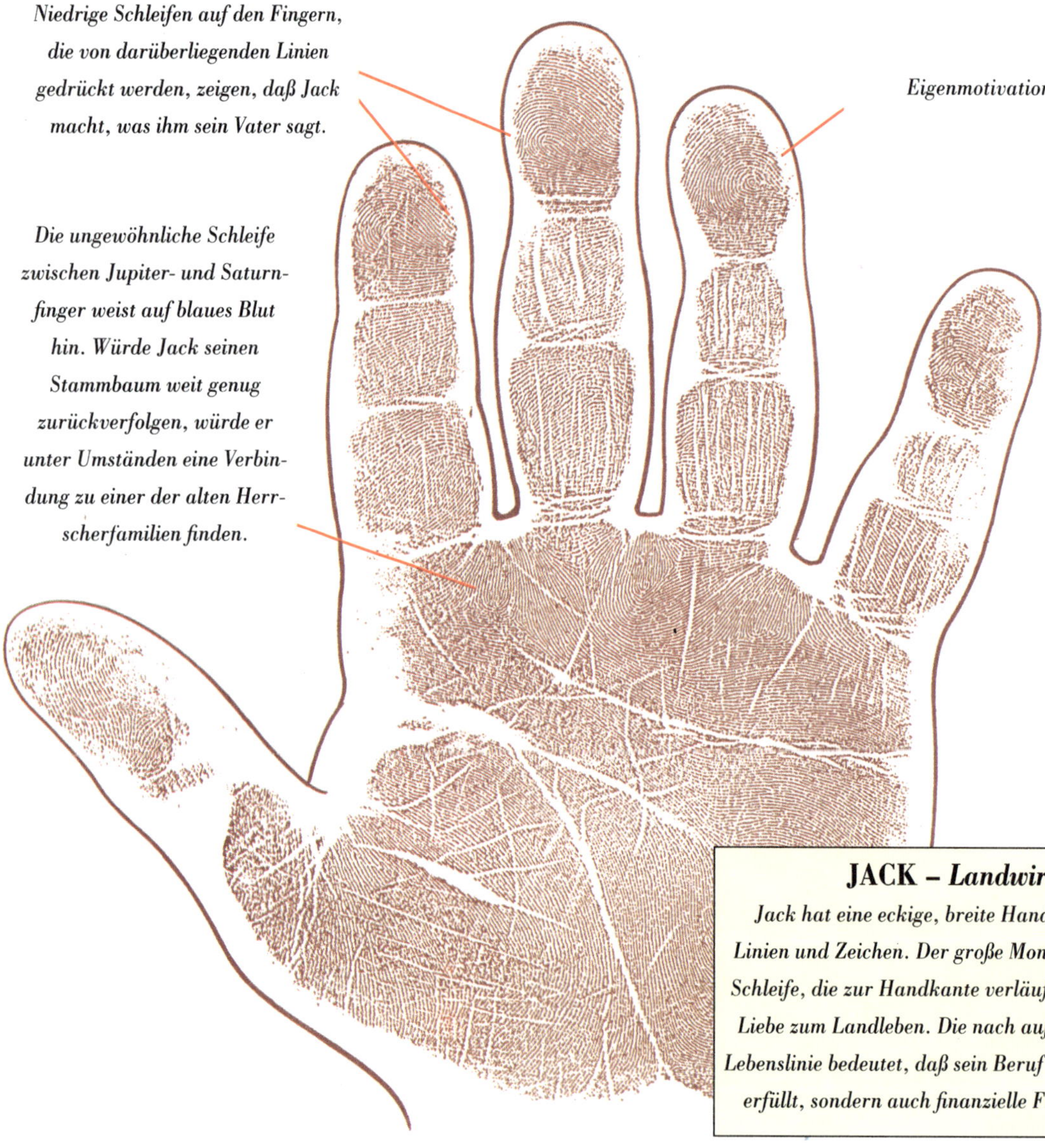

JACK – *Landwirt*

Jack hat eine eckige, breite Hand mit klaren Linien und Zeichen. Der große Mondberg und die Schleife, die zur Handkante verläuft, zeigen seine Liebe zum Landleben. Die nach außen strebende Lebenslinie bedeutet, daß sein Beruf Jack nicht nur erfüllt, sondern auch finanzielle Früchte trägt.

BERUFSWEG	**MERKMALE**
Landarbeiter	*Dicke, eckige Hände, runde oder eckige Fingerspitzen.*
Landwirt	*Kann runde Hände mit einem eckigen Handteller oder einen eckigen Handteller mit spatelförmigen Fingern haben.*
Bauarbeiter	*Eckige, eher knochige Hand, runde oder spatelförmige Fingerspitzen, abfallende Kopflinie.*
Koch	*Plumpe, eckige Hand, möglicherweise runde Fingerspitzen.*
Fahrer	*Eckige, harte Hand.*
Friseur	*Eckiger Handteller, dünne Hand, lange Finger, gebogene Kopflinie. Langer Apollofinger mit einem Wirbel.*

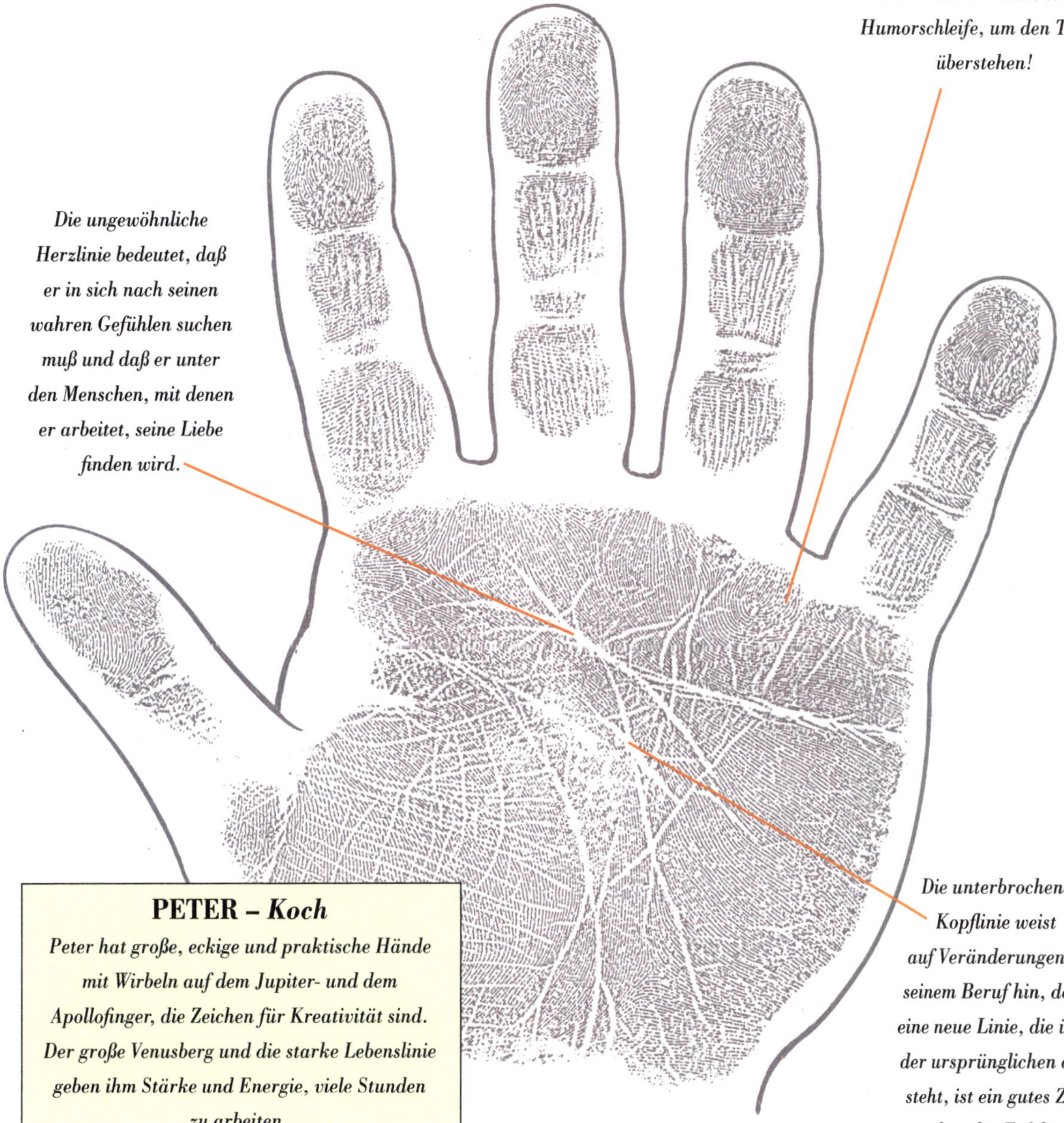

PETER – *Koch*

Peter hat große, eckige und praktische Hände mit Wirbeln auf dem Jupiter- und dem Apollofinger, die Zeichen für Kreativität sind. Der große Venusberg und die starke Lebenslinie geben ihm Stärke und Energie, viele Stunden zu arbeiten.

Flexibilität

Menschen mit runden, beweglichen Händen sind für gewöhnlich freundlich und erreichen im Berufsleben häufig etwas durch ihre natürliche Gabe, mit Menschen umzugehen. Sie können in verschiedenen Berufen erfolgreich sein. Haben sie zusätzlich eine Vielzahl von Schleifen auf den Fingerspitzen, arbeiten sie gut in einem Team. Sind die Finger leicht nach hinten gebogen, kann man sich anpassen, doch ist man schnell gelangweilt und braucht Abwechslung. Menschen in pflegenden Berufen weisen häufig diese Merkmale auf. Ein langer Merkurfinger und eine gerade Kopflinie sind oft bei Personen zu sehen, die mit vielen verschiedenen Menschen arbeiten, wie Sekretärinnen und Telefonistinnen.

BERUF	**MERKMALE**
Sekretärin, Buchhalter, Geistlicher	*Sekretärinnen/Geistliche können über eine gerade Kopflinie und konische Hände, Schleifen auf den Fingerspitzen und runde Nägel verfügen. Buchhalter haben feinere Hände und eckige Fingerspitzen.*
Manager	*Dynamische Manager haben ziemlich dicke Hände mit einem großen Venus- und Mondberg.*
Verkäufer	*Lebhafte Hände mit Schleifen und einer Humorschleife.*
Krankenschwester	*Humorschleife, dickliche Hände, von der Herzlinie führt eine Linie zum Salomonring.*
Lehrer/Erzieher	*Die Finger stehen auseinander, praktische Hände mit runden Fingern, wie sie bei Menschen in Pflegeberufen häufig sind. Von der Herzlinie geht eine Linie zum Salomonring.*
Freizeitmanager	*Runde Hände mit spatelförmigen Fingern und Wirbeln auf den Fingerspitzen.*

Künstlerisch begabte und kreative Menschen

Professionelle Künstler haben meist eine von zwei völlig verschiedenen Handformen. Wird jemand, der nichts von Handlesen versteht, gefragt, wie Künstlerhände aussehen, sagt er für gewöhnlich, daß die Hände lang und feingliedrig sein sollten. Das ist nur teilweise richtig, da viele künstlerisch begabte Menschen wirklich diese Hände haben. Möchte ein Künstler jedoch in seinem Bereich die Spitze erklimmen, sind diese Hände nicht ideal. Viele Musiker haben kurze Hände mit kurzen Fingern, die bananenförmig wirken, viele Schriftsteller dagegen kleine, lebhafte Hände. Diese Hände können völlig verfehlt wirken, doch zeigen sie, daß der Handeigner die Energie und den Schwung aufbringt, seinen Beruf wirklich zu erlernen und die Spitze zu erreichen. Bei einer Partnerschaft unter Künstlern oder Menschen aus der Unterhaltungsindustrie hat ein Partner immer längere, spirituellere und emotionellere Hände, der andere hingegen kleinere, lebhaftere Hände.

Wenn auch hier nicht ersichtlich, hat Maria einen dicken Ansatz beim Winkel der Harmonie am Venusberg und einen Winkel des Rhythmus oder der Geschicklichkeit am Daumenansatz.

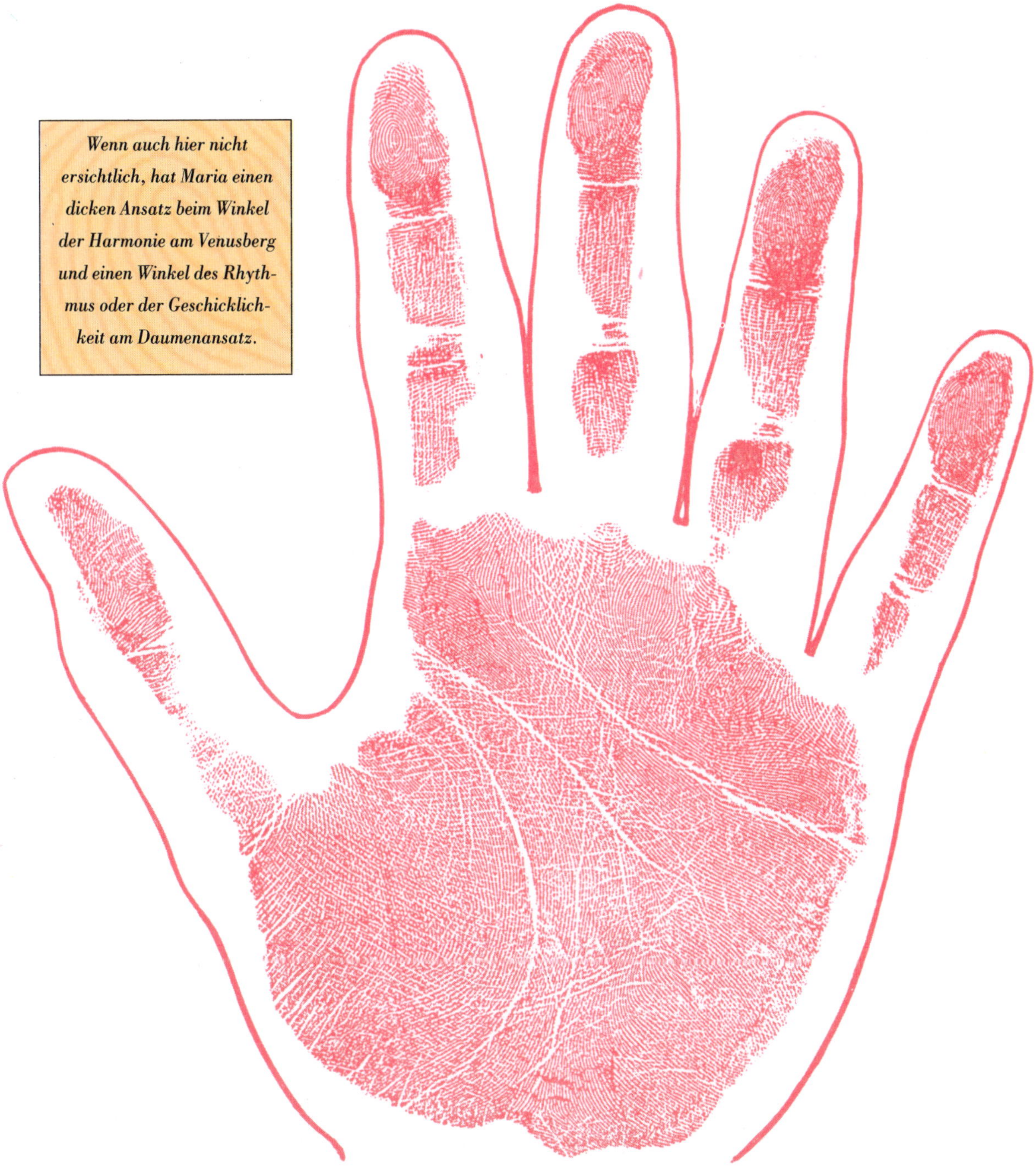

MARIA – *Musikerin*

Maria hat lange Hände mit einer gebogenen Herzlinie und langen Fingern. Dies weist auf ihr künstlerisches Temperament hin. Die gebogene Handkante verleiht ihr Kreativität. Ihr dicker Apollofinger und der hohe Apolloberg zeigen ihr Interesse an Kunst. Obwohl sie eine Ausbildung als Musikerin hat, ist sie auch Schauspielerin. (Beachten Sie, daß der Jupiter-, Saturn- und Apollofinger ungefähr dieselbe Länge haben.)

Einige Schauspieler haben große, breite, knochige Hände mit einem scharf hervortretenden Knöchel am Daumenansatz und einer starken, zurückgebogenen Daumenspitze. Andere wiederum haben häßliche, knotige Hände oder seltsam winkelige. Die Finger bilden eine Linie, da Jupiter-, Saturn- und Apollofinger beinahe gleich lang sind und der Daumen schwer ist. Im Vergleich zum Gesicht sind die Hände dieser Menschen oft überraschend häßlich und die Fingernägel abweisend, wenn nicht die Maniküre harte Arbeit geleistet hat. Popstars und Musiker beiderlei Geschlechts haben für gewöhnlich lange Finger und schönere Fingernägel.

BERUFE	**MERKMALE**
KÜNSTLER	*Lange Hände oder überraschend kurze. Ein langer Apollofinger mit einem Wirbel oder Pfauenauge. Fallende Kopflinie.*
MUSIKER	*Sehr lange oder kurze Hände. Langer Apollofinger mit einem Wirbel oder Pfauenauge. Dicke Fingerspitzen, vor allem am Apollofinger. Ausgebildete Winkel der Geschicklichkeit und Harmonie.*
SCHRIFTSTELLER	*Langer Merkur- und Apollofinger und hoher Merkurberg, unter Umständen mit einem Kreuz. Fallende Kopflinie mit Gabelungen. Schleife der Intention. Von der Schicksalslinie führen Linien zum Merkurbereich. Voller Mond- und Neptunberg.*
SÄNGER	*Wie bei Musikern, aber hoher Venusberg.*
SCHAUSPIELER	*Verschiedene Handformen von groß über knotig zu winkelig. Finger sind fast gleich lang. Oft häßliche Nägel. Großer, winkeliger Daumen, der zurückgebogen ist.*
MODEDESIGNER	*Lange Finger, Stilschleife unter dem Apollofinger, Wirbel oder Pfauenauge auf dem Apollofinger. Fallende Kopflinie. Voller Mond- und Neptunberg. Fingerbeeren.*
SCHNEIDER	*Eckigere und praktischere Hände als der Modedesigner, aber sonst ähnliche Zeichen. Hier sind Fingerbeeren unbedingt erforderlich.*

Kommunikative Menschen

Es kann sich hier um Verkäufer, Lehrer, Vortragende, Sekretärinnen und all jene handeln, die in der Öffentlichkeit stehen. Journalisten, Fernsehsprecher oder andere, die mit Kommunikation Geld verdienen, gehören dazu. Sie brauchen alle einen langen Merkurfinger, nach Möglichkeit mit einem Wirbel oder Pfauenauge. Außerdem besitzen sie eine lange Kopflinie, die am Ende eine Gabelung aufweisen kann. Wißbegierige Menschen haben eine Schleife der Intention zwischen Saturn- und Apollofinger und knotige Knöchel. Achten Sie auf die Hauptmerkmale – der Wunsch, Wissen weiterzugeben –, und betrachten Sie die betreffenden Bereiche.

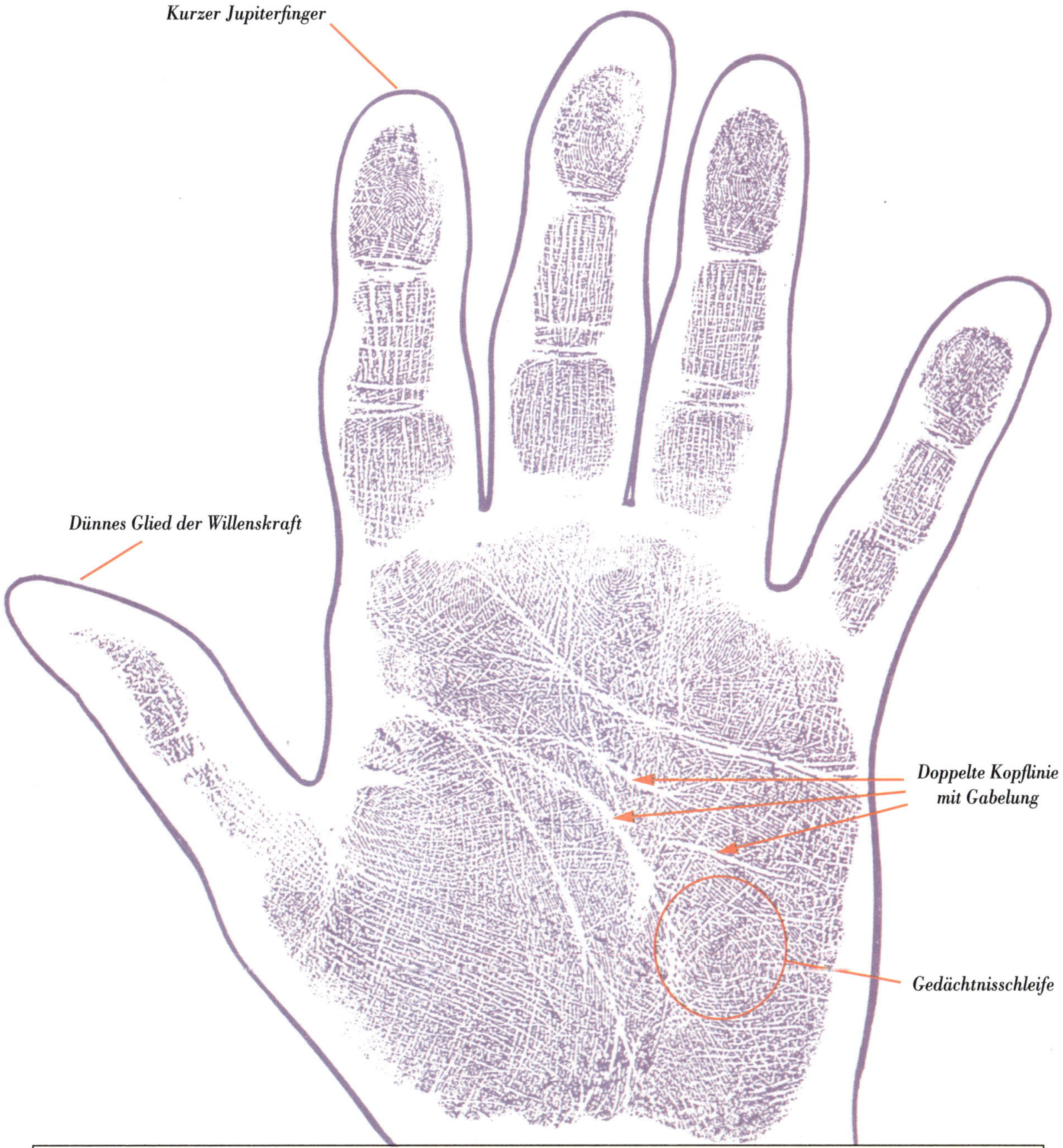

SASHA – *Schriftstellerin*

Sasha hat zahlreiche Bücher über Astrologie, Tarot und Handlesen verfaßt. Sie könnte über viele Themen schreiben, da ihre Hand eine doppelte Kopflinie und einen Wirbel auf einem langen, geraden Merkurfinger aufweist. Neigt sich das oberste Glied des Saturnfingers zum Apollofinger, wie hier, erreicht der Handeigner viel aus eigener Kraft. Die Gedächtnisschleife zeigt, daß Sasha in jedem Beruf, in dem sie ihren Verstand anwenden kann, erfolgreich gewesen wäre. Daß ihr Leben nicht diese Richtung genommen hat, ist durch die verbundene Kopf- und Lebenslinie, den kurzen Jupiterfinger und ein dünnes Glied der Willenskraft verursacht. Diese Zeichen weisen auf eine sehr strenge Kindheit hin, durch die ihr das Selbstvertrauen schon in frühen Jahren genommen wurde. Die vielen feinen Linien zeigen Sashas Gefühl für ihre Mitmenschen und ihre Fähigkeit, Freundschaften einzugehen. Die Humorschleife trägt Sasha durch einen anstrengenden Tag und stimuliert die Menschen, die mit ihr arbeiten.

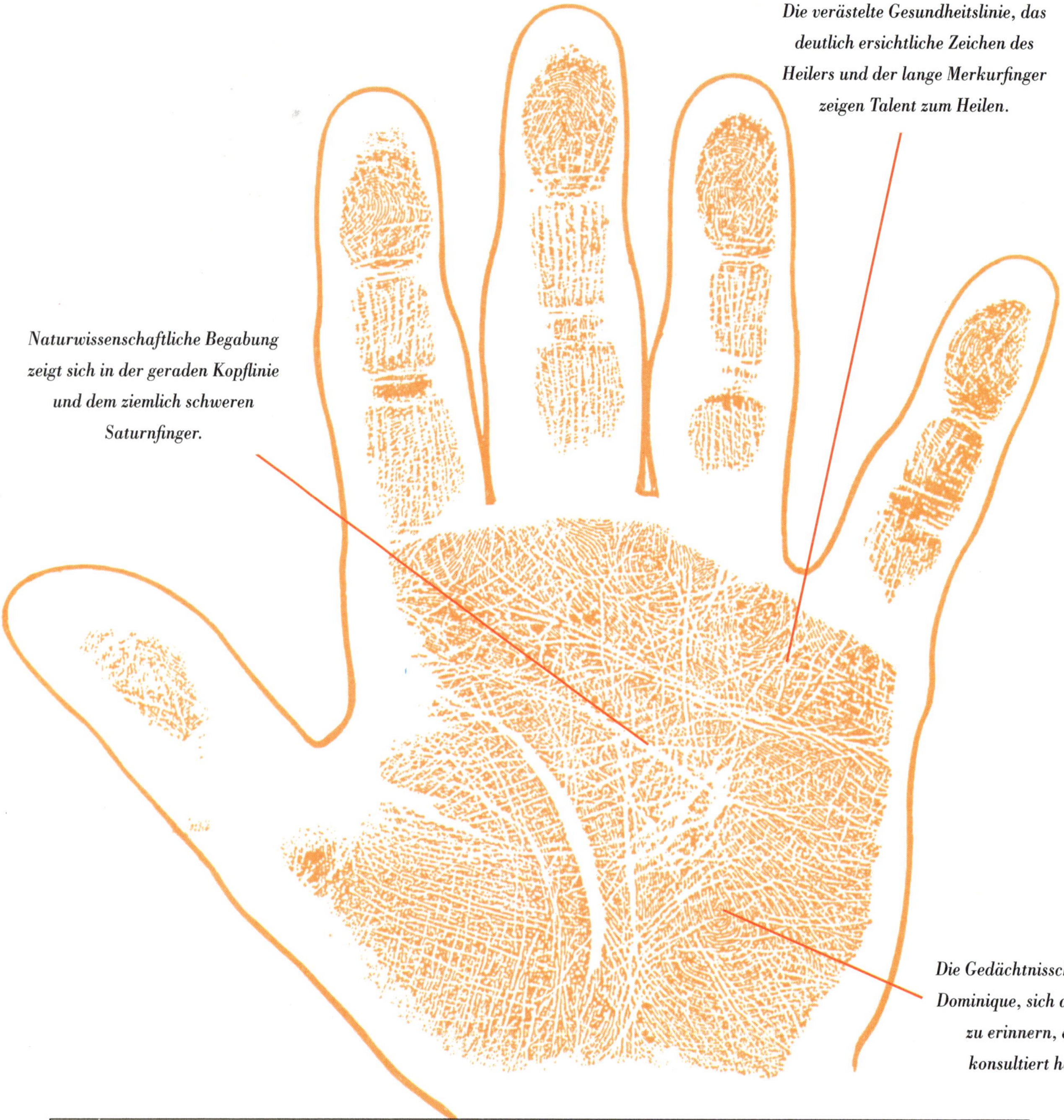

DOMINIQUE – *Ärztin und Kräuterheilkundige*

Dominique ist Ärztin und beendet gerade einen Kurs über Kräuterheilkunde. Sie hat eine große Familie, für die sie sorgt, der auch Haustiere angehören, und viele Leute gehen in ihrem Heim aus und ein. Ihr geschäftiges Leben zeigt sich durch die Vielzahl von Linien auf ihrer Hand. Die vertikalen Linien auf ihren Fingern zeigen, daß ihr Lebensstil sie gegenwärtig ermüdet. Dominique meinte, daß sie gerne eine beratende Tätigkeit ausüben würde. Sie braucht dafür wahrscheinlich einen stärkeren Salomonring, doch die vielen Zeichen um den Venusgürtel werden ihr helfen, dieses Ziel zu erreichen. Wenn sie anfängt, Freude an dieser intuitiven Tätigkeit zu finden, werden sich der Salomonring und der Bogen der Intuition schnell entwickeln.

BERUFE	MERKMALE
LEHRER	*Kann knochige Hände mit knotigen Knöcheln, lange Finger und eckige Handflächen haben. Ein Viereck auf dem Jupiterberg und eine diagonale Rille oder Linie zwischen dem Merkur- und dem Apolloberg. Auch ein Zeichen des Heilers könnte vorhanden sein.*
JOURNALIST UND HERAUSGEBER	*Fallende Kopflinie mit Gabelungen. Gerade Herzlinie. Kein Salomonring. Bei Reportern flacher Mondberg, bei Feature-Redakteuren höherer Mond- und Neptunberg.*
VERKÄUFER	*Konische Hände, hoher Merkurberg. Langer Merkurfinger. Bewegliche Finger, spatelförmige oder fächerförmige Nägel. Großer Venusberg ist Hinweis auf Hartnäckigkeit.*
VORTRAGENDER	*Lange Hände, lange Finger, möglicherweise spatelförmig. Leicht knotige Knöchel. Erfolgreiche Vortragende haben einen vollen Venus- und Mondberg.*
HANDLESER/ASTROLOGE	*Langer Handteller. Lange, leicht knotige Finger, fallende Kopflinie, unter Umständen verästelt. Lebenslinie endet im Neptunbereich. Unterbrochene Schicksalslinie.*
GRUPPENLEITER	*Eine Schleife am Jupiterfinger, die vom Daumen herkommt. Langer Jupiter- und Saturnfinger.*

Eine Auswahl von Berufen

Buchhalter, Ärzte, Anwälte und Techniker sind nachdenklich und intuitiv und arbeiten sowohl mit Menschen als auch mit Fachwissen. Sie haben häufig schöne Hände mit spatelförmigen Fingern oder lange Hände mit eckigen Fingerspitzen. Die freundlichen, humorvollen Vertreter dieser Gruppe, die sehr beliebt sind, haben bewegliche, leicht gerundete Hände mit einem hohen Merkurberg und einer Humorschleife zwischen dem Apollo- und dem Merkurfinger. Diese charismatischen Persönlichkeiten können sehr unterhaltsam sein, doch sind sie vielleicht nicht die besten Vertreter ihres Berufes.

Je tatkräftiger die Person ist, desto kleiner ist ihre Hand. Strebsame, nachdenkliche Handeigner haben längere Finger, eine geradere Kopflinie und winkeligere Knöchel. Sie können besser beraten als Menschen mit runden Händen.

BERUFE	MERKMALE
BUCHHALTER	*Schlanke Hände mit eckigen Handflächen und Fingerspitzen. Gerade Kopflinie. Können viele kleine, horizontale Linien am Merkurfingeransatz aufweisen.*
ANWALT	*Ähnlich wie Buchhalter, aber ohne zusätzliche Linien am Merkurfingeransatz.*
STAATSANWALT	*Langer Jupiter- und Apollofinger, fallende Kopflinie. Winkeliger Daumen.*
ARZT, THERAPEUT, ZAHNARZT	*Schlanke, intuitive Hände. Gesundheitslinie, Zeichen des Heilers, spatelförmige oder eckige Fingerspitzen.*
TECHNIKER	*Spatelförmige Hände mit Pfauenauge am Apollo- oder Merkurfinger. Gerade Kopflinie.*
VERWALTUNGSBEAMTER	*Ähnlich wie Buchhalter oder Anwalt. Das Zeichen des Heilers zeigt, daß er mit Menschen arbeitet.*

Geschäftsleute

Der Venus- und der Mondberg sind ziemlich voll, und die Finger sind stark. Wenn das Geschäft vertraulich ist, kann sich der Jupiterfinger des Handeigners zum Saturnfinger neigen. Die Kopflinie ist lang und stark und fällt leicht ab. Ein Verkäufer hat starke Linien und einen langen Merkurfinger. Die Herzlinie eines fürsorglichen und verantwortungsbewußten Arbeitgebers reicht über den Jupiterberg und endet in einer kleinen Gabelung.

Große Hände mit großen, runden Fingernägeln sind Hinweis auf ein unbeschwertes und freundliches Naturell, kleine Hände mit kleinen eckigen oder spatelförmigen Fingernägeln deuten dagegen auf einen angespannten, rastlosen und ehrgeizigen Menschen hin. Es ist vielleicht schwierig, für diese Menschen zu arbeiten, doch werden sie wahrscheinlich eher harte Zeiten durchstehen als ihre liebenswürdigen Kollegen.

Nachfolgend finden Sie die Handabdrücke einiger Geschäftsleute, die wir getroffen haben. Es ist erstaunlich, wie unterschiedlich ihre Handformen sind. Das mag Hinweis auf die Bandbreite von Fähigkeiten sein, die nötig ist, um in der Geschäftswelt zu bestehen.

BERUFE	**MERKMALE**
VERLEGER	*Kleine, runde Hände. Dünne Finger mit unterschiedlichen Fingerspitzen: am Saturnfinger eckige Spitze, am Apollo- und Merkurfinger leicht spatelförmige Spitze. Lange, leicht gebogene Kopflinie.*
INTERNATIONALER PERSONALBERATER	*Lange, kräftige, knochige Hände mit großem Venus- und Mondberg. Lange, gebogene Kopflinie.*
DIREKTOR EINER TECHNISCHEN FIRMA	*Kurze, eckige Hände mit spatelförmigen Fingerspitzen. Volle Berge, besonders der Merkur- und der Venusberg. Lange, starke Linien, ein starker Daumen mit starkem Glied der Willensstärke.*
DIREKTOR EINER GRUPPE VON VORSCHULEN	*Lange Hände mit langen Handtellern. Lange, gegabelte Kopflinie. Starker Saturnfinger, Salomonring mit einer Linie, die von der Herzlinie herführt. Zeichen des Heilers und Gesundheitslinie.*
GESCHÄFTSFÜHRER EINER SOFTWAREFIRMA	*Kleine, harte Hände mit großen, flachen Bergen und langen, tiefen, starken Linien. Eckige Fingerspitzen mit Geldlinie (siehe Seite 148).*
DIREKTOR EINER INTERNATIONALEN VERTRIEBSFIRMA FÜR ASTROLOGIESOFTWARE	*Lange, schlanke, außerordentlich schöne Hände mit eckigem Handteller. Spirituelles, ätherisches Kanda-Dreieck. Gegabelte Kopflinie, spatelförmiger Apollofinger, langer Merkurfinger. Großer, flacher Venus- und Mondbereich.*

Sport

Es wäre logisch, wenn Sportlerhände am Ansatz breit wären, einen starken Daumen hätten und grundsätzlich stark und tatkräftig aussähen, doch ist das nicht immer der Fall. Viele Sportler haben eher feine Hände. Die geistige Anstrengung, die nötig ist, damit sie die Spitze erreichen, ist noch um einiges wichtiger als die körperliche Kraft. Dasselbe gilt auch für Tänzer und Akrobaten, die sehr feine Hände mit langen Fingern haben.

Die gerade Kopflinie mit den beiden Gabelungen am Ende zeigt, daß Martins Firma erfolgreich sein wird. Es ist nicht auszuschließen, daß Verbindungen in Übersee zu seinem Erfolg beitragen werden. Mit der Kopflinie sind die Gebiete USA und Kanada verbunden.

Beachten Sie das ungewöhnlich klare Kreuz auf dem Merkurberg, das für gewöhnlich bei Computerfachleuten zu finden ist. Hier ist es außergewöhnlich deutlich zu sehen.

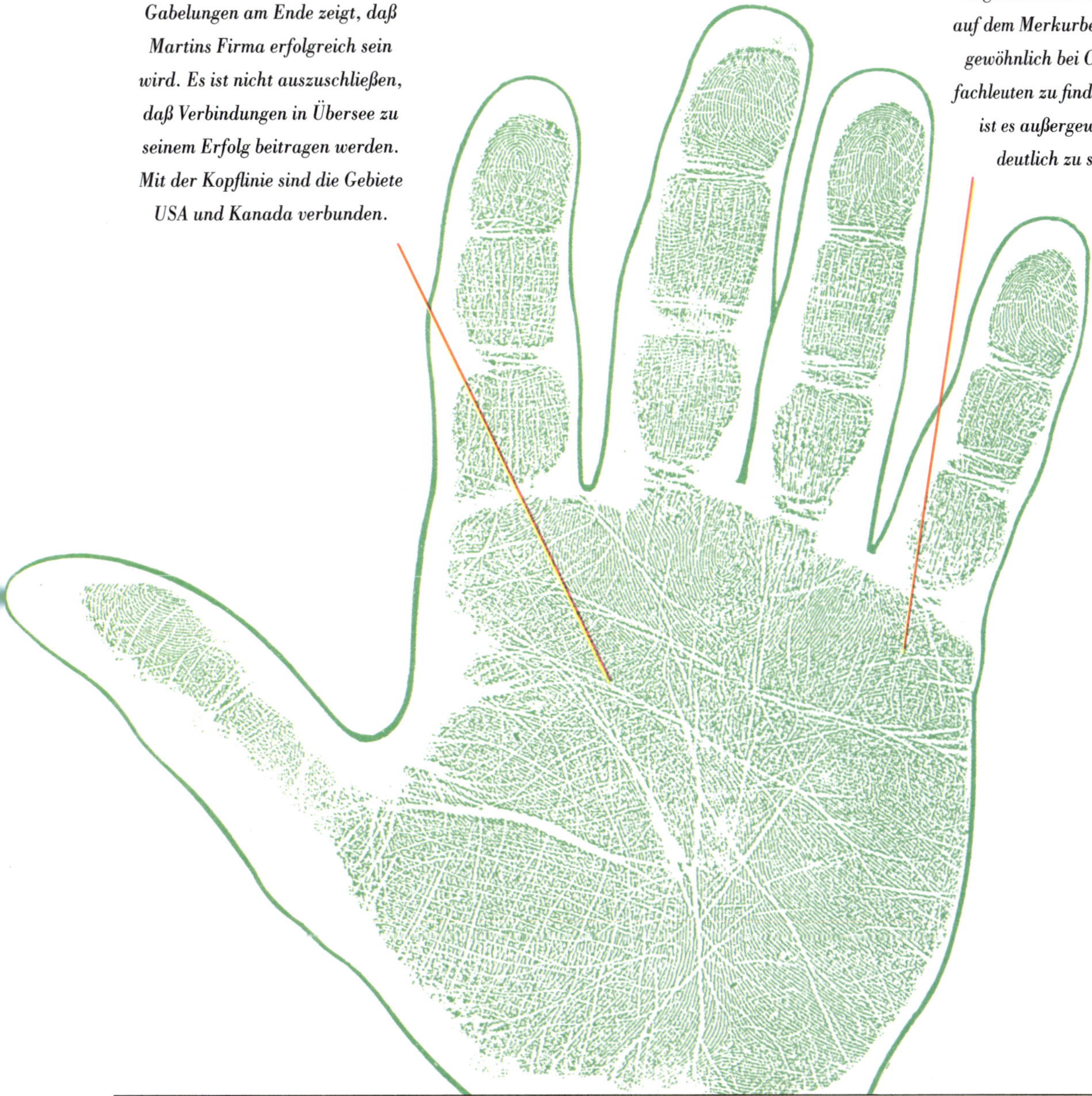

MARTIN – *Olympiateilnehmer und Direktor einer Firma*

Wir meinen, daß dieser fähige und interessante Mann für zwei Kategorien gilt: Geschäftsleben und Sport. Martin war Teilnehmer im Fechten an den Olympischen Spielen in München 1972. Seit vielen Jahren führt er eine erfolgreiche Firma, die Astrologiesoftware vertreibt.

Vielleicht erwarten Sie, daß ein erfolgreicher Sportler eine breite Hand mit einem großen Winkel am Daumenansatz hat. Martins Hand ist jedoch lang und schlank und hat einen langen, kreativen Apollofinger. Der starke Daumen und der Wirbel am Jupiterfinger geben ihm Willenskraft und ein Konkurrenzdenken, das ihm alle Hindernisse aus dem Weg räumt. Martin hat eine ungewöhnlich starke und gerade Apollolinie, die im Alter von ungefähr 24 Jahren aus der Schicksalslinie hervorgeht. Das ist Hinweis auf Erfolg im ganzen Leben, entweder als Sportler oder als Unternehmer.

2. TEIL

GOLDENE HÄNDE

Suchen Sie Hinweise auf Geld auf einer Hand, müssen Sie die Motivation hinter den Ambitionen und Zielsetzungen des Handeigners beachten. Es kann das brennende Verlangen vorherrschen, in einem Geschäft erfolgreich zu sein, ohne daß Geld der Beweggrund wäre. In diesem Fall formen Talent, Kreativität und Energie ebenso Teil des Bildes wie Materialismus. Andererseits kann der Wunsch nach Reichtum über allem anderen stehen. Einige Menschen kommen zu Geld, ohne dafür zu arbeiten, sie erben, heiraten reich oder gewinnen Geld. Wir werden all diese Aspekte beachten.

Wie sehen goldene Hände aus

Wenn die Finger plump, kurz und stark sind, ist der Handeigner vorwiegend materiell ausgerichtet. Je länger die Finger sind, desto kreativer und weniger materiell orientiert ist der Betroffene. Betrachten Sie nun den Handrücken. Ist er plump und treten keine Venen hervor, kümmert sich der Handeigner nicht wesentlich um das Wohlergehen seiner Kollegen und Mitmenschen. Er vertritt vielmehr die Meinung, daß Gefühle schlecht für das berufliche Fortkommen sind. Ist die Hand feingliedrig und treten Venen hervor, so ist der Handeigner kreativ, und Gefühle und Inspiration sind Teil seines Geschäftslebens.

Je länger und feiner die Hände sind, desto mehr Talente oder Fähigkeiten besitzt der Handeigner, die er im Geschäftsleben auch gut verwerten kann. Eine dickere und stärkere Hand weisen Menschen auf, die auf alle Fälle eine Firma leiten möchten, auch wenn sie keine besonderen Talente haben. Eine knochige, knotige und vergleichsweise harte Hand mit kleinen Nägeln und starken Linien ist Hinweis auf einen

GLATTE FINGER

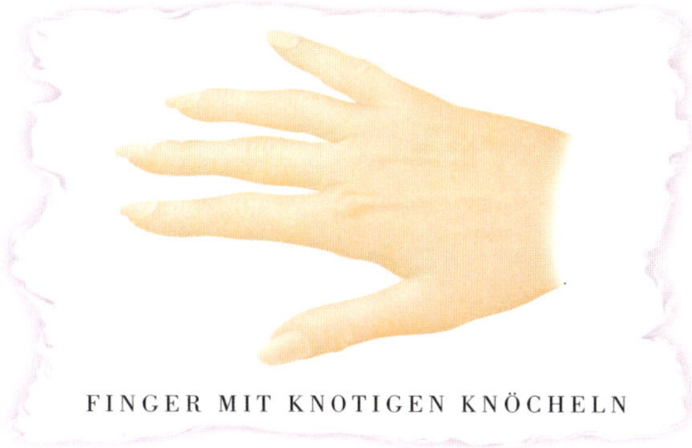

FINGER MIT KNOTIGEN KNÖCHELN

harten Menschen, der entschlossen ist, Widerstände ohne Rücksicht auf Verluste aus dem Weg zu räumen. Man könnte annehmen, daß Menschen, die außergewöhnlich schöne und empfindsame Hände haben, angenehme Zeitgenossen sind. Doch können sie sehr gewinnsüchtig sein und ihren Verstand als Waffe auf ihrem Weg nach oben benutzen, ohne dabei auf den Schaden zu achten, den sie anderen zufügen.

Meist erfolgreiche Frauen

Eine plumpe Hand mit hohen Gliedern am Fingeransatz und langen, gebogenen Fingernägeln zeigt das Bedürfnis nach Trost und Sicherheit. Es gibt heute viele gutgekleidete und erfolgreiche Geschäftsfrauen, und meist sind ihre Hände gepflegt, die Nägel lang, gebogen und in leuchtenden Farben lackiert. Eine weitere Hand, die typisch für Geschäftsfrauen ist, ist scharf und winkelig geschnitten, sie hat blasse Haut und weit auseinanderstehende Finger. Knotige Knöchel zeigen, daß die Handeignerin auf Einzelheiten achtet, glattere Hände sind ein Hinweis, daß sie die unwesentlichen Entscheidungen des täglichen Lebens anderen überläßt.

Meist erfolgreiche Männer

Ein guter Organisator und Personalchef hat eine dickliche, starke Hand. Ist der untere Teil der Hand jedoch um den Venus-, Neptun-, Mond- und Plutoberg breit, kann er seine Mitmenschen tyrannisieren. Eine feinere Hand mit einem breiteren Bergbereich gehört zu einem sarkastischen Menschen. Ist die Hand rund, so bekommt der Handeigner auf angenehme Art, was er möchte.

Viele Geschäftsmänner haben eher kleine, runde Hände. Sie mögen Abwechslung und Anregungen und brauchen ständig Herausforderung. Sie sehen ihr Leben und ihre Karriere als Spiel und haben Spaß an den Höhen und Tiefen des Geschäftslebens. Schwere, dickliche Hände bedeuten Energie, feinere Erfindungsreichtum.

Eine Linie, die von der Lebenslinie in die Handmitte führt, ist Hinweis auf einen weiten Horizont und auf ein ausgeglichenes Verhältnis zwischen Vorsicht und Aufgeschlossenheit. Die schwache Verbindung zwischen Kopf- und Lebenslinie zeigt ein vernünftiges Maß an Vorsicht. Die Störung am Beginn dieser Linie bedeutet, daß Jonathan erst nach einer Zeit des Suchens und der Fehler den richtigen Zugang zu seinen Talenten fand.

Die Schleifen auf den Fingern zeigen, daß Jonathan ein Teamspieler sein kann, doch weist die Schleife am Jupiterfinger darauf hin, daß er als Teamführer am glücklichsten ist. Die eckigen Fingerspitzen deuten auf eine natürliche Neigung zu Finanzen und Zahlen und auf einen praktischen Zugang zu kreativen Aufgaben hin.

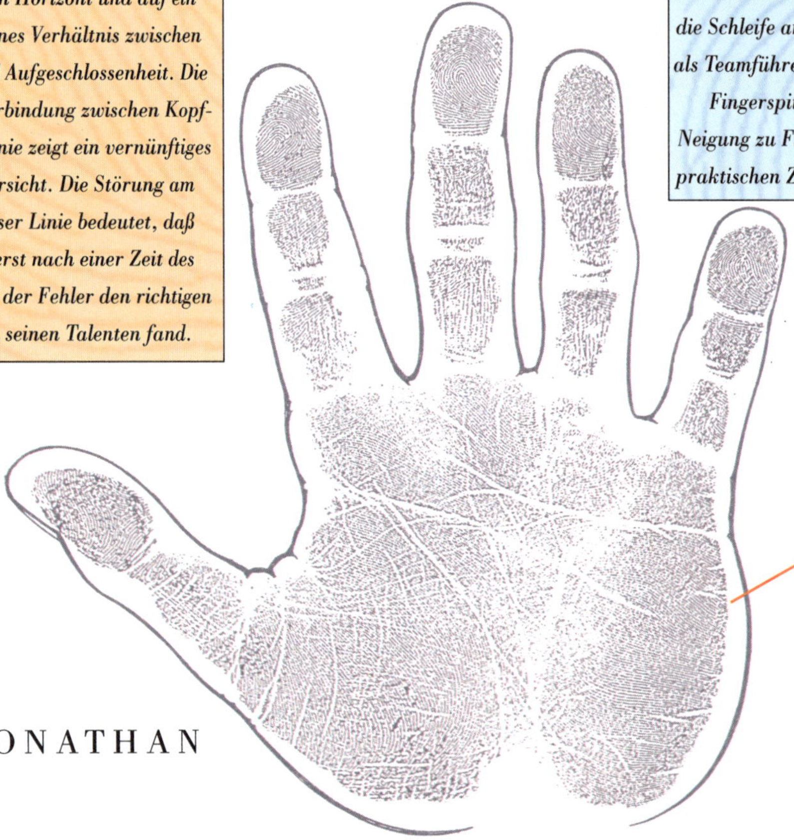

Wenn die Reiselinien auf der Handkante sich mit der Kopflinie zu verbinden beginnen, werden seine Geschäfte international. Die gebogene Handkante zeigt, daß er ein Geschäft aufbauen muß.

JONATHAN

Die Finger

Steife Finger sind Hinweis auf den Wunsch, Geld zu behalten und darüber zu regieren. Dieses Verlangen wird noch verstärkt, wenn die untersten Fingerglieder plump sind.

Hervortretende Knöchel zeigen die Neigung zu Vorsicht, glatte Finger (siehe Abb. Seite 145) sind Hinweis ein erhöhtes Maß an Intuition und Leichtsinn. Wenn der Saturnfinger kurz ist, deutet das darauf hin, daß der Handeigner unrealistisch und ein Spieler ist. Eckige Fingerspitzen oder Nägel bedeuten, daß der Handeigner ein gutes Verständnis für Finanzen und Buchhaltung hat. Runde Fingerspitzen oder spatelförmige Nägel sind Hinweis auf die Fähigkeit zu verkaufen. Dies wird verstärkt, wenn der Merkurfinger lang und leicht nach innen geneigt ist. Spatelför-

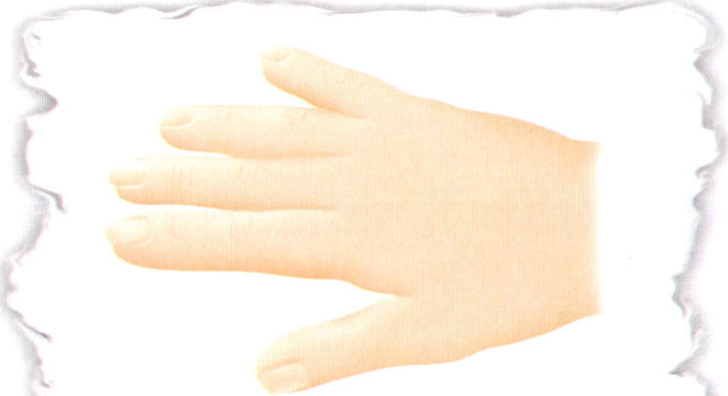

FINGER MIT KNOTIGEM KNÖCHEL

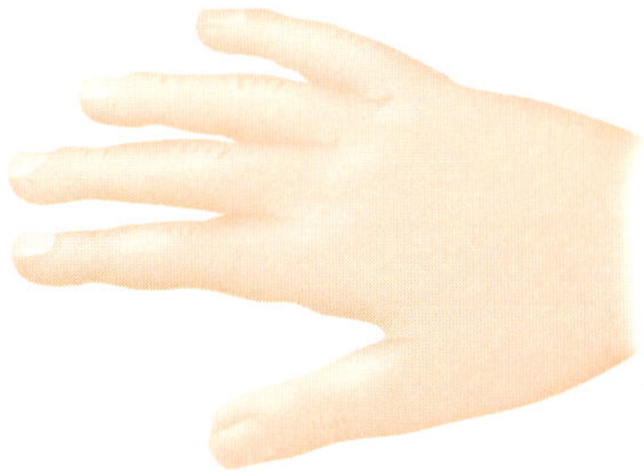

RUNDE FINGERSPITZE

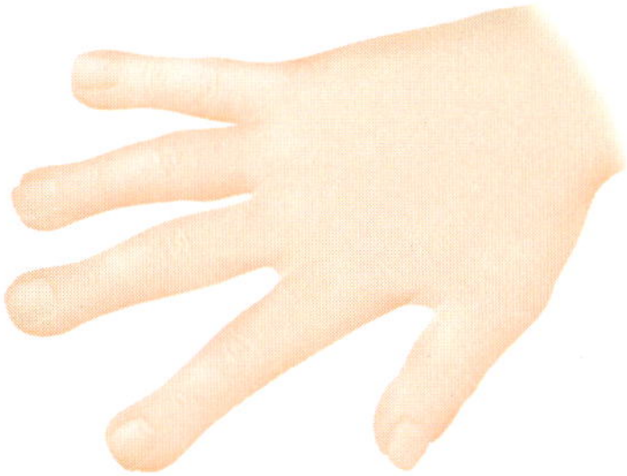

SPATELFÖRMIGE FINGERSPITZE

mige Fingerspitzen zeigen mehr Erfindungsreichtum, besonders wenn sie Wirbel aufweisen.

Ein langer, dicklicher Jupiterfinger weist auf Führungsqualitäten und den Wunsch hin, etwas zu erreichen. Krümmt sich dieser Finger zum Saturnfinger, will man alleine arbeiten. Bei einem Bogen auf der Fingerspitze wird dieser Wunsch noch verstärkt. Eine Schleife, die vom Daumen her zum Jupiterfinger verläuft, zeigt einen Teamführer an. Ein Wirbel auf einem starken Jupiterfinger bedeutet, daß der Handeigner seinen eigenen

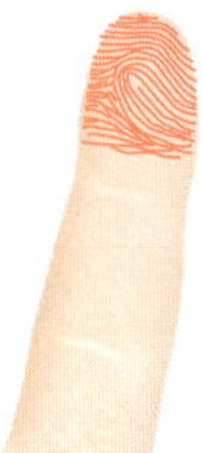

SCHLEIFE AUF DEM JUPITERFINGER

Weg gehen wird, ohne auf Ratschläge zu achten.

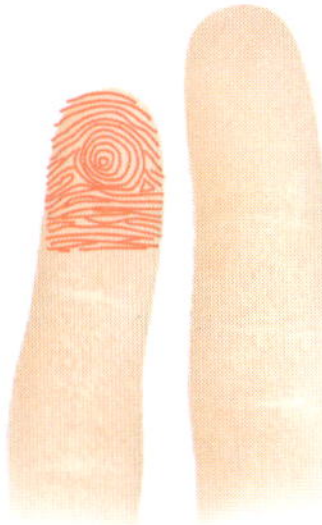

WIRBEL AUF DEM JUPITERFINGER

Sind Saturn- und Apollofinger gegeneinander geneigt, braucht der Handeigner einen kreativen und erfüllenden Beruf. Ist der Apollofinger lang und/oder weist er auf der Spitze einen Wirbel oder ein Pfauenauge auf, so braucht der Handeigner Kreativität.

Ein starker und ziemlich langer Merkurfinger ist in der Wirtschaft meist unerläßlich, da dies Hinweis auf kommunikative Begabung ist. Eine Anhäufung von feinen, horizontalen Linien am Merkurfingeransatz bedeutet, daß der Handeigner mit Statistiken arbeiten kann. Das hilft bei der Arbeit mit Zahlen. Eckige Fingerspitzen und Nägel sind Hinweis auf die Fähigkeit, Buch zu führen und die Probleme der Finanzwelt zu verstehen. Ein Kreuz auf dem Merkurberg zeigt, daß der Handeigner gerne mit Computern arbeitet.

Wird der Daumen an die Hand angehalten, ist dies ein sicherer Hinweis auf Geheimniskrämerei und unter Umständen auch Geiz. Ein starker Daumen mit einem auffallend hervortretenden Knöchel am Ansatz und einer gebogenen Spitze zeigt das Bedürfnis nach Ruhm und Vermögen.

Die Linien

Eine starke Lebenslinie bedeutet Gesundheit und die Fähigkeit, hart zu arbeiten, eine starke Kopflinie ist für jede Art von beruflichem Erfolg unumgänglich. Verläuft die Linie direkt über die Hand, denkt der Betroffene logisch, und er hat ein Zahlengedächtnis. Eine stark gebogene Linie deutet auf Phantasie hin. Ein Spezialist hat für gewöhnlich eine kurze Kopflinie, die häufig ein Hinweis auf Erfolg im Geschäftsleben ist, da sie zeigt, daß der Handeigner sich auf seine Arbeit konzentriert und sich nicht ablenken läßt. Am besten ist es, wenn die Kopflinie mittellang und leicht gebogen ist. Eine oder zwei Linien sollten störungsfrei von ihr nach oben weggehen.

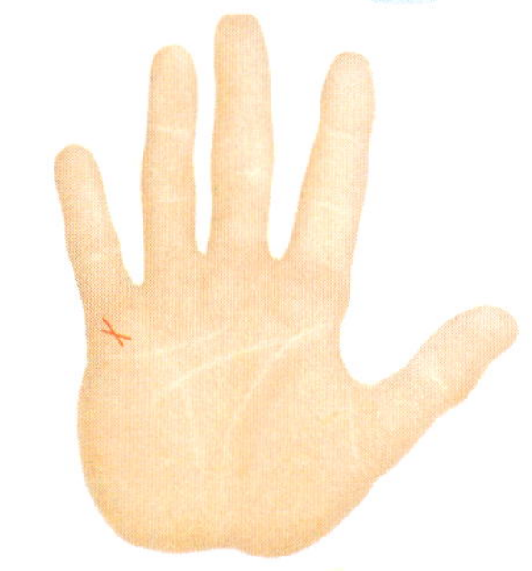

EIN KREUZ AUF DEM MERKURBERG

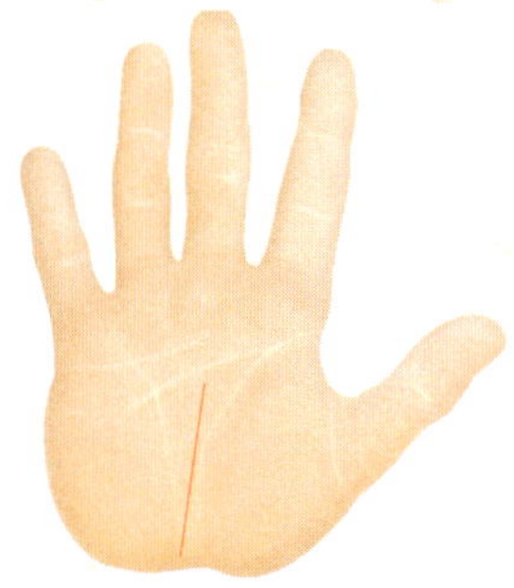

SCHICKSALSLINIE

Eine Schicksalslinie, die über die ganze Hand verläuft, ist Hinweis auf ein pflichterfülltes Leben. Ob diese Pflichten Arbeit, Familie oder einen anderen Bereich betreffen, hängt von anderen Merkmalen ab. Eine Linie, die von der Lebenslinie weggeht, bedeutet, daß die Familie des Handeigners ihm einen guten Start ins Leben ermöglichen wird, doch kann sie auch Selbstmotivation bedeuten. Ein später Anfang wird durch eine Schicksalslinie angezeigt, die in der Mitte oder im oberen Bereich der Hand beginnt. Eine reine, klare Linie ist Hinweis, daß Herausforderungen fehlen, und wird eher bei einem Menschen zu finden sein, der einen guten Job hat, als bei einem selbständigen Geschäftsmann. Hat die Schicksalslinie Störungen, werden Probleme auftreten; ob der Handeigner diese überwinden kann, zeigt sich, wenn die Linie nach der Störung weiter über die Hand verläuft. Der Weg zum Erfolg ist geebnet, wenn die Schicksalslinie mit einer Reihe von Verästelungen auf dem Jupiterberg endet. Ist sie zu stark un-

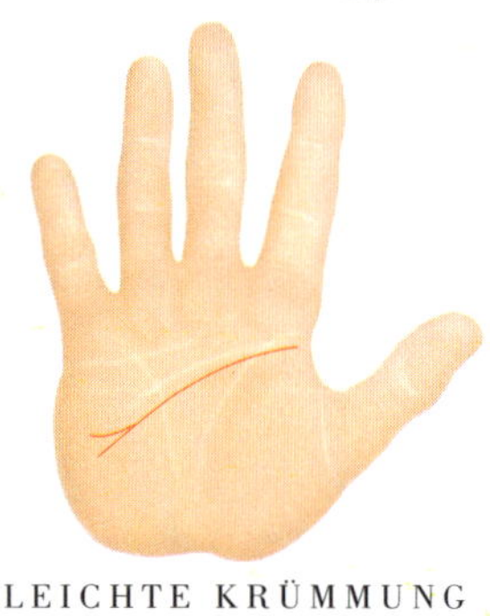

LEICHTE KRÜMMUNG DER KOPFLINIE

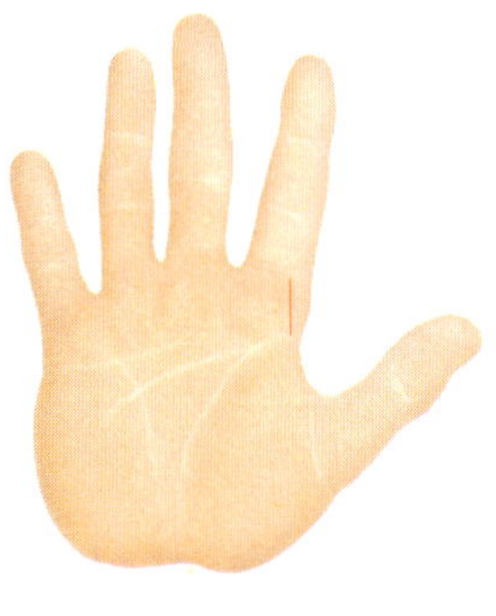

GELDLINIE

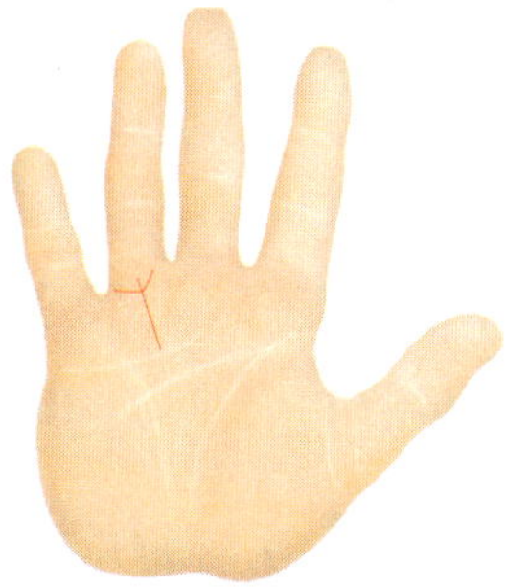

DREIZACK AUF APOLLO

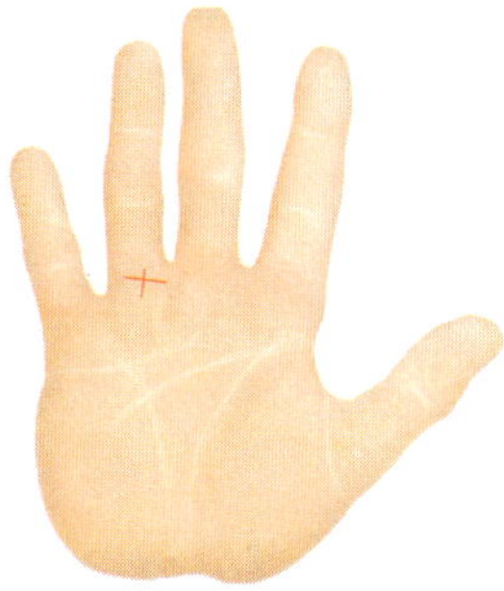

EIN KREUZ AUF DEM APOLLOBERG

terbrochen, gibt man rasch auf. Ein Wechsel in die Selbständigkeit zeigt sich durch eine doppelte oder unterbrochene Schicksalslinie.

Eine andere Linie, die nur die in Finanzfragen Glücklichen besitzen, ist die Geldlinie. Diese kurze, vertikale Linie verläuft nahe der Handkante über den Jupiterberg und verbindet den Jupiterfingeransatz mit dem Beginn der Kopf- und der Lebenslinie. Sie zeigt, daß man Geld anzieht.

Ein Dreizack auf dem Apolloberg am Ende der Apollolinie verheißt ebenfalls Glück. Die Apollolinie braucht nicht lang zu sein, wenn der Dreizack vorhanden ist, können finanzielle Katastrophen abgewendet werden.

Geld aus Tantiemen wird durch eines oder mehrere Kreuze auf dem Apolloberg angezeigt. Dasselbe gilt für Gewinne aus Wetten oder dem Glücksspiel, doch wird dann nur ein starkes Kreuz zu sehen sein. Auf jeden Fall muß das Kreuz oder die Kreuze aber von anderen Linien entfernt und klar zu sehen sein. Ein Stern auf dem Apolloberg nahe dem Ende der Apollolinie ist ein weiterer Hinweis auf Ruhm und Vermögen.

Ein Kreuz auf dem Jupiterberg nahe dem Ende der Herzlinie bedeutet, daß der Handeigner reich heiratet oder daß sein Ehepartner später zu Geld kommt.

Linien, die aus dem Bereich kommen, in dem die Lebens- und die Kopflinie beginnen, oder Linien, die aus der Lebenslinie entspringen und zur Schicksals- oder Apollolinie führen, sind Hinweis auf eine Erbschaft. Verläuft eine solche Linie in die Schicksalslinie, könnte das Geld aus einer Erbschaft stammen, verläuft sie in die Apollolinie, wird der Handeigner Grundbesitz erben. Vermuten Sie letzteres, prüfen Sie die Familienlinie am Daumenansatz. Verfügt der Handeigner über eine Geldlinie auf der Jupiterseite oder den Dreizack im Apollobereich wird er immer den Duft des Geldes atmen, gleichgültig was ihm im Laufe seines Lebens zustößt. Sind keine Linien vorhanden, ist das kein Grund zur Sorge.

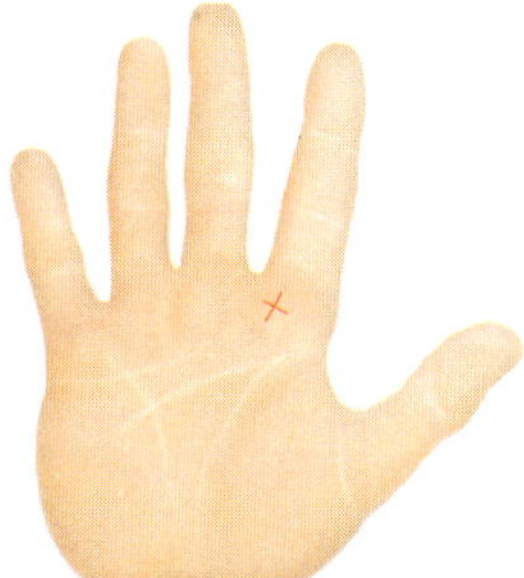

EIN KREUZ AUF DEM JUPITERBERG

2. TEIL

GRUNDBESITZ

Viele Menschen, die einen Handleser befragen, möchten erfahren, wo sie wohnen werden. Weiters haben sie Interesse an Geschäftslokalen, Urlaubshäusern und anderem Familienbesitz. Wie Sie sehen werden, gibt es viele Bereiche auf der Hand, die Aufschluß über dieses Thema geben.

Der Familienring

Er wird von der Handkante am Daumenansatz hinauf zu dem Punkt gelesen, wo der Daumen von der Hand wegführt. Die Mitte dieser Linie entspricht etwa dem Alter von vierzig Jahren. Ist dieser Ring unterbrochen, wird es Veränderungen und vielleicht Verluste im Grundbesitz geben. Inseln, Verfärbungen und Schnittlinien sind Hinweis auf Probleme mit dem Grundbesitz.

Sind zwei Ringe vorhanden, wird der Handeigner mehrere Grundstücke besitzen oder mieten. Ist ein Haupt- und ein Nebenring zu sehen, der parallel verläuft, wird der Handeigner zusätzlichen Grundbesitz erhalten. Es gibt viele Gründe, warum jemand an zusätzlichem Grundbesitz Interesse hat – man kann erben oder das Elternhaus verkaufen müssen, und die verschiedensten Geschäftslokale können ins Bild kommen.

Wenn der Familienring wie eine feingeflochtene Halskette aussieht, wird es dem Handeigner unter Umständen schwerfallen, irgendwo Wurzeln zu schlagen oder das richtige Land zu finden, in dem er leben möchte. Ein solcher Familienring kann auch eine Person beschreiben, die „aus dem Koffer lebt".

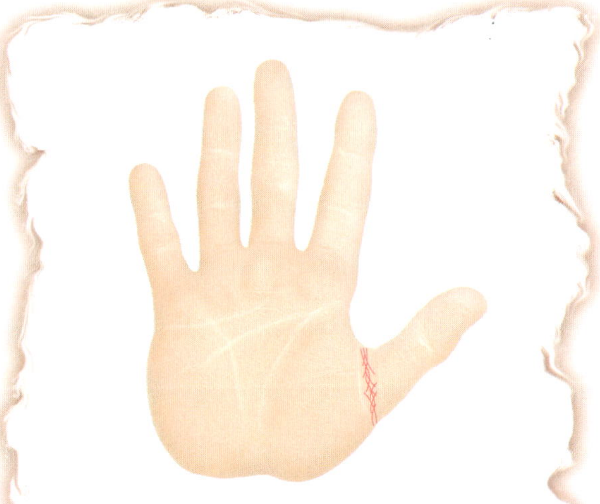

DER FAMILIENRING

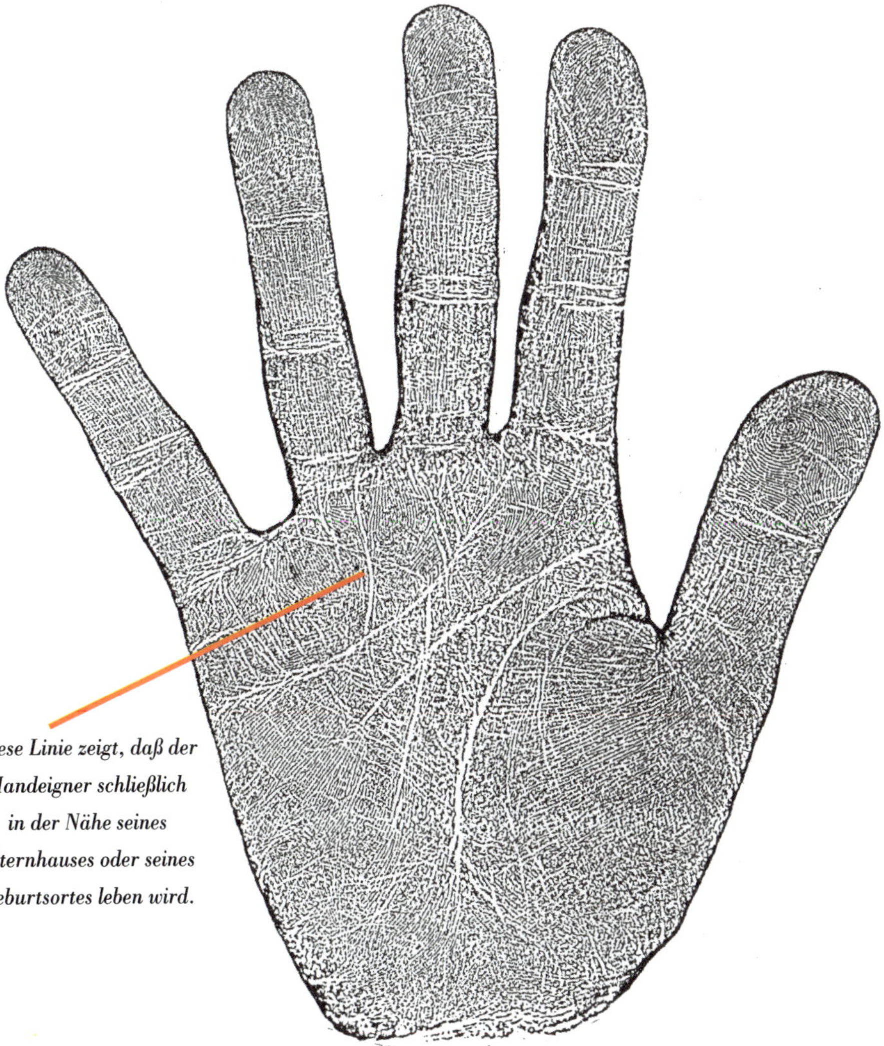

Diese Linie zeigt, daß der Handeigner schließlich in der Nähe seines Elternhauses oder seines Geburtsortes leben wird.

Aus dem Koffer leben
Dieser Abdruck einer 62jährigen englischen Lehrerin ist elf Jahre alt. Sie arbeitete für eine Hilfsorganisation in Neuseeland, Papua Neuguinea und anderen Ländern. Jetzt sucht sie ein Land, um ihren Lebensabend zu verbringen. Ihre Lebenslinie strebt nach anderen Ländern und zum Zeichen des Lehrers am Jupiterberg, das von der Herzlinie angezogen wird – sie war mit dem Herzen bei ihrer Arbeit in Neuguinea. Außerdem kann sie Buchhaltung – ersichtlich am Merkurfinger.

Die Apollolinie

Die Linie beginnt häufig mitten auf der Hand und gibt Auskunft darüber, in welchem Alter der Handeigner sein eigenes Heim bekommt.

Linien mit Unterbrechungen, Inseln oder anderen Störungen sind Hinweis auf Änderungen in Grundbesitz. Eine neue, stärkere Linie, die nach einer Störung auf der Linie weiterführt oder nachdem eine Einflußlinie die Apollolinie gekreuzt hat, deutet auf eine Änderung zum Besseren hin. Mehr als eine Linie auf dem Apolloberg ist Hinweis auf zusätzlichen Grundbesitz. Eine neue Linie näher am Saturnberg zeigt, daß der Handeigner sich in der Nähe seiner Familie niederlassen wird. Führt eine neue Linie zum Merkurberg, wird er seinen Lebensabend nahe bei Freunden verbringen. Verschwindet die Linie vom Handteller ausgehend auf dem Apolloberg, wird der Handeigner sein Heim wegen finanzieller Verluste verlieren. Gabelungen auf diesem Berg bedeuten, daß er älteren Verwandten nahe sein wird und daß er einen guten Teil seiner Zeit in oder bei ihrem Heim verbringen wird. Zusätzliche Linien bei der Apollolinie oder am Apolloberg sind Hinweis auf zusätzlichen Grundbesitz. Sehen Sie dieses Zeichen, prüfen Sie den Familienring, um Ihre Vermutung zu bestätigen.

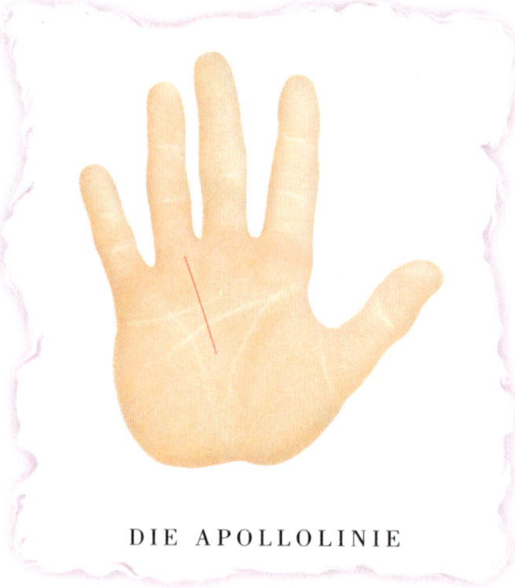

DIE APOLLOLINIE

Die Lebenslinie

Die Lebenslinie gibt unter anderem auch Aufschluß über den Ort, an dem sich der Handeigner die meiste Zeit seines Lebens aufhalten wird. Ein Umzug nach Übersee wird daher durch eine Linie angezeigt, die über die Handkante hinausläuft. Eine auffallende Störung auf der Lebenslinie, die nach diesem Ereignis auch verschwinden kann, zeigt eine Veränderung der Umstände und einen Verlust des Heims an. Eine neue Lebenslinie, die weiter unten auf dem Venusberg beginnt, deutet auf einen Neubeginn in einem neuen Heim hin.

Erbschaft

Eine Erbschaft von Grundbesitz wird durch eine Einflußlinie angezeigt, die aus dem Bereich herführt, in dem die Lebens- und die Kopflinie knapp beieinander stehen, und die außerdem eine Linie auf dem Apolloberg berührt oder sich mit ihr verbindet. (Der Familienring zeigt, ob Sie zusätzliches Familieneigentum erhalten werden; siehe Seite 84.) Eine Linie, die von der Handkante herführt, ist ein sicherer Hinweis darauf, daß ein Außenstehender Grundbesitz in die Familie einbringen wird. Es könnte aber ebenso bedeuten, daß ein Außenstehender in das Heim des Handeigners einzieht – vielleicht handelt es sich um eine neue Ehe? Untersuchen Sie außerdem das untere Ende der Lebenslinie auf zusätzliche Linien am Venusberg und nach zusätzlichen Hinweisen.

LINIE, DIE AUF GEERBTEN GRUNDBESITZ HINWEIST

2. TEIL

REISEN

Der Teil der Handlesekunst, der sich mit Reisen beschäftigt, ist erst vor kurzem entstanden. Der Grund dafür ist, daß bis vor ungefähr vierzig Jahren nur sehr wenig Menschen das Gebiet verließen, in dem sie aufwuchsen, und noch weniger die Welt bereisten. Heute reisen natürlich viele Menschen. Die Linien, die sich auf Reisen beziehen, kommen von der Handkante und liegen zwischen der Herzlinie und dem Handgelenk.

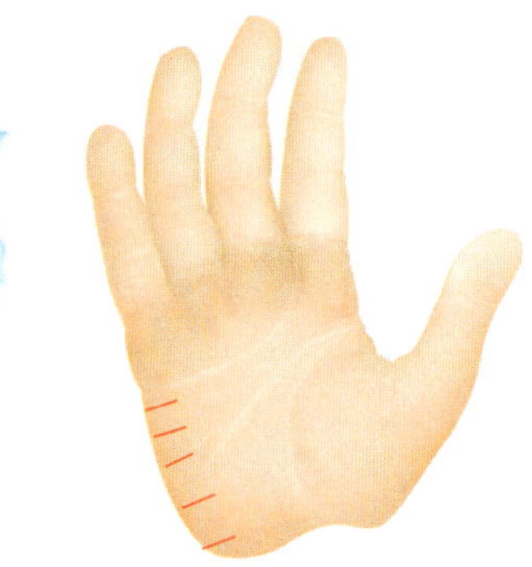

REISELINIEN AUF DER HANDKANTE

Zeichen für Reisen

Viele Menschen verfügen über Reiselinien, die darauf hinweisen, daß sie verschiedene Länder besuchen werden, doch diese Linien müssen nicht immer wirkliche Reisen bedeuten. Es ist nicht überraschend, wenn diese Menschen Familienangehörige oder Freunde im Ausland haben. Es ist jedoch möglich, einem Handeigner, der diese Zeichen aufweist, zu erklären, daß es ihm Glück bringen würde oder es gut für ihn wäre, diese Länder zu besuchen oder dort eine Zeitlang zu leben. Die Linien können auch eine historische Verbindung aus der Familiengeschichte anzeigen. Ein Beispiel dafür fanden wir bei einem Bekannten, der über eine starke Linie verfügt, die auf Hongkong hinweist. Er war nie dort, doch stammt er von der berühmten Familie

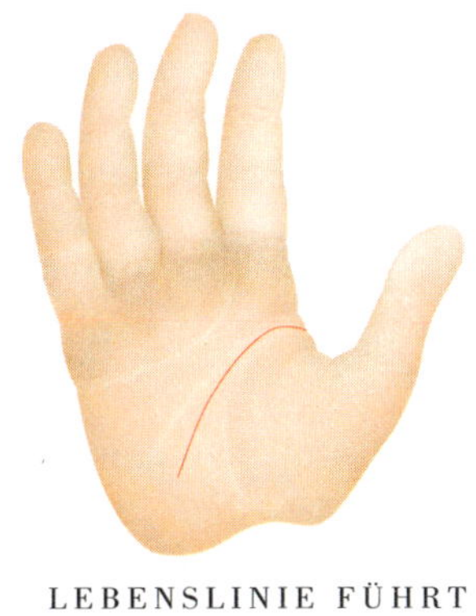

LEBENSLINIE FÜHRT ZUM MONDBERG

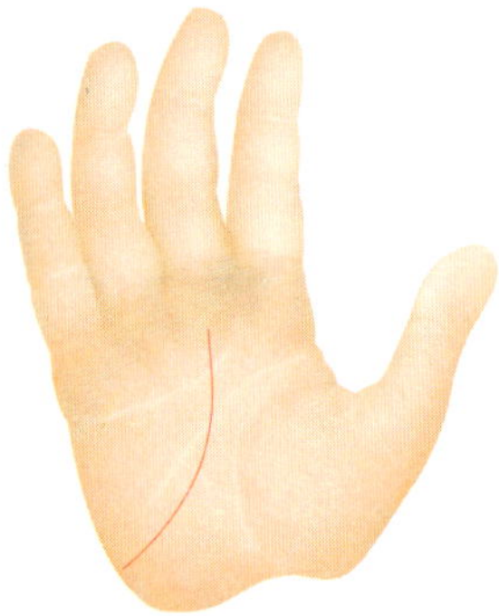

SCHICKSALSLINIE BEGINNT AUF MONDBERG

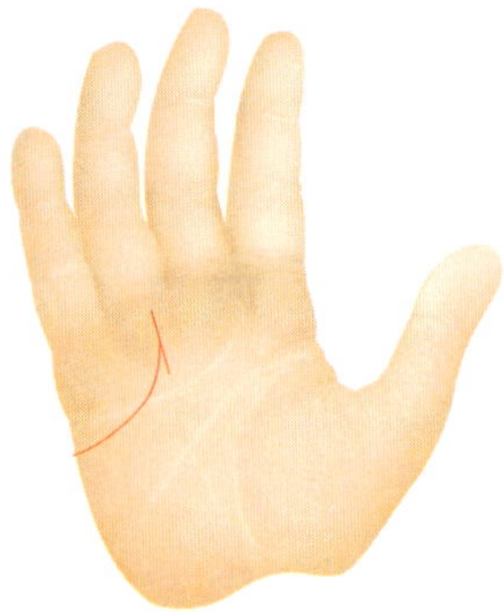

LINIE FÜHRT VOM OBEREN MARSBERG HER

Jardine Matheson ab, die ihr Vermögen mit Handel in Hongkong machte.

Ein großer oder hoher Mondberg und ein tiefer Plutoberg sind Hinweis auf die Liebe zum Reisen. Führt die Lebenslinie oder Verästelungen über den Mondberg, wird der Handeigner viel reisen und viele ausländische Bekannte haben. Er kann sogar in einem fremden Land seinen Lebensabend verbringen. Linien, die von der Handkante herkommen, wie die Schicksalslinie, die Apollolinie oder auch eine Linie, die weiter oben auf dem oberen Marsberg entspringt, sind Hinweis auf Kontakt mit Ausländern und viele Reisen.

Geschäftsreisen

Hinweise auf Kontakte mit dem Ausland finden sich in Linien, die von der Kopflinie ausgehen und bei der Handkante verlaufen. Dasselbe gilt für Linien, die von der Handkante herführen und die Kopflinie berühren.

Familie und Freunde

Mehrere feine Linien, die über die Handkante hinausreichen und außerdem die Lebenslinie berühren, sind Hinweis auf wichtige private Kontakte in anderen Ländern. Manchmal können diese Linien einen Teil der Lebenslinie abweichen lassen.

Die Gebiete, die man besuchen sollte, sind auf der Handkante bezeichnet. Das Gebiet unmittelbar unter der Herzlinie bezieht sich auf das Heimatland. Andere Länder sind darunter auf der Handkante nach ihrer Entfernung von der Herzlinie und so vom Heimatland bezeichnet. So stehen die Linien, die sich nahe der Herzlinie befinden, für Europa, Linien, die sich auf dem Plutoberg befinden, würden eine Verbindung zu Australien bedeuten.

Früher konnte man beobachten, daß die Commonwealth-Länder Kanada, Australien und Neuseeland häufig in den Händen von Engländern vertreten waren. Heute sind eher asiatische Länder, die Vereinigten Staaten und immer mehr europäische Länder stärker zu sehen. Das spiegelt die Veränderungen in den Reise- und Geschäftsgewohnheiten vieler Engländer wider.

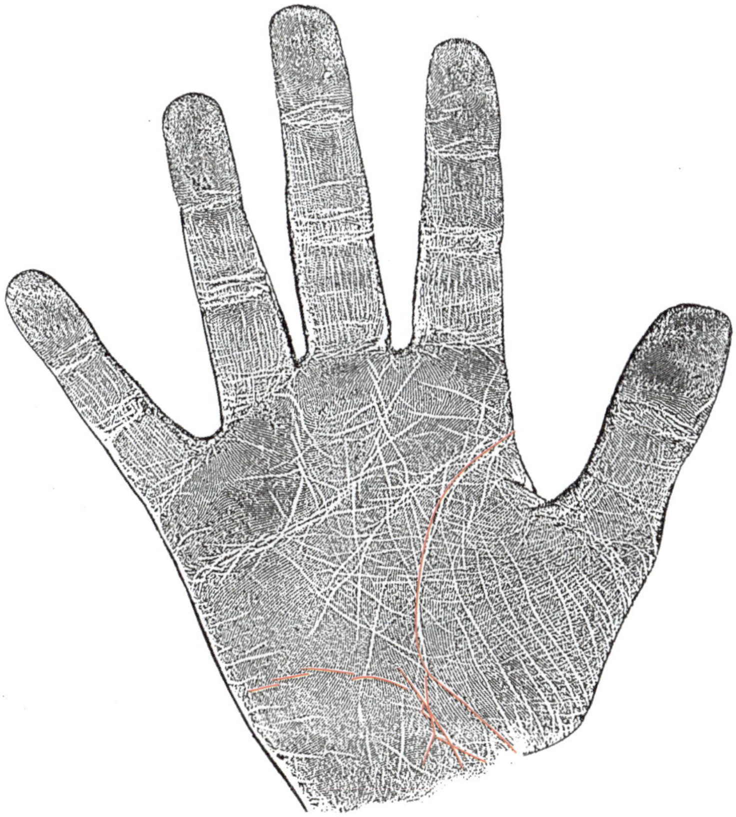

KATHERINE

Das ist der Abdruck eines 13jährigen Mädchens, das in Großbritannien geboren ist und mit ihren Eltern nach Kanada zog. Mit 21 Jahren heiratete sie einen Engländer und ging zurück nach England. Die Rückkehr und der Wegzug aus Kanada sind in ihrer Hand klar zu sehen, obwohl dieses Ereignis zum Zeitpunkt, als der Abdruck gemacht wurde, noch nicht eingetreten war. Beachten Sie das untere Ende der Lebenslinie, das über den Mondberg verläuft. Das ist Hinweis auf Einfluß aus einem anderen Land. Die Gruppe von tiefen Linien, die von der Lebens- und Schicksalslinie herführen, bezeichnen Kanada als das betreffende Land (siehe Text zur Erklärung).

Reisegewohnheiten

Manche Menschen sparen auf eine große Reise, andere bevorzugen mehrere kürzere Urlaube. Manche reisen beruflich, andere nur zum Vergnügen. Manche brauchen keinen Komfort, andere wiederum Fünf-Stern-Hotels.

Reisende können große, kleine, lange oder kurze Hände haben, aber alle haben einen großen oder vollen Mondberg und bewegliche Hände, oft auch bewegliche Fingerspitzen. Diejenigen, die Luxus lieben, haben volle dritte Fingerglieder (beim Fingeransatz). Brauchen sie zusätzlich zu Komfort auch interessante Landschaft und Natur, haben sie einen großen Venusberg. Lieben sie das Meer und Schiffe, haben sie einen großen oder hohen Mondberg, der eine Schleife aufweist. Ein langer Apollofinger bringt den Reisenden dazu, exotische Orte aufzusuchen, wo schöne Dinge hergestellt werden, während ein langer Merkurfinger bedeutet, daß sie interessante Menschen und Information suchen. Viele Reisende haben einen ziemlich kurzen Jupiter- und Saturnfinger, was bedeutet, daß sie mit allem, was kommt, zufrieden sind. Diejenigen, die keine Abwechslung, Abenteuer oder unerwartete Situationen mögen, haben steifere Hände mit einem stärkeren oder längeren Jupiter- und Saturnfinger.

2. TEIL

JUNGE UND ALTE HÄNDE

Es heißt, das Leben hinterläßt bei allen Menschen Spuren. Man kann dies bereits sehr oberflächlich sehen, wenn man Fotos von sich aus verschiedenen Jahren betrachtet. Sie werden sich erinnern, wie Sie sich zu dieser Zeit fühlten und was in Ihrem Leben geschah. Würden Malcolm und ich Abdrücke Ihrer Hand von damals und heute lesen, bemerkten wir große Unterschiede zwischen den beiden. Doch interessanterweise sind diese Änderungen nur in einigen Zeichen zu sehen.

Wie sich die Hände ändern

Die Hände neugeborener Babys wachsen in Relation zu den anderen Körperteilen, doch bleibt ihre Form im Prinzip gleich. Das Muster der Hautrillen, das sich in der achten oder neunten Woche der Schwangerschaft ausbildet, bleibt ebenfalls unverändert. Mit den Linien ist es jedoch anders. Bei der Geburt sind die Linien aller Babys praktisch gleich: Die Hauptlinien, die Lebens-, die Kopf- und die Herzlinie, sind klar ausgebildet, und die Form und Ausbildung dieser Linien ist überraschend ähnlich. Nur durch die verschiedenen Erfahrungen und Erlebnisse, die wir im Laufe eines Lebens machen, entsteht die Vielzahl an Mustern auf der Hand.

Junge Menschen

Die Hände von Kindern sind schwer zu lesen, da sie nur sehr wenig Information enthalten und sich rasch ändern. Man kann sagen, daß ein Kind mit sehr wenig Linien im Lauf der Zeit mehr bekommen wird, während eines mit vielen feinen Linien die meisten wieder verlieren wird.

Auf den Händen von Jugendlichen sind mehr Ähnlichkeiten als Unterschiede festzustellen, so

HINWEISE

Versuchen Sie nicht, einen Handabdruck von einem Baby oder Kleinkind zu machen. Sie hassen es, wenn man sich mit ihren Händen befaßt. Bei älteren Kindern ist das anders – sie lieben es, wenn sie mit Farben hantieren dürfen!

Warzen, rote Flecken oder kleine Störungen auf den Händen von Kindern haben keine Bedeutung.

daß man erst nach der Pubertät beginnen kann, Schlüsse aus den Linien zu ziehen.

Obwohl bei jungen Erwachsenen bereits viele Merkmale ausgebildet sind, haben sie doch noch nicht alle Linien, die für gewöhnlich bei älteren Menschen zu sehen sind. Fragt ein Jugendlicher, ob er heiraten wird, ob er Kinder, ein schönes Heim und einen guten Job haben wird, geben Sie ihm eine aufbauende Antwort, auch wenn Sie nicht sehen, was er hören möchte. Es bringt nichts, junge Menschen unnötig zu beunruhigen.

Erwachsene

Ab dem Alter von Dreißig sollte bereits viel zu sehen sein. Doch auch hier gibt es Ausnahmen. Ein Handeigner, dessen Leben wenig Abwechslung bietet, wird nicht so viele Merkmale aufweisen wie ein schwieriger und neurotischer Mensch.

Es macht großen Spaß, ältere Hände zu lesen, da sie meist viele Hinweise enthalten und der Handeigner Ihre Beobachtungen bestätigen kann. Ältere Menschen lassen sich gerne die Hand lesen, und wenn Sie nicht viel über Ihre Zukunft finden, sind sie meist zufrieden, wenn Sie mit ihnen die Vergangenheit durchforsten. Aus älteren Händen können Sie viel lernen.

Alte und junge Hände – ein Vergleich

Wir werden nun Malcolms Hand lesen und sie mit der seiner Enkelin Phoebe vergleichen. Seine Hand enthält so viele Informationen, daß es schwierig ist, zu beginnen. Seine stark spirituelle Ausrichtung zeigt sich durch die Marslinie und die Gesundheitslinie, die gemeinsam mit einer Linie, die Kopf- und Lebenslinie verbindet, das ätherische Kanda-Dreieck bilden. Der große, tiefliegende Mond- und der Plutoberg geben Malcolm enorme Phantasie, während der Winkel der Harmonie seine Liebe zur Musik zeigt.

Malcolms Humorschleife und die Stilschleife zeigen seinen Bezug zum Leben. Die langen Finger sind Hinweis auf Liebe zum Detail, doch da sie glatt und nicht knotig sind, kann er gut und entschieden arbeiten. Die Schleifen auf allen Fingern machen ihn zu einem kooperativen Kollegen.

Die Hände von Malcolm und Phoebe – die Ähnlichkeiten

- ***Lange Finger***
- ***Humorschleife***
- ***Fallende Kopflinie mit Gabelung am Ende***
- ***Der Venusgürtel (auf Phoebes Hand nicht vollständig ausgebildet) zeigt die Liebe zur Kunst***
- ***Salomonring – sie helfen anderen***

MALCOLM – Künstler und Musiker

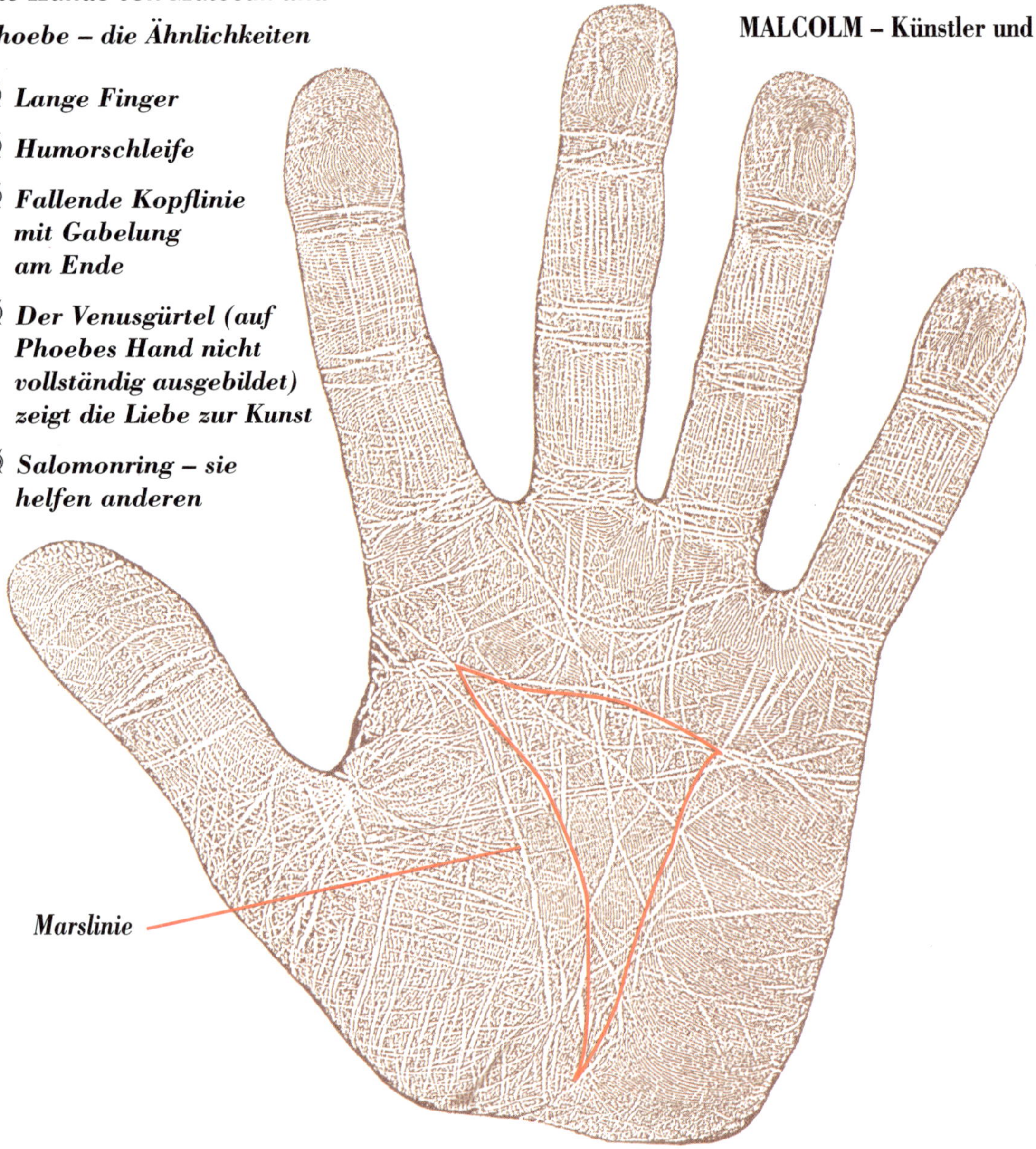

Die lange, stark gebogene Herzlinie ist Hinweis auf seine Fähigkeit zu lieben, doch da sie tief eingeschnitten ist, ist er wählerisch bei den Frauen. Die fallende Kopflinie mit der langen Gabel am Ende zeigt seine kreativen und literarischen Fähigkeiten, die Biegung der oberen Gabel sichert ihm Erfolg. Die Gabelung von der Schicksalslinie zum Merkurberg ist ein sicheres Zeichen für einen Schriftsteller oder Illustrator.

Phoebe

Sogar im zarten Alter von viereinhalb Jahren zeigt sich auf Phoebes Händen, daß sie ihrem Sternzeichen Fische entsprechend kreativ und sorglos ist. Die Linien auf ihrer rechten Hand sind schön gerundet. Ihre linke Hand zeigt innere Verwirrung, doch wird dies wahrscheinlich verschwinden, wenn sie älter wird. Wie bei den meisten Kindern ist der Einfluß ihrer Eltern stark auf den Linien zu sehen, die vom unteren Mars- und vom Venusberg ausgehen.

Der lange Jupiterfinger mit dem Wirbel und die Trennung der Kopf- und der Lebenslinie zeigen, daß Phoebe eine starke, unabhängige Persönlichkeit ist. Der Gipfel in den Hautrillen im Jupiterbereich ist ein frühes Anzeichen für Erfolg.

Später in ihrem Leben wird sie vor allem von Menschen aus anderen Ländern oder Menschen, die weit von ihr entfernt wohnen, beeinflußt werden. Doch es kann sich natürlich noch viel ändern. Die Humorschleife wird aber gleich bleiben, und es ist anzunehmen, daß sie der wunderbare Sinn für Humor ihres Großvaters das ganze Leben begleiten wird.

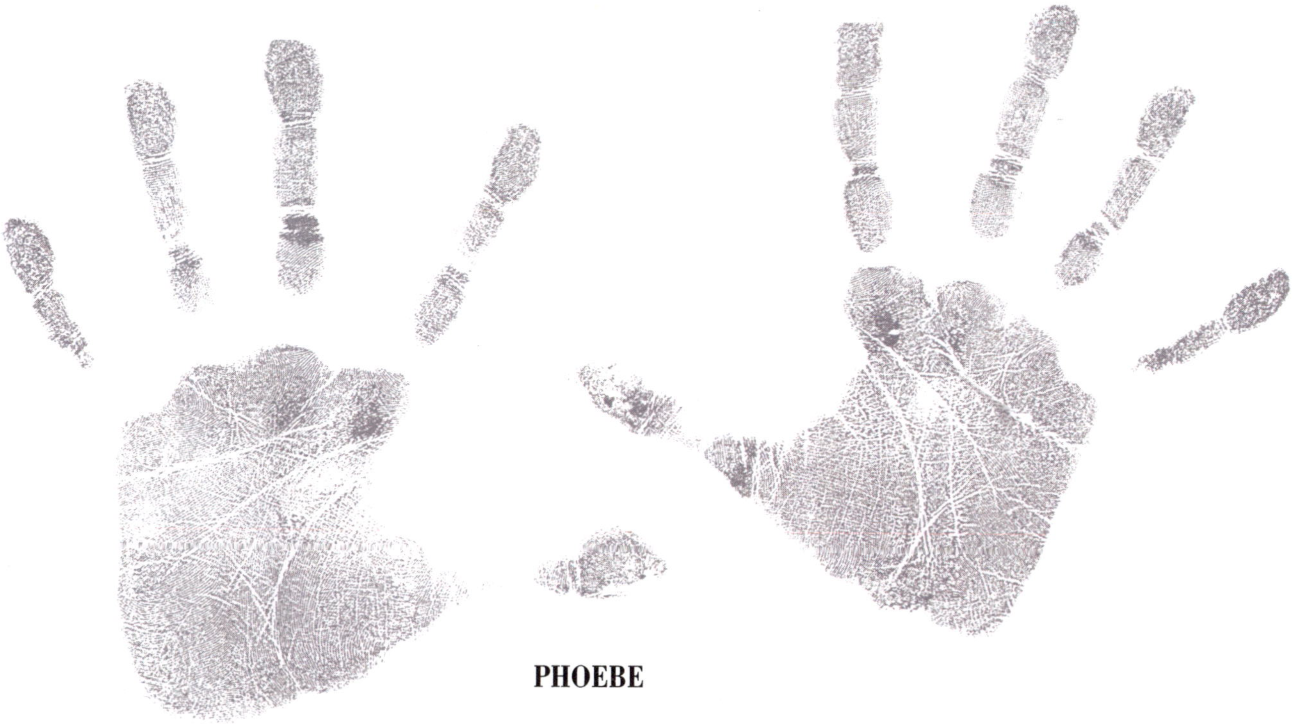

PHOEBE

LEBENSLINIE: Klar; führt zur Handkante, Hinweis auf Unabhängigkeit.
KOPFLINIE: Lang, gebogen. Große Phantasie; die nach oben weisende Schleife beim Mondberg zeigt, daß sie in einem kreativen Beruf Erfolg haben könnte. Abstand zwischen Kopf- und Herzlinie; abenteuerlustig, wird eine gute und unabhängige Beziehung zu ihren Eltern haben.
HERZLINIE: Stark und nicht unterbrochen; sie wird keine Probleme haben, ihre Liebe zu zeigen.
SCHICKSALSLINIE: Klar und voller Energie, die zur Apollolinie strömt. Sie wird selbst etwas erreichen und ihren Weg gehen. Die Türen werden ihr offenstehen.

REGISTER

Kursive Seitenangaben beziehen sich auf Abbildungen.